1　今城塚古墳内堤の埴輪祭祀場（上）と埴輪祭祀場３区の巫女や楽人の埴輪の出土状態（下）

〔銘文〕
癸未年八月日十大
王年男弟王在意柴
沙加宮時斯麻念長
寿遺開中費直穢人
今州利二人等取白
同二百竿所此鏡

2　**国宝「癸未年」銘鏡**
癸未年を503年とし、「男弟王」を「ヲオトオウ」と読ませ、継体天皇とする説がある。この場合、「斯麻」は百済武寧王、「開中費直」は大阪の河内地域にいた工人名と考えられる。

継体天皇二つの陵墓、四つの王宮

森田克行
西川寿勝
鹿野　塁
［著］

新泉社

はじめに

継体天皇の陵墓は二つの候補から議論されています。現在、継体天皇陵は大阪府茨木市の太田茶臼山古墳が宮内庁の指定を受けて管理されています。その一方、高槻市今城塚古墳は真の陵墓として、国史跡に指定され、調査と整備がつづけられているのです。発掘調査では一三〇体以上の埴輪群像や三種類の石棺の発見など、予期せぬ実態が判明しました。

さらに、継体天皇は記紀によると淀川・木津川流域の三つの王宮を移動して、最終的に大和の玉穂宮に入ったといわれています。そして、最初に即位した樟葉宮周辺でも大規模な発掘がつづけられ、この時期に活躍した河内馬飼い集団や渡来人に関連する遺構や遺物がみつかっています。考古学の成果によって古代史研究、そして継体天皇の実像に新しい視点からせまることができるのです。考古学のもつ重要な意味が確認できたと思います。

発掘成果の蓄積は、たいへん地味な作業の繰り返しで、一朝一夕に新事実を導けるものではありません。その意味において、これからも多くの議論・検討が必要だと考えます。

——以上は、二〇〇七年九月二九日、NHK大阪文化センター主催で開催された「継体天皇即位一五〇〇年—発掘成果と考古学に学ぶ—」で語られた内容です。会場にはたくさんの古代史ファンの方々が来聴され、開始から熱気につつまれました。

本書は、こうした白熱の講演をもとに、挿図・写真を多用してわかりやすく再構成、一冊にまとめることをめざしました。加えて、継体天皇に関する古代史の謎解きのみならず、現代生活と歴史研究のかかわりをより深めていただくことが大事だと考えています。

たとえば、堺屋太一氏は歴史を学ぶうえで、次の三点に着目しています（『歴史の使い方』講談社、二〇〇四）。

まず、「歴史は結果がわかっている」ふり返って物事の道理を議論できるという点です。『古事記』、『日本書紀』は長期にわたる天皇の歴史を奈良時代になって、ふり返ったものです。わかっている結果から歴史の流れを奈良時代人の視点で解釈した部分が多くあります。それを現代人の考古学研究に照らして再構成するとどうなるか。また、さらに一五〇〇年の歴史の蓄積を経て、どう読み解くことができるのか、です。

次に、「歴史は繰り返す」現代を映す鏡であるということです。もちろん、古代の技術や環境と現代社会は大きく離れてしまったので、まったく同じ道筋をたどることはありません。しかし、同じ日本人としての人間くささ（それがひとつの文化と考えるのですが）を再現することができないか、共感できる行動様式はないのか、をさぐるわけです。

三つ目に、「歴史は忘れ去られる」解明されている現象はごく一部ということです。それはちょっとした常識や価値観の変化によって、急速に忘れ去られるものなのです。

以上を念頭に本書をみることも歴史を楽しむひとつの方法と思っています。それは一言であらわせば現代人の視野についての懐疑です。たとえば、現代日本人の感覚からすれば、戦争の時代と平和の時代をくらべると、すべての人が平和を望んだにちがいない、と考えがちです。それが常識だと。しかし、古代には警察もなければ、裁判所もなければ、刑務所もありません。そのような発想すら、近世・近代になってからのものです。

この場合、武装した兵士がにらみ合っている状態のほうが、秩序が保たれる、あるいは経済が活性し、新技術が磨かれ、暮らしもよくなる、といった発想ができるかもしれません。それ以前に、近代的な戦争や武器・防具を知らない古代人が本気になって戦争を仕掛けようとしたとき、それはどのような行動で、その始まりと終わりをどうイメージすればよいのかと考えてしまいます。どうしても、中・近世の武士のイメージで組織化された男たちの戦争を古代にまであてはめてしまわないでしょうか。

当然ですが、新聞・テレビ・インターネットなどで瞬時に世間の情報を共有できるような環境は古代に存在しませんでした。そうすると大王の治世が仮にスムーズに継承されていったとしても、そのとき一般民衆は誰が大王で、どういう支配の仕組みになっていて、どこに政治の中心があったのかということを、どうやって知ったのでしょうか。逆に、大王が自分の存在や施政を隅々まで人びとに伝えることも、半島との戦いや地方統治のひろがりを知らしめることも、どうしていたのでしょうか。

むしろ、私たちのほうが記紀や古墳の変遷、発掘成果を通じて当時の大王に関する情報を正確につかんでいるやもしれません。実態は、大和とその周辺しか王権の交替を伝達することができなかったり、枝葉をつなぐ幹のような街道ぞいの集落しか、正しく情報が共有できなかったのでは…… 当時の大王のなかにはほとんどの民衆に気づいてもらえない支配者がいたかもしれません。

本文に登場する巨大古墳や埴輪、石棺の移動、鏡や飾り馬などを使ったさまざまな儀式は王を王たらしめるものであり、広告塔代わりだったのかもしれません。

さらに、大王が支配領域を半島から東国まで拡大できても、すぐそばの山河海浜の隅々は草深く、多くの山賊や海賊がひそんでいたり、逃げ込まれると追いかけられない、情報も伝達できない世界だったらどうでしょう。大王の支配から逃れる世界が方々の山野にあったとすれば。

私たちは地図を見ながらわが国について、近くて明るくて、ときには狭くて過密なイメージで解釈します。しかし、地理的には近くても遠くて深い山河海浜が人の手にひらかれたのは最近です。

以上、古代の日本には、さまざまな角度から検討すべき課題が山積されているのです。そして、発掘調査ではこのように忘れ去られた歴史の実態が予期せず発見され、断片と断片をつないでいく過程に、研究者をうならせる実像がおぼろげながらみえてくることもあるのです（**巻頭カラー図版1**）。

本書に記された考古学的成果や問題提起をきっかけに、継体天皇をめぐる古代史・考古学の議論がより深まり、一五〇〇年前に列島を席巻した真の人物像がわかることを期待する次第です。

西川寿勝

目次

はじめに　3

第1章　継体天皇、四つの王宮の謎　西川寿勝　12

1　継体天皇をめぐる論争　12
2　記紀が語り継ぐ継体天皇　21
3　明らかになってきた北河内地域　29
4　大和に入らなかった継体天皇　38
5　国宝、癸未年銘鏡　48
6　継体天皇の憂うつ　56
7　考古学の成果への期待　60

コラム1　鈴鏡と巫女　66

第2章　今城塚古墳の実像から継体王権に迫る　森田克行　80
1　太田茶臼山古墳と今城塚古墳　80
2　今城塚古墳の発掘調査　82
3　最大規模の埴輪祭祀場　92
4　殯宮儀礼から埴輪祭祀場を再現する　106
5　淀川流域の掌握　123
6　古代における淀川の鵜飼　127
コラム2　埴輪祭祀を読み解く　133
第3章　発掘された外洋船と渡来人　鹿野　塁　149
1　大阪と河内湖　149
2　発掘された渡来人の痕跡　151
3　船形埴輪が語るもの　154
4　描かれた船　160
5　北河内でみつかった準構造船　164

6　よみがえる日韓交流　169
コラム3　日・中・韓、鏡文化の交流　175
対談　追検証、今城塚古墳の実像　森田克行・西川寿勝　189
年表　『日本書紀』による継体天皇の時代　219
挿図出典　233
あとがき　241

装幀　新谷雅宣

継体天皇　二つの陵墓、四つの王宮

第1章　継体天皇、四つの王宮の謎

西川寿勝

1　継体天皇をめぐる論争

天皇の名

継体《けいたい》天皇は、古代史を考えるうえで非常に注目される天皇です。まず、もともと天皇という名称は、六〇〇年代以降に成立した言葉で、継体天皇のころは大王（おおきみ・だいおう）などとよばれていました。さらに継体という名は奈良時代に定められた崩御後の諡《おくりな》です。『古事記』では袁本杼命《をほどのみこと》、『日本書紀』では男大迹天皇《をほどのすめらみこと》とよんでいます。ただし、史料に残された漢字の音は当時の発音を忠実に再現するものではなく、王の名は容易に示せません。したがって、今回はもっとも親しまれている継体天皇という言葉を使います。

三王朝交替説

継体天皇が注目される理由のひとつは、現在の天皇家につながる最初の天皇ではないかと考えられていることです。天皇家の系統は、じつは三系譜あるのです。戦後、急速に研究が進んだ三王朝交替説です。

記紀では天皇家の血筋は一系譜と記されており、戦前までは有無を言わせず万世一系が唱えられてきました。しかし、よく調べると、皇位継承が円滑にゆかなかった時期が二回あるのです。最初は仲哀《ちゅうあい》天皇から応神《おうじん》天皇の間で、つぎが武烈《ぶれつ》天皇から継体天皇の間です。そのため最初の崇神《すじん》・垂仁《すいにん》・景行《けいこう》・成務《せいむ》・仲哀の五天皇の時代を古王朝、応神・仁徳《にんとく》・履中《りちゅう》・反正《はんぜい》・允恭《いんぎょう》・安康《あんこう》・雄略《ゆうりゃく》・清寧《せいねい》・顕《けん》宗《ぞう》・仁賢《にんけん》・武烈の一一天皇を中王朝、その後の継体天皇以降、現代までを新王朝とよぶことがあります（**表1**）。

	三王朝交代説		
初期ヤマト	古王朝（王権）	中王朝（王権）	新王朝（王権）
卑弥呼 邪馬台国連合 マキムク？→	崇神 呪教 三輪→	仁徳 征服 河内→	継体 統一 飛鳥
男王↓	先王朝↓	（応神）↓	継体↓
	（＝初期ヤマト？）		
卑弥呼↓	崇神↓	仁徳↓	安閑↓
男王↓	（垂仁）	履中↓	（宣化）
壱与	（景行）	反正↓	欽明↓
？	成務↓	允恭↓	敏達↓
	仲哀	（安康）↓木梨	用明↓
		雄略↓	崇峻↓
		後仁徳王朝 飯豊皇女 （清寧）	推古↓
		（顕宗）	↓
		（仁賢）	↓
		（武烈）	↓

表1　三王朝交代説（矢印は時間経過）

考古学では陵墓が奈良平野東南部から河内に移り、さらに河内飛鳥などに移動することに注目して、三輪（大和）王朝・河内王朝・飛鳥（継体）王朝などとよばれることもあります。最近では、古代の勢力は王朝ではなく、王権・政権であるという意味から河内王権などの表記が一般的です。さらに、崇神天皇以前、邪馬台国時代の連合王権時代に古墳が発生していたことが明らかとなり、これらについては初期ヤマト王権が設定され、崇神の古王朝以来の大和朝廷と区別されています。

戦後、騎馬民族征服説が江上波夫《えがみなみお》氏によって提起され、人びとは衝撃を受けました。大和の朝廷を駆逐する形で、河内の巨大古墳の被葬者たちが征服者として渡来したという説です。この説を発展させたものが、水野祐《みずののゆう》氏の三王朝交替説です。水野氏は継体天皇が越前《えちぜん》か近江《おうみ》の豪族出身で、王位を奪いとったと説きました。この王朝こそ、現代の天皇家に直接つながる王朝であるとされたのです。

継体天皇の東遷と擁立

その後、王朝の交替は直木孝次郎《なおきこうじろう》氏が具体化させました。直木氏は継体天皇の即位に関する記述が、記紀に出てくる神武天皇の東遷と共通する部分が大きいことに注目します。継体天皇即位に関する記述は記紀に少ししか記されていないのですが、神武の伝承を読み解くことで継体天皇即位のいきさつが類推できるというのです。

すこしくわしくみると、

「武烈の死後、大和朝廷に分裂状態が起り、大和に成立した政府は従来の朝廷の支配圏を維持してゆくことができず、各地に動揺が起り、中央に対する地方の動乱が生じた。この形勢に乗じ、風を望んで北方より立った豪傑の一人が、応神天皇五世の孫と自称する継体であったのではなかろうか。彼は徐々に近江・尾張の地方を固め、河内・山背に進出し、在地において皇族を自称する豪族や国造級の豪族と結んで勢いを培い、ついに大伴氏をも味方につけることに成功し、これを先導として大和に突入し、物部氏をも服さしめて反対勢力の中心を打倒し、磐余玉穂にはいって、名実ともに皇位についたのではないかと考える」

とダイナミックに継体王朝の成立を推論しました。

この説はその後、多くの研究者によって鮮明にされました。たとえば、岡田精司《おかだせいし》氏は継体天皇の出自氏族を息長《おきなが》氏と推定、記紀の記述で息長氏が特別扱いされていることを説きました。また、塚口義信《つかぐちよしのぶ》氏は武烈天皇ののち、大和の豪族たちによって継体天皇は擁立されましたが、一部に反対勢力があり、大和入りは阻止され、継体の宮が樟葉《くずは》・筒城《つつき》・弟国《おとくに》などを長期にわたって転々とした事情を物語るものとしました（**図1**）。

二王朝並立説

継体天皇についてはその崩御と皇位継承についても活発な議論が展開されています。継体の死後、その後継者をめぐって皇子たちが対立し、政権が分裂したという説です。この説は戦前に平子鐸嶺《ひらこたくれい》氏・喜田貞吉《きださだきち》氏によって提示され、現在に至るまでこまかく分析されています。

継体天皇の崩御年については『古事記』『日本書紀』『百済本記《くだらほんき》』それぞれが合致しておらず、『日本書紀』には二つの記事を記して、真偽はのちにゆだねると含みをもたせているのです。なかでも、

図１　淀川と継体天皇の宮・今城塚古墳

『日本書紀』が引用する『百済本記』には天皇・太子（のちの安閑《あんかん》天皇）・皇子（のちの宣化《せんか》天皇）がともに亡くなったとあり、騒乱を推定させます。さらに、飛鳥寺について記された『元興寺伽藍縁《がんごうじがらんえん》起《ぎ》』や聖徳太子について記された『上宮聖徳法王帝説《じょうぐうしょうとくほうおうていせつ》』は欽明《きんめい》天皇の即位年を『日本書紀』の記す継体天皇崩御の翌年としているのです。

そこで、亡くなったとみられた太子・皇子がからくも逃げのび、大伴氏・物部氏を後ろ盾として、蘇我氏の後ろ盾による欽明王朝に対立したという二王朝並立説を林屋辰三郎《はやしやたつさぶろう》氏が提示したのです（**表2**）。

その一方、『百済本記』の記事は外交上のデマであるという川口勝康《かわぐちかつやす》氏の説、記紀に騒乱の伝承はなく、考古学の成果でも内乱を推定する資料が得られないという懐疑論も水谷千秋《みずたにちあき》氏などが示しています。

今城塚古墳の発掘成果

ところが近年になって、ゆれ動く史料研究に対し、考古学による発掘調査成果

西暦	『百済本記』	『上宮聖徳法王帝説』『元興寺伽藍縁起』	『日本書紀』
五三一	継体・太子（安閑）・皇子（宣化）没		継体没・崩御直前に安閑即位
五三二		欽明即位	空位
五三三			空位
五三四			安閑即位
五三五			安閑没
五三六			宣化即位
五三七			
五三八	仏教公伝	仏教公伝（欽明七年）	
五三九			宣化没
五四〇			欽明即位

表2　二王朝並立説

がつぎつぎと新資料を提示するようになったのです。
旧来、継体天皇の墓とされる茨木《いばらき》市にある太田茶臼山《おおたちゃうすやま》古墳（現継体天皇陵）の築造時期は外堤の調査でみつかった埴輪の年代観や外形測量による前方後円墳の型式などから継体天皇の時期より古くさかのぼることが指摘されていました。つまり、継体天皇陵にふさわしくないということです。かわりに継体天皇の時期と年代的に合致する埴輪や古墳外形を示す大型前方後円墳が高槻《たかつき》市の今城塚《いましろづか》古墳であることが指摘されていました。今城塚古墳こそ、継体天皇の墓である可能性が高いということです。

さらに今城塚古墳や太田茶臼山古墳に埴輪を供給していた製作工房と埴輪窯群が高槻市新池《しんいけ》遺跡で発見されました。大規模な造墓にかかわる施設です。これによって、各古墳への埴輪供給の実態や今城塚古墳造営段階の日常生活雑器の土器型式も明快になりました。また、大和にある西山塚《にしやまづか》古墳にもこの工房の埴輪が供給されていることがわかり、継体天皇の正室である手白香皇女《たしらかのひめみこ》の墓を限定する資料となりました。

そして今城塚古墳の史跡整備にともなう発掘調査が継続的に進められ、古墳の主体部に被葬者を埋葬するための石の棺が三種類あったこと、外堤に大規模な埴輪群像が並べられ、葬送儀礼の実態を垣間見ることが可能となりました。一連の調査と史跡整備は高槻市教育委員会によって、現在も継続されています。

馬飼いの発掘

また、継体天皇の樟葉宮（大阪府枚方《ひらかた》市）での即位を援助し、あつく信任されていた河内馬飼首《かわちのうまかいのおびと》荒籠《あらこ》や半島経営に尽力した将軍の従者として河内馬飼御《み》狩《かり》の名があります。河内馬飼は北河内の讃良《さら》郡や河内《かわち》郡（大阪府四条畷《しじょうなわて》市・寝屋川《ねやがわ》市・枚方市）などを本貫とする伴造《はんぞう》氏族《しぞく》（一定の職業・技術をもって朝廷につかえる部民《べみん》を品部《しなべ》とよび、それを率いる中小の豪族）で、欽明天皇の条にもその名が記されています。

近年、この地域の発掘調査で馬飼いの実態を示す渡来系氏族の集落がつぎつぎと明らかになってきました。五、六世紀の馬骨や馬歯の出土は四条畷市域だけでも蔀屋北《しとみやきた》遺跡・讃良《さら》遺跡・城《じょう》遺跡・岡山南《おかやまみなみ》遺跡など、馬に装着する鞍《くら》やクツワなどの馬具も近隣市域から数多く発見されました（**図74、一六八ページ参照**）。

なかでも、大阪府教育委員会が調査した蔀屋北遺跡は倭の五王時代から継体期・欽明期にかけての大集落で、無数の建物群や渡来系の食器と容器・準構造船の部材などが発見されました。注目すべきは、馬飼いの実態を示す埋葬された馬の発見です。飼育されていた馬の全身骨格が良好な状態で発見されました（**図2**）。

図2　埋葬された馬（蔀屋北遺跡）

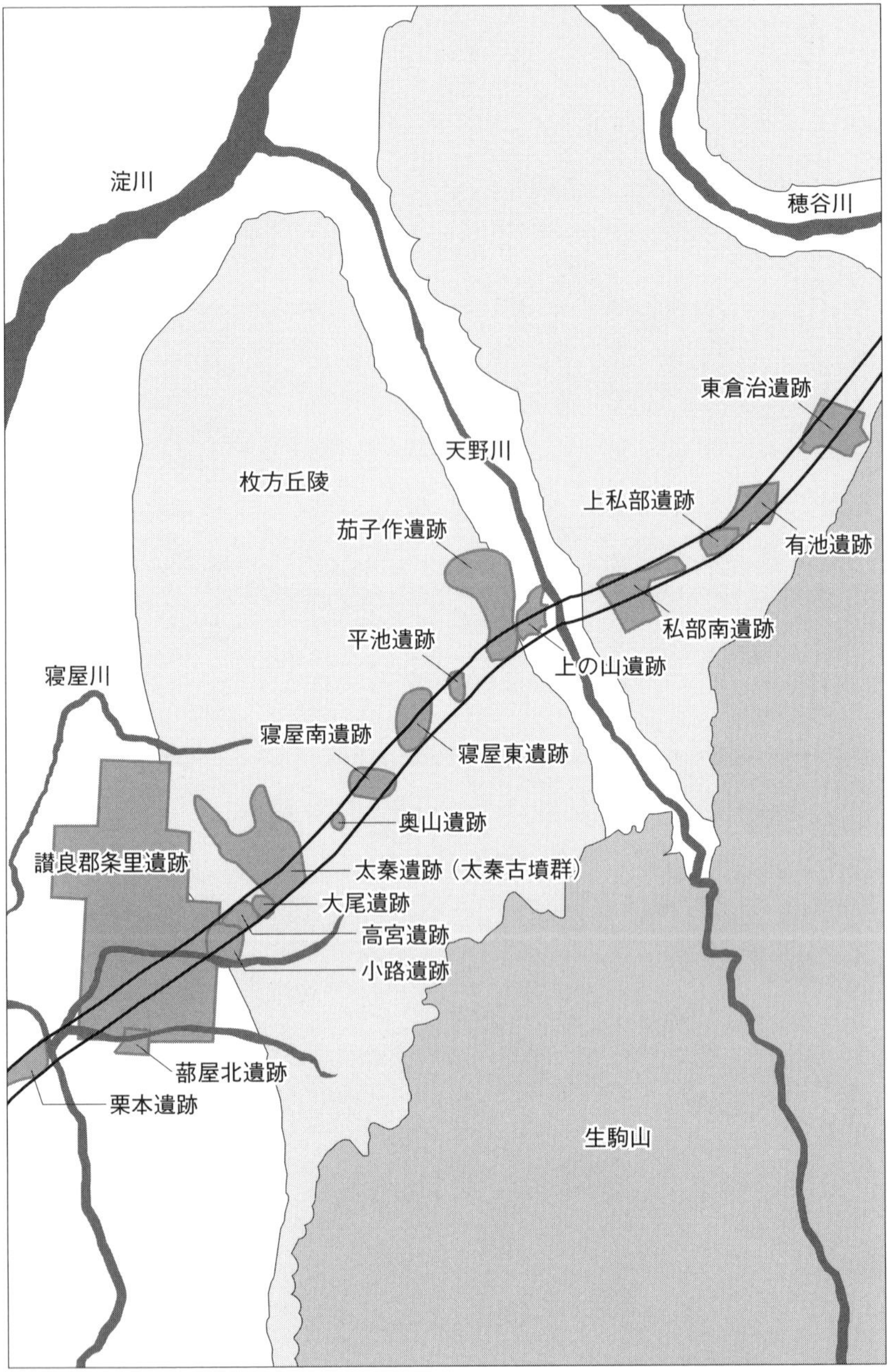

図3　第二京阪自動車道予定地の大規模調査

圧巻は、現在もおこなわれている大東《だいとう》市・寝屋川市・枚方市・交野《かたの》市を縦断する第二京阪自動車道建設とそれに付随する開発にともなう大規模な発掘調査です。二〇以上の集落遺跡や古墳群などが数珠つなぎに調査され、古墳時代の北河内の実情が白日の下にさらされたのです。調査成果はどんどん追加され、わたしも枚方や交野市域でその発掘調査に参加しているところです。将来、伝説の樟葉宮にかかわる遺構が発見されるかもしれません（**図3**）。

2　記紀が語り継ぐ継体天皇

『古事記』と『日本書紀』

継体天皇の事跡は、記紀を読み解く研究をよりどころとしてきました。記紀はわが国最古の歴史書として、重視されています。ところが、記紀の成立は継体天皇の時代から二〇〇年以上くだった奈良時代です。したがって、時代がさかのぼるにつれ、記述はあいまいでさまざまな脚色も見られます。

『古事記』（七一二年）は天武《てんむ》天皇のとき、当時失われてしまった『帝紀《ていき》』『旧辞《きゅうじ》』の伝承を稗田阿礼《ひえだのあれ》が暗誦し、元明《げんめい》天皇の時代に太安万侶《おおのやすまろ》が筆録したものといいます。武烈・継体天皇以降は天皇系譜のみ記されます。

『日本書紀』（七二〇年）は『古事記』におくれて、太安万侶などによって編纂された日本の正史です。中国の正史に準じた漢籍の紀年体です。また、中国の歴史書である『魏志《ぎし》』倭人伝なども参考にしたようで、女王卑弥呼《ひみこ》は神功《じんぐう》皇后に重ねて描かれています。継体天皇の条は、年次ごとにくわしい記述があります。しかし、その多くは朝鮮半島経営に関するもので、『百済新撰《くだらしんせん》』『百済本記《くだらほんき》』などの半島の原史料を参考にしたものと考えられます。

『日本書紀』は、神武天皇に始まる天皇家の系譜を今から約二六〇〇年前に設定し、各天皇の年代を振り分けたため、古い天皇ほど生没年や事跡が長く見積もられ、信憑性にかけます。

『帝紀』『旧辞』あるいはその元になった原帝紀は、継体天皇のころまで書き継がれており、欽明天皇の時代のころに『帝紀』『旧辞』として成立したらしく、天皇家の事跡や神話・伝承・歌物語が収録されていたようです。そのほか、記紀の成立には各地の風土記や有力氏族の縁起、個人の出自記録、半島の史料など、書物や系図が引用されたようです。これらを統括していた蘇我《そが》一族の屋敷が大化改新（六四五年）のときに焼失したという伝えもあります。記紀はこれらの残巻や写しなどを参考に脚色されたようです。

ちなみに、蘇我一族の邸宅は飛鳥の甘樫丘《あまかしのおか》にあったと記され、甘樫丘東麓遺跡の発掘で大規模な焼土層が確認されています。

継体天皇の即位

さて、記紀に記された継体天皇の事跡について、半島情勢や外交関係は割愛し、本論の問題点を確認しましょう（**表3**）。

継体天皇は彦太尊《ひこふとのみこと》ともよばれ、応神天皇五世の孫、彦主人王《ひこうしのおおきみ》の子です。母は振媛《ふるひめ》で、垂仁天皇七世の孫といいます。彦主人王は振媛が容姿端麗な美人と聞き、近江《おうみ》国高島《たかしま》郡三尾《みお》（滋賀県高島郡）の

	『日本書紀』紀年	西暦	『日本書紀』記事を中心とした事跡
継体	元	507	**樟葉宮で即位。仁賢天皇の娘、手白香皇女が立后する。**
	2	508	武烈天皇を傍丘磐杯丘陵に葬る。
	3	509	百済に使者。任那にいる百済の百姓の子孫を括出して百済に返す。
	4	510	――――
	5	511	**山背筒城宮に遷す。**
	6	512	百済の懇願で、任那四県を百済に割譲。勾大兄皇子が異議。
	7	513	百済が五経博士段楊爾を貢る。伴跛国が奪った己汶を百済に与える。
	8	514	勾大兄皇子の妃、春日皇女の名代を設ける。伴跛国が帯沙等に築城して、倭の攻撃に備える。また、新羅を攻める。
	9	515	物部連軍が帯沙江で伴跛と戦い敗退する。
	10	516	百済が物部連らを己汶に迎える。百済が五経博士段楊爾に代えて、漢高安茂を貢る。百済が高句麗使につきそって好誼を結ぶ。
	11	517	――――
	12	518	**山背弟国宮に遷す。**
	13	519	――――
	14	520	――――
	15	521	――――
	16	522	――――
	17	523	百済の武寧王が没する。光州武寧王陵出土墓誌の崩御年と一致。
	18	524	百済の聖明王が即位する。
	19	525	――――
	20	526	**大和磐余玉穂宮に遷す(別の本は513年という)。**
	21	527	**筑紫国造磐井が新羅と結んで反乱**し、任那の復興にむかう近江毛野と戦う。**『古事記』では継体没。**
	22	528	**大将軍物部麁鹿火が磐井を斬殺する。**磐井の子葛子が糟屋屯倉を献上し、死罪の免除を請う。
	23	529	近江毛野を派遣する。新羅が任那を侵す。
	24	530	近江毛野を呼び戻すが、対馬で没する。
	25	531	**継体天皇が死ぬ間際に(82歳)、安閑天皇が即位する。藍野の陵に祀る。『百済本記』は天皇・太子・皇子が没と記す。**
	空位	532	**『元興寺伽藍縁起』・『上宮聖徳法王帝説』では欽明天皇の即位を記す。**
	空位	533	――――
安閑	元	534	**別の本は継体没という。大和勾金橋宮に遷す。**
	2	535	**安閑天皇没。同月に古市高屋丘陵に葬る。**
宣化	元	536	**大和檜隈廬入野宮に遷す。**
	2	537	
	3	538	**『元興寺伽藍縁起』・『上宮聖徳法王帝説』では欽明7年、仏教公伝。**
	4	539	**宣化天皇没。同年に身狭桃花鳥坂上陵に葬る。**
欽明	元	540	**大和磯城島金刺宮に遷す。**

表3『日本書紀』を中心とした継体天皇関連年表

別邸から越前国坂井郡三国《えちぜんのくにさかのいぐんみくに》（福井県坂井郡）に使いを遣わし、媛を迎え召し入れて妃としました。そして、継体が生まれたのです。父の彦主人王は継体天皇が幼年のときに亡くなり、振媛は高向《たかむく》（坂井郡）に帰り、親の面倒をみながら、継体を育てました（**図4**）。

大和にいた大伴金村《おおとものかなむら》は武烈天皇の崩御後、武烈天皇に跡継ぎのないことから周囲の豪族と相談し、つぎの天皇の擁立を画策します。仲哀天皇の五世の孫である倭彦王《やまとひこのおおきみ》が丹波国桑田《くわた》郡においでになるので、試みに兵士に守らせた神輿《みこし》を遣《つか》わしてお迎えしようとしました。ところが、倭彦王は迎えにやってきた兵士をはるか望見して恐れ、山中に行方をくらましたのです。

そこで、金村らはつぎに越前国の継体はどうだろうかと話し合い、君命のしるしである旗を持って、神輿を備え、三国に向かいました。しかし、継体は疑いを抱き、即位についてすぐには承知しませんでした。このとき、継体は偶然にも河内馬飼首荒籠を見知っていました。荒籠は使いを送り、大和の大臣・大連らが継体を天皇として迎えようとしている本意をくわしく伝えました。使いは二日三晩泊まって、ついに継体は三国を発つことになったのです。

五〇七年一月一二日、継体は河内国交野《かたの》郡の樟葉宮に入り即位しました。

二月四日、大伴金村大連は天子の璽符《みしるし》の鏡と剣をたてまつりました。大伴金村、巨勢男人《こせのおひと》、物部《もののべの》麁鹿火《あらかい》などの官職はもとのとおり再任されています。

継体天皇の妃

三月五日、仁賢天皇の娘である手白香皇女をたてて皇后とします。やがて一人の男子が生まれます。

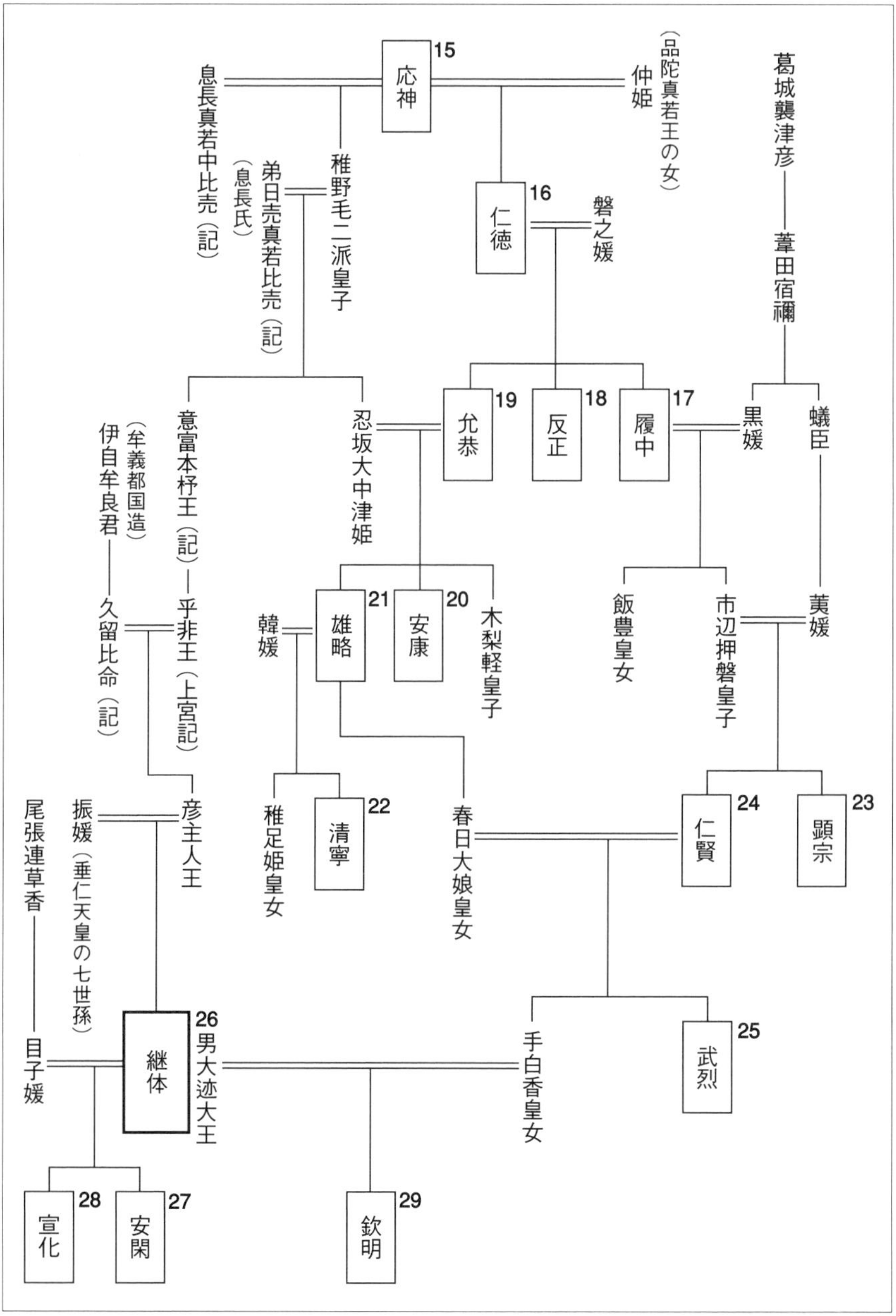

図４　応神天皇五世孫の継体天皇

のちの欽明天皇です。『日本書紀』は皇子が幼かったため、二人の兄（安閑天皇・宣化天皇）が先に国政をとった後、天下を治めた、と付け加えています。

　三月一四日、八人の妃を召し入れました**（表4）**。元からの妃は尾張連草香《おわりのむらじくさか》の娘で目子媛《めのこひめ》で二児を生みます。一人目が勾大兄《まがりのおおえ》皇子で安閑天皇、二人目が檜隈高田《ひのくまのたかだ》皇子で宣化天皇となります**（巻末に『日本書紀』による継体天皇の年表を載せました。ほかの妃の子どもたちについては、それを見てください。二二一〜二二二ページ参照）**。

　『日本書紀』は八人の妃を同時に後宮に入れることは珍しく、おそらく即位して良い日を占い選んで、はじめて後宮を定めたので記録したのだろう、と注釈しています。

　翌年、武烈天皇を傍丘磐杯丘《かたおかいわつきのおか》（奈良県香芝市付近）にまつっています。

	『日本書紀』		関連地域
A	皇后手白香皇女	皇子（欽明）	大和
B	元妃尾張連草香女目子媛	皇子（安閑） 皇子（宣化）	尾張
C	三尾角折君妹稚子媛	皇子 皇女	近江・三尾
D	坂田大跨王女広媛	皇女 皇女 皇女	近江・坂田
E	息長真手王女麻積娘子	皇女（伊勢の斎王）	近江・息長
F	茨田連小望女関媛	皇女 皇女 皇女	河内・茨田
G	三尾君堅楲女倭媛	皇女 皇子（三国公の祖） 皇子 皇女	近江・三尾
H	和珥臣河内女荑媛	皇女 皇女 皇子	大和・和珥
I	根王女広媛	皇子（酒人公の祖） 皇子（坂田公の祖）	近江・坂田

表4　継体天皇の后妃とその出自

勾大兄皇子と磐井の反乱

五一一年、都を山背の筒城《つつき》（京都府綴喜郡）にうつし、一八年には弟国《おとくに》（京都府乙訓郡）にうつします。さらに五二六（継体二〇）年に大和の磐余玉穂《いわれたまほ》（奈良県桜井市）に入ります。この継体天皇の大和入りについては、ある本では五一三（継体七）年のことだと『日本書紀』は記しています。

五一二年、百済が任那《みまな》割譲について、贈物をもって懇願してきました。継体天皇は、任那割譲を許してしまいます。勾大兄皇子はそれを知り驚いて、これを止めようとします。しかし百済の使いに、「子である皇子が、どうして天皇の勅に背いてみだりに改めてよいものか」と反論されてしまいます。世間では大伴大連らが百済から賄賂《わいろ》をとっていると噂《うわさ》したようです。

五二七年、筑紫国造磐井《いわい》がひそかに反逆を企て、新羅《しらぎ》がこれを知ってこっそり磐井に賄賂を送り、半島に進軍していた毛野臣《けなのおみ》の軍を妨害するようすすめました。

そこで磐井は肥前・肥後・豊前・豊後などをおさえ、毛野臣の職務をはたせぬようにし、海路を遮断し、高句麗《こうくり》・百済・新羅・任那《みまな》などの船から貢物などをあざむいて奪いました。また、任那に遣わされていた毛野臣の軍をさえぎり、毛野臣に無礼なことを言いたてました。『古事記』はこの年に継体天皇が没したとあります。

五二八年、磐井の乱はおさまらず、大将軍物部麁鹿火を派遣し、下関より西の権限をすべて委譲して反乱の鎮圧を託します。はげしい戦闘の末、麁鹿火は磐井を斬殺し、その子葛子《くずこ》は糟屋《かすや》郡の屯倉《みやけ》を献上するということで死罪をまぬかれます。

継体天皇の崩御

五三〇年、近江毛野臣は半島経営に失敗し、信任をなくします。継体天皇は河内馬飼御狩などを使者にして、真意を問いただしますが、なかなか大和に戻って報告をしようとせず、ついに毛野臣は対馬で病死してしまいました。

五三一年二月、継体天皇は八二歳で崩御します。崩御の直前に、継体天皇は勾大兄皇子（安閑天皇）を即位させたと記します。つまり、禅譲《ぜんじょう》です。ただし、『百済本記』にはこのとき天皇、太子、皇子がともに没した、と記すことを『日本書紀』は注釈しています。

その年の十二月五日、天皇は藍野陵《あいののみささぎ》（摂津国三島郡藍野）に葬られました。

継体天皇の条を読み解く

以上が『日本書紀』による継体天皇の歩んだ粗筋です。ただし、『日本書紀』は天皇の伝記として賛美した脚色もあるようで、伝説性と信憑性は多角的に検討されています。

たとえば、継体天皇をお迎えする前に仲哀天皇の五世孫を丹波に探し当てたという記事は、継体天皇より血縁が遠く、しかも性格的にも評価しにくい人物を対比的に描いたもので、脚色とされます。同様に、先代の武烈天皇の横暴のみを強調する記事も、『古事記』にはまったく書かれていません。継体天皇による新政の徳を高める対比効果と考えられます。つまり、皇子がなかったことは事実としても、武烈天皇の事跡の信憑性は薄いとされます。

また、即位に際して、鏡と剣をたてまつった記事も即位を正当化させる演出記事という見方が強く、天皇即位に不可欠な道具として臣下からたてまつられることはないはずです。

逆に、このときに手白香皇女を妃にした裏側には、即位の条件が隠されているのではという見方が一般的です。しかも、すでに即位前に尾張連草香の娘との間に二人の皇子が存在していました。この二人の皇子は、即位のときにも同行していたのではないでしょうか。

さらに、のちに安閑天皇となる勾大兄皇子は奈良県橿原《かしはら》市曲川《まがりかわ》付近に居住し、即位後はそこを宮殿としたことが記されています。つまり、継体天皇は大和の手白香皇女を妃にしたにもかかわらず大和入りがなかなかできなかったのに、皇子は大和に居住していたという疑問があります。

先代の武烈天皇の陵墓が大和にまつられたことにも注意すべきです。直木氏の説くように、継体即位は大和に反対勢力があり、樟葉宮殿でおこなわれたとしても、わたしは継体天皇の主導で武烈天皇の墳墓造営が大和でおこなわれたことを認めるべきだと考えます。

3　明らかになってきた北河内地域

樟葉宮

『日本書紀』では一月六日に河内馬飼首の説得の後、一月一二日には樟葉宮が設定され、三国から継体天皇が迎え入れられました。選地や宮殿の建設記事の実態は省かれており、当初は既存の邸宅が宮殿だったのかもしれません。

樟葉の位置については、河内の最北端にある樟葉郷や近世の樟葉村から推定されていますが、はっきりとはしていません。樟葉の地名は崇神天皇の条にも登場し、「くそばかま」がなまったものとあります。すなわち、歩いているとズボンのすそに糞《くそ》がつくという意味で、馬糞が散在する牧場を想像させます。

樟葉宮で即位した継体天皇は、しばらくして筒城宮《つつきのみや》にうつります。現在の京都府京田辺市の同志社大学新田辺キャンパスがある付近が伝承地ですが、この宮も綴喜《つづき》郡内のどこであるのか特定できていません。この筒城宮のあった地は、息長氏の本貫地と推定されています。もともと継体天皇の母系は息長氏です。

宮跡は発見できていないのですが、考古学の成果として、付近で継体期に発展する集落がみつかっています。筒城宮の伝承地から木津川を南にかなりさかのぼった精華《せいか》町森垣外《もりがいと》遺跡です。掘立柱建物がひろがる五〇〇年代の集落遺跡で、方形の区画溝があり、鍛冶《かじ》工房・玉造工房の痕跡もあります。渡来系文物をともなう集落で四〇〇年代末から五〇〇年代前半の居館と工房と考えられ、ちょうど継体天皇の時期に重なります。

乙訓の南では大山崎町の下植野南《しもうえのみなみ》遺跡・算用田《さんようでん》遺跡が五〇〇年代前半に発展していることが確かめられています。これらの遺跡は竪穴住居が主体の集落です。

北河内の大規模発掘調査

近年、京都と大阪を結ぶ第二京阪自動車道の建設が北河内地域で進められ、それにともなって大規模な発掘がおこなわれています（**図3**）。調査は道路建設にとどまらず、周辺の開発などにもおよび、河内馬飼の本拠地が復元されています。これらの遺跡からは初期須恵器や韓式系土器《かんしきけいど》など数多くの渡来系文物が発見され、馬の飼育に関連する遺物・鉄生産に関連する遺物・準構造船の部材などが確認されています。

また、新発見の遺跡として枚方・交野市域でも五〇〇年代に栄えた集落がいくつか解明されたことにより、樟葉宮推定地界隈の風景もよみがえってきました。

すべての集落をとりあげることはできませんが、そのうちのいくつかを紹介しましょう。

茄子作遺跡・上の山遺跡

茄子作《なすづくり》遺跡と上《うえ》の山《やま》遺跡は枚方市と交野市の境で接しており、枚方丘陵の西側斜面、天野川《あまの》をのぞむ集落遺跡です。倭の五王の時代から飛鳥時代までつづく住居跡が点々と確認されました。集落は散在的で中心は、はっきりしません。

茄子作遺跡の北側では馬の下あごが集落内の流路から見つかっており、祭祀の痕跡と考えられています。集落の空閑地は牧場かもしれません。この遺跡からは、韓式系土器や初期須恵器とよばれる渡来一世の使っていた食器とともに二世、三世が定着したことを示す須恵器生産の痕跡もみつかり、付近に窯を築いて本格的に食器をつくっていたようです。

西暦四〇〇年代後半に渡来系の人びとによって開かれた集落も、流路の氾濫《はんらん》などで継体天皇の時代には安定しなかったようです。流路からは織機《おりき》の一部も発見されています。

遺跡西方、枚方丘陵にかけては継体の妃を輩出した茨田連《まったのむらじ》の本拠地、茨田郡と考えられます。

私部南遺跡・上私部遺跡の集落

天野川をはさんで東に位置する私部南《きさべみなみ》遺跡・上私部《かみきさべ》遺跡では、交野山《かたのやま》から北にのびる扇状地《せんじょうち》に大規模で安定した集落がみられます。

両集落は四〇〇年代後半より栄え、所狭しと柱穴や竪穴住居跡が発見されました。上私部遺跡では方形の竪穴住居が広い範囲で発見され、五〇〇年代になると一辺が約六メートルの大型住居も出現します。大半の住居はカマドをそなえ、渡来系の土器が捨てられていた家もありました。五〇〇年代末の飛鳥時代になると住居は掘立柱建物にかわって発展します。

この地域の集落は、古墳時代までは地形に沿った配列の竪穴住居、飛鳥時代ころに竪穴住居がなくなり、方位に沿った配列の掘立柱建物へと変化するようです。つまり、竪穴住居と掘立柱建物の混在期間はほとんどありません。新しい生活様式である掘立柱建物は、つぎに示す蔀屋北遺跡などにくらべ、継体天皇の時代以降におくれて普及するのです。

ただし、飛鳥時代になると有力者の住居と思われる区画溝に囲まれた大型建物やその建物を含み中庭のようにとり囲む配列の建物群が展開し、支配者層の存在が明らかになります。

上私部遺跡からは、継体期に新羅からもたらされた精緻なつくりの壺も発見されています（図5a）。この時期の新羅土器はわが国でほとんど出土しておらず、国際交流の実態を垣間見ることができます。

発見された新羅の壺は口縁部が袋状にすぼまる形態で、よく似たものが慶州市天馬塚《けいしゅうしてんまづか》、梁山郡夫婦《りょうざんぐんふうふ》塚《づか》などから発見されています（図5b・c）。天馬塚は天馬を描いた馬具の出土から名づけられたもので、新羅《しらぎ》の炤知王《しょうちおう》（四九九年没）、あるいは智証王《ちしょうおう》（五一三年没）の墓と考えられています。

蔀屋北遺跡・讃良郡条里遺跡の集落

淀川を北に望む丘陵部の遺跡に対し、寝屋川市・四条畷市域に位置する蔀屋北遺跡や讃良郡条里遺跡は、西に河内湖を望む小河川にはさまれた微高地に形成された集落遺跡です。

近年の大規模調査でその実態が明らかとなった蔀屋北遺跡は四〇〇年代前半から五〇〇年代末ころまで連綿と営まれた集落でした（**図6**）。集落内にはいくつかの流路があり、五つの居住域にわかれ、竪穴住居や掘立柱建物が最初から混在していました。なかでも、継体期前後の遺構は数十にのぼる竪穴住居・掘立柱建物の跡で、集落の最

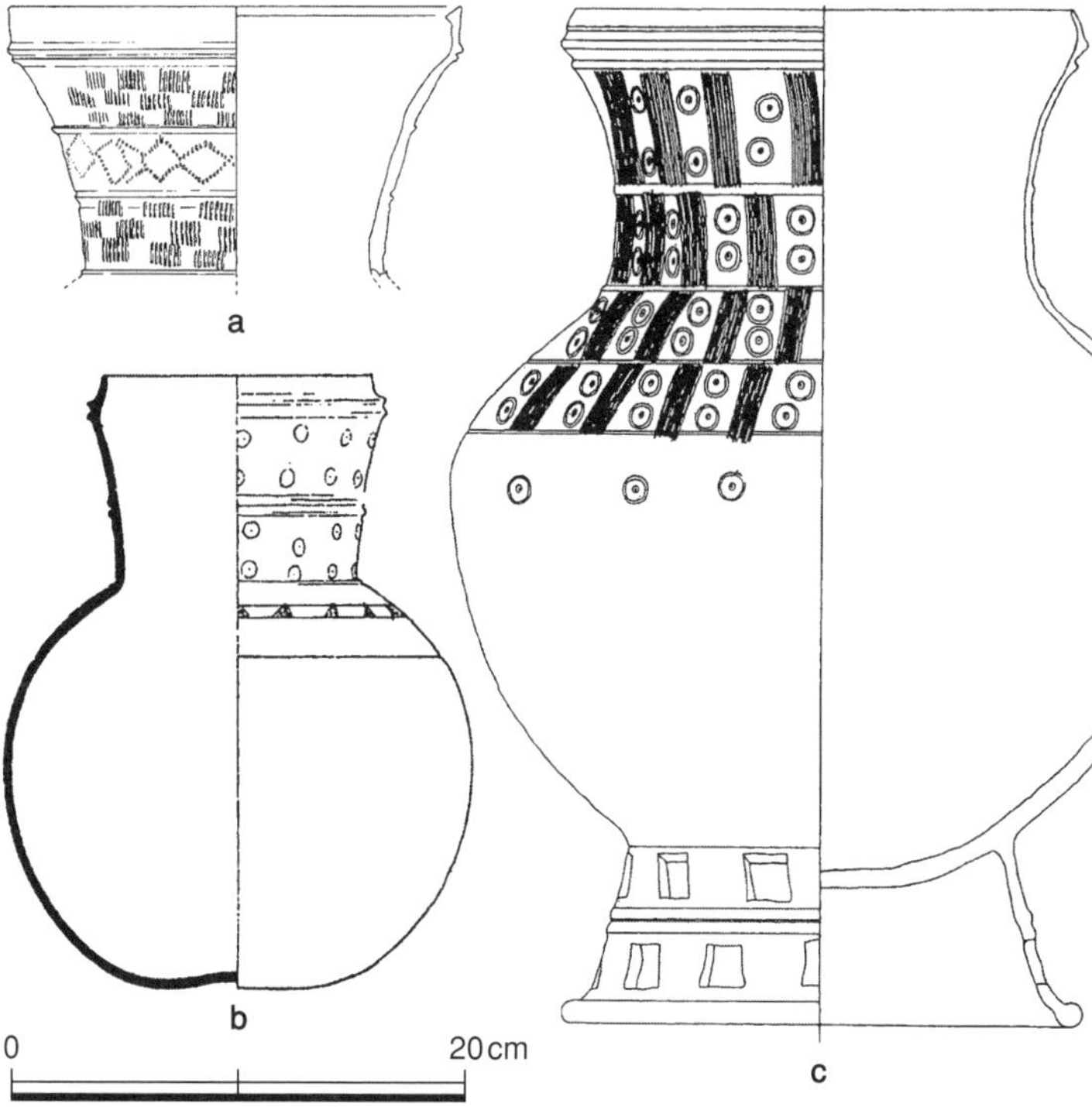

図5　上私部遺跡出土の新羅土器（a）、**韓国出土の新羅土器**（b・c）

図6　蔀屋北遺跡の集落（上）と大溝（下）

盛期のものです。五カ所の居住区のうち、いちばん高い位置にある北東部の一群は方形区画に囲まれた大型の住居群で、中核と考えられています。また、準構造船の舳先《へさき》を井戸枠に再利用した状態もそのまま確認されました。

注目すべきは大量に発見された製塩土器です（**図7**）。製塩土器は、海辺の人びとが藻塩《もしお》を濃縮して塩をつくるために使った土器です。その製塩土器が大量にもたらされていたのです。馬は汗かきで塩分の補給が欠かせないのです。

蔀屋北の集落北方でも、同様に渡来人や馬飼いの痕跡を明瞭に示す讃良郡の集落が調査されています。この集落は、河内湖に面する湿地と微高地を制御して営まれていました。蔀屋北の集落と共通し、微高地に居住域が密集、建物の重複関係があまり見られないことから、建て直しが少なく、短期間で廃絶したことがうかがえます。韓式系土器と馬具や馬歯、製塩土器がみつかっています（**図8**）。倉庫の扉を枠に再利用した井戸も確認されました。

興味深いことに、渡来系集団による拠点的な大集落も、五〇〇年代後半になると急速に衰退し、六〇〇年ころには

図7　蔀屋北遺跡出土の製塩土器

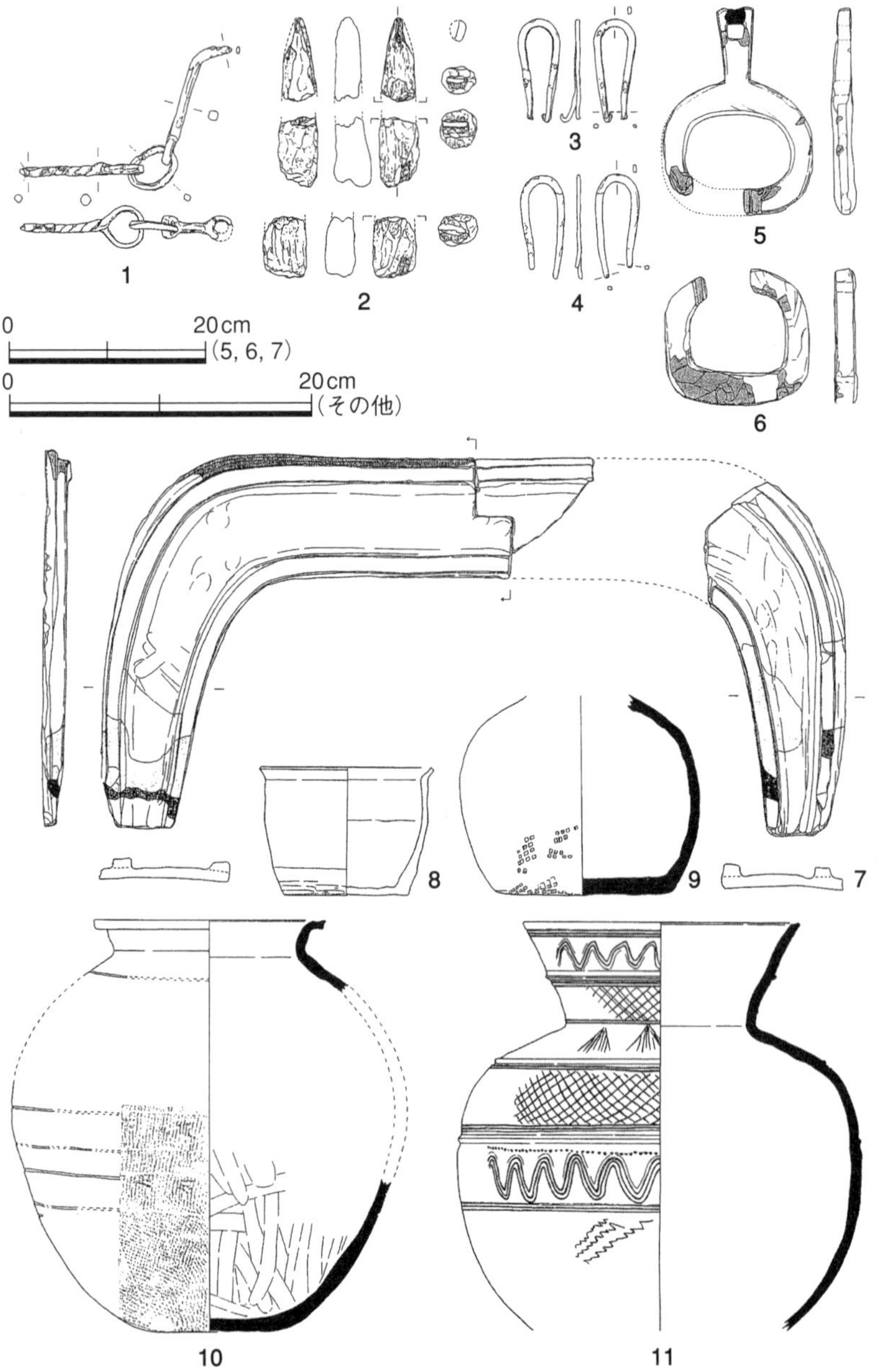

1～6　馬具部品　　7　カマド飾板　　8～11　韓式系土器

図8　蔀屋北遺跡出土馬具と渡来系遺物

あとかたもなくなってしまうことです。

土地開発と環境破壊

北河内地域の調査で注目すべきは急激な土地開発です。現在、宅地化がすすむ丘陵地域も、もともとは生駒山からの急峻な流路が形成した扇状地や段丘崖などでした。そこに四〇〇年代後半以降、渡来系の人びとを中心に集落や牧場などの開発が急速に進んだわけです。明瞭な牧場の痕跡はよくわかっていませんが、山すそを切りひらいた可能性が高いと思います。まさに「生駒」の山地です。

以上の開発の実態は遺跡の地層に含まれる花粉化石の分析からも語られています。四〇〇年代後半から五〇〇年代前半にかけて、一次林（自然林）であるブナやシイの森が失われます。その後、赤松による二次林（雑木林）へと変化するのです。つまり、付近の里山の木がことごとく伐採されたことを意味します。淀川をはさんだ三島地域でも同様の結果が出ています。

かつて、わたしたちが経験してきた高度経済成長の時代に、このような開発の痕跡が確認されると、自然を制御して大地をひらいていった人びとの技術力が評価されたものです。しかし、今それを見直すと、環境破壊と無秩序な開発という、まったく逆のこともいえるのです。それは、集落の周辺でかならずといってよいほど発見される自然流路や洪水痕跡が物語っています。

遺構の残りがよい遺跡というのは、そこが洪水などの土砂で一気に地表がおおわれたということを意味している場合が多く、また流路に土器や木器などがたくさん混入している集落は、生活面を災害が襲った結果とも受けとめられるわけです。

たしかに、土地を灌漑《かんがい》して、流路を制御し、洪水をおさえて暮らしていた人びとは、たくましいものです。しかし、大坂の都市化の歴史は難波宮の高台に副都が置かれて以降、秀吉の時代まで徐々に発展したわけではありません。江戸や名古屋の都市化もあわせ、大河川を制御し、計画的なまちづくりがおこなわれるようになるのは、かなり新しくなってからで、それ以前の平野部は人の居住には向いていなかったといわれます。

このような視点によって発掘成果を分析すれば、樟葉宮から転々と宮をうつした真意も読み解けるかもしれません。

4　大和に入らなかった継体天皇

軍師、河内馬飼

継体天皇は当初、河内の樟葉宮で即位、治世二〇年で大和にうつったと記されます。しかし、ある本には治世七年とあり、これについては各説あるのですが、「廿」(二〇)と「七」の字の読み違いが指摘されています。七年説をとれば、勾大兄皇子(安閑天皇)が大和の曲川で仁賢天皇の皇女の春日《かすがの》山田《やまだ》皇女をめとった時期です。

いずれにせよ、水野祐氏・直木孝次郎氏の説をはじめ多くの説では、大和にいた反対勢力のために継体天皇の宮は流転を余儀なくされ、天皇の大和入りがおくれた理由とされています。本当でしょうか。さらに、なぜ宮殿が樟葉や筒城に営まれたのかといえば、出身地の三国や近江へ淀川水系を介してつながっているということや、のちに淀川対岸の藍野に墓域を定めるなど、淀川の水運を重視したためと言われています。また、前節に示したとおり、信望のあった河内馬飼の勢力範囲ということで、樟葉が選地されたということもあるでしょう。

以上について、もう少し地図上でくわしく見てみると、樟葉の重要性を浮き彫りにできるとわたしは思っています。今回はこの謎について、わたしの説をお話しします。

それは大和平野への物流の道です（図9）。当時は現在のように道路も整備されていませんし、車両もありませんので、人馬による陸運と船による水運が主たるものです。

そのころもっとも栄えていた大和に、どれだけ人口が集中し、食料などを供給する必要があったのかわかりませんが、大和内での自給自足は無理だったと思います。このことから大和川を伝って物流を運び込むルート、淀川・木津川を伝って奈良山をこえて運搬するルートは大和にとって生命線だったとわかります。

逆に言えば、このルートを封鎖すればどうなるでしょう。いっぺんに物流はとどこおり、大和は干上がります。おそらく、継体天皇はそのことをよく承知しており、大和川の往来、淀川・木津川の往来を管理監督できる位置に宮を定め、大和の動静をうかがったと考えます。

つまり、武田信玄《たけだしんげん》を支えた軍師山本勘助《やまもとかんすけ》ばりの知恵者達が継体天皇についていたのではないでしょうか。それこそが河内馬飼の集団です。馬飼は軍馬の育成だけではなく、陸運や水運も担っていたと考えられます。前節で示した、準構造船の出土や渡来系の文物の出土がその実態を色濃く伝えています。

また、継体は父・彦主王の出身地である近江の勢力とも結びついており、大和の東方に位置する尾張についても、即位前に尾張氏の妃との間に、二人の皇子（のちの安閑天皇・宣化天皇）を設けて関係を深めています。大和への水路のみならず、陸路にも関を構えることができたのです。

ちなみに、のちに兵学・軍学が議論されるようになり、水上封鎖の重要性を説いた例があります。時代が下り比較しづらいのですが、戦国時代の大坂は現在の難波宮あたりに石山本願寺の寺内町が栄え、要塞化されていました。京都

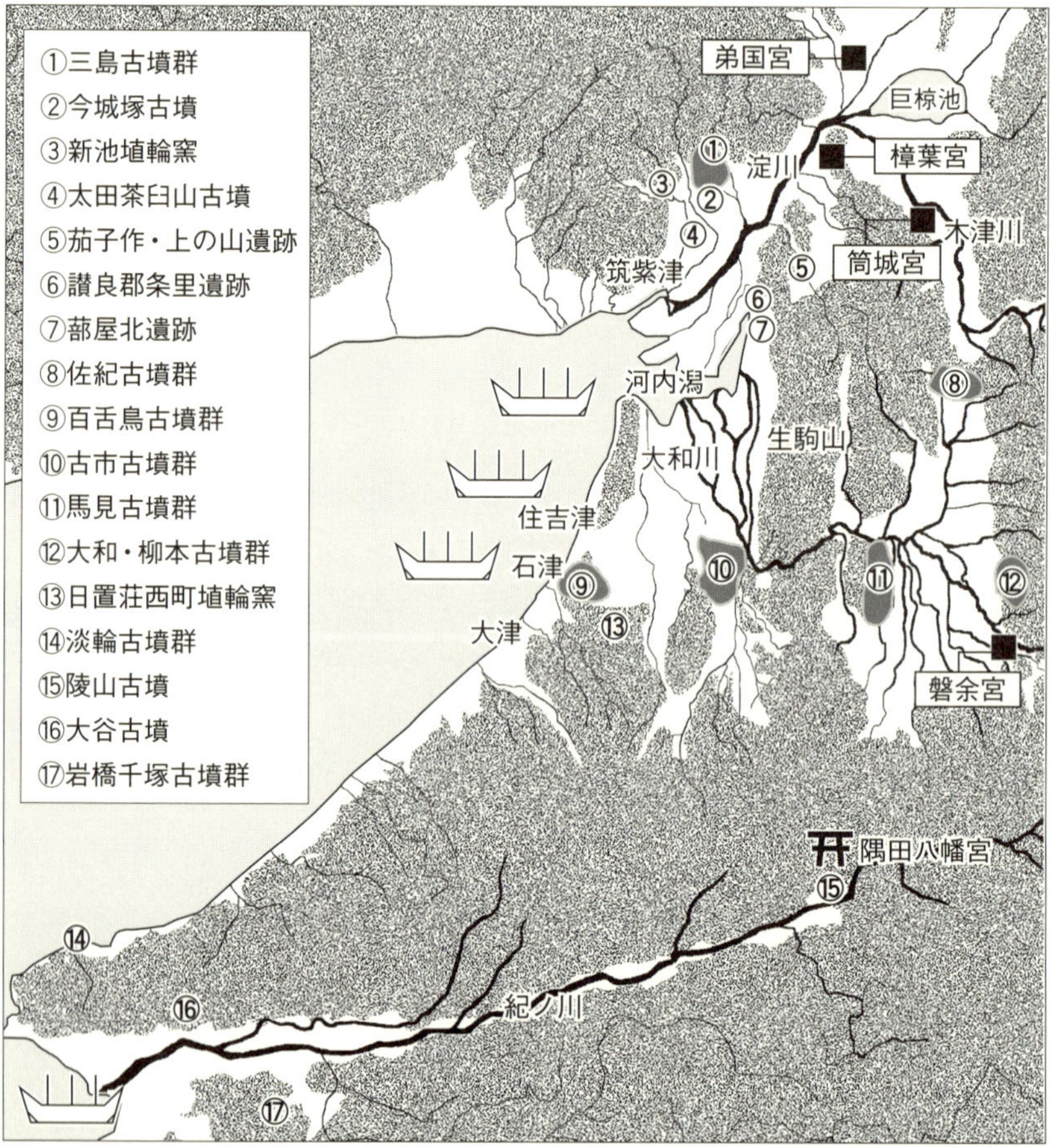

図９　大和平野への物流と三水系

に上った信長はこの本願寺勢力と北陸の一向宗勢力、伊勢・長嶋の一向宗勢力のはさみ撃ちにあいます。有名な石山合戦の始まりです。そして、信長は石山本願寺を包囲します。

この包囲戦は一〇年近くつづくのですが、戦国時代の名だたる合戦のような記録に残る戦いではなく、徐々に水上封鎖を強めていくというものでした（図10）。おもな戦いは毛利の村上《むらかみ》水軍や紀州の九鬼《くき》水軍・摂河泉《せっかせん》の水軍を交えた水上戦だけでした。つまり、都市化の進んだ寺内町《じないちょう》や宗教勢力の本拠地に対し、長期戦で水上封鎖をおこない、勝利したのです。

同じようなことが、幕末にペリーの黒船が来航したときにおこりました。ペリーは幕府が言うことを聞かない場合、江戸を大砲で攻撃をしようとは考えませんでした。執拗《しつよう》に下田《しもだ》の開港を迫ったのです。浦賀や横浜ではなく、伊豆の下田だった理由はここで水上封鎖をすれば、大坂から江戸への物流をほとんど遮断できると考えたからです（図11）。もし、海運を伊豆で陸路に切り替えたとしても、大坂から江戸への

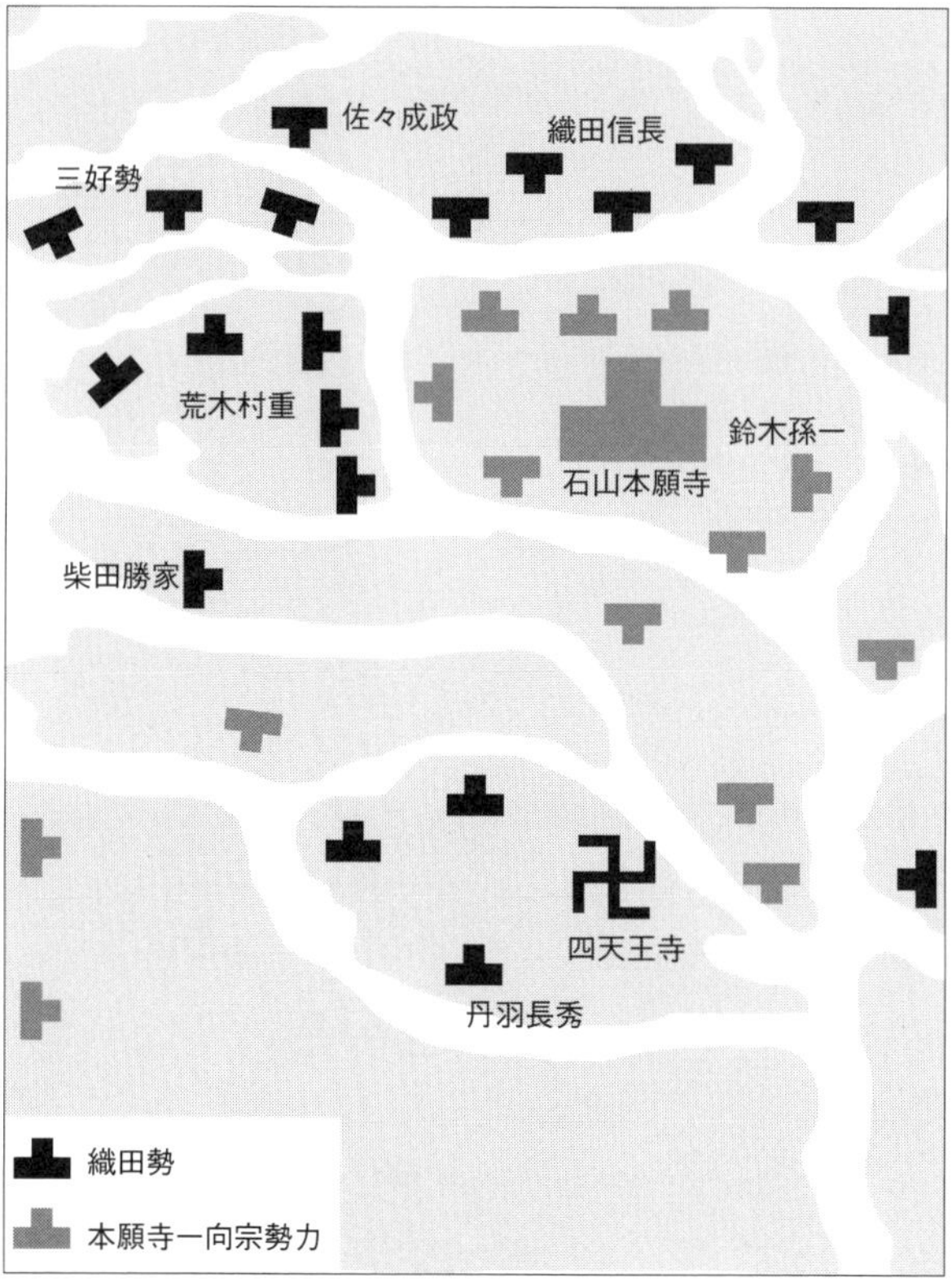

図10　石山合戦における信長の水上封鎖

物流は下田から見上げる箱根の急坂を登らなければなりません。水上封鎖の恐ろしさを渡辺《わたなべ》崋山《かざん》らの兵学者は十分心得ていたので下田をめぐってすさまじい議論となったわけです。

巨大古墳群の終焉

このような緊張関係や物流の遮断などを記紀は微塵も伝えません。それは真綿で首を締めるような長期戦で、雌雄を決するような合戦ではなかったからでしょう。ただし、このような考えも考古学の成果に現れなければ、たんなる想定にすぎません。ところが、この事態を顕著に示す資料は数多く存在するのです。

それは大和・河内における巨大古墳造営の断絶です。物流を遮断され、緊張関係が生まれた段階で巨大古墳造営の労働力や食料は十分に確保できなくなったはずです。そして、その時期は西暦五〇〇年ころ、まさに今城塚古墳造営の前段階の墳墓の時期ということになるのです。

たとえば、百舌鳥《もず》古墳群を分析してみると、前方後円墳編年の四期から七期、西暦四〇〇〜五〇〇年にかけて、みごとな墳丘と水濠をそなえた巨大古墳が造営されてきました。ところが、それ以降はぴたっと築造が途絶えてしまうのです。まったくなくなるわけではないのですが、信じられないくらいの衰退です（**図12**）。これは古市《ふるいち》古墳群についても同様で、五〇〇年代初頭の古墳がなくなり、中

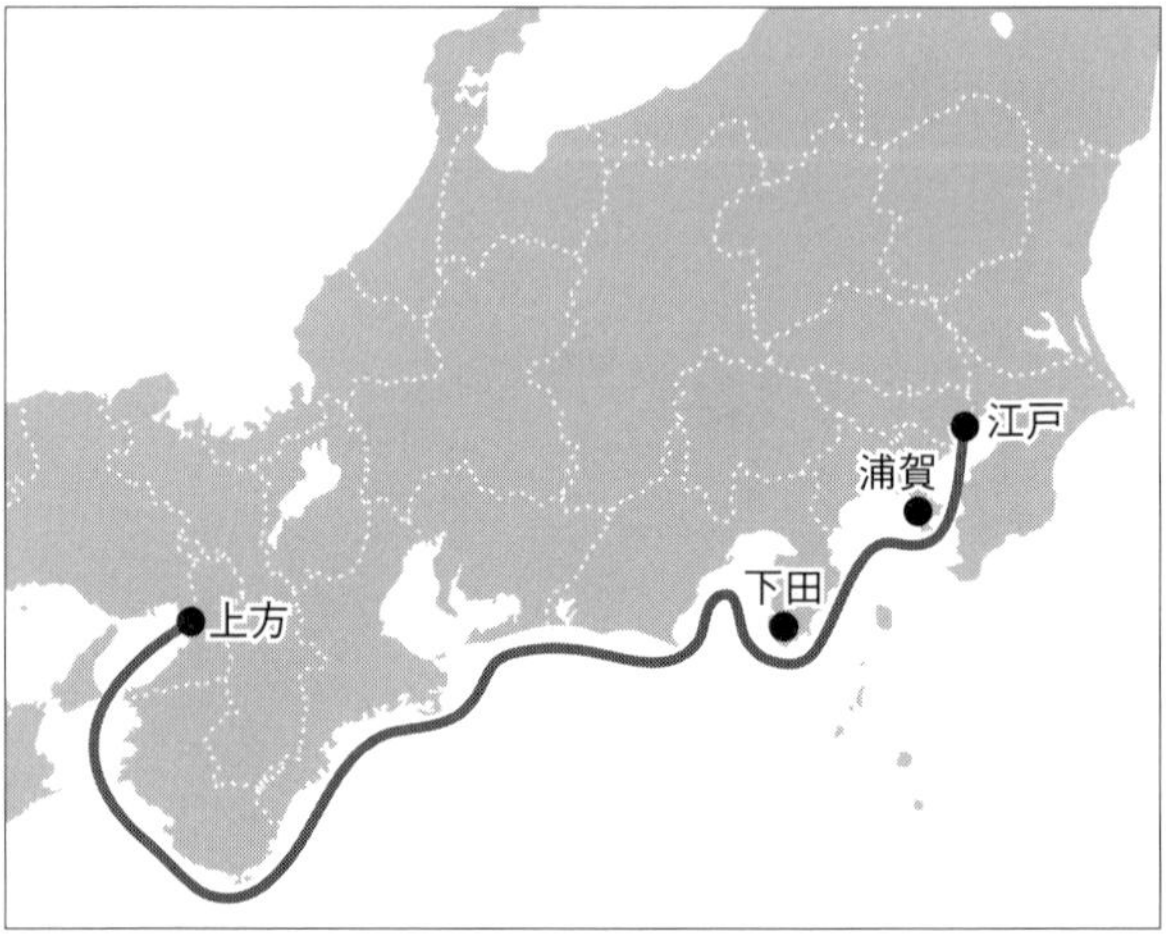

図11　ペリーの水上封鎖計画

ごろの古墳、つまり今城塚古墳と同時期かそれ以降の墳墓、高屋築山古墳《たかやつきやま》（安閑天皇陵古墳）などが規模を小さくして墓域を南に移して展開するようになります。

大和においても同様で、オオヤマト古墳群・佐紀盾列古墳群《さきたたなみ》・馬見古墳群《うまみ》など、前期以来連綿とつづいた巨大古墳群は終息します。古墳自体がなくなるわけではなく、丘陵斜面に群集墳とよばれる小規模な円墳群が営まれ始めるのです。むしろ、継体期以降の古墳の数は爆発的に増加するのです。

単独であらわれる巨大古墳

大和でも大型前方後円墳の造営をやめてしまうわけではありません。継体天皇治世段階の墓としては、皇后である手白香皇女の墓と考えられる西山塚古墳（全長一一四メートル）があります。さらに傍丘《かたおか》南陵・北陵とされてきた狐井城山《きついしろやま》古墳（全長一四〇メートル）と河合城山《かわいしろやま》古墳（全長一〇九メートル）があり、これらは先帝である顕宗《けんぞう》天皇と武烈《ぶれつ》天皇の陵ではないかと考えられています。これらの古墳は百舌鳥・古市古墳群のように巨大墳墓が群集せずに単独で築造されています。

そして、継体天皇の時代を過ぎると全国第六位の大きさを誇る欽明天皇の墓と考えられる見瀬丸山《みせまるやま》古墳（全長三一八メートル）が五〇〇年代中ごろに造営されました（**図13**）。いずれにせよ、古墳群を形成することはなくなるのです。

大和でまったく古墳造営がなくなるわけではなく、たとえば、妃に迎え入れた和珥《わに》氏の荑姫《はえひめ》の本拠地にかかわる天理市萱世《かよ》などでは一〇〇メートル級の前方後円墳が代々営まれたようです。つまり、ところどころに、同盟をうかがわせるような状況が見てとれます。

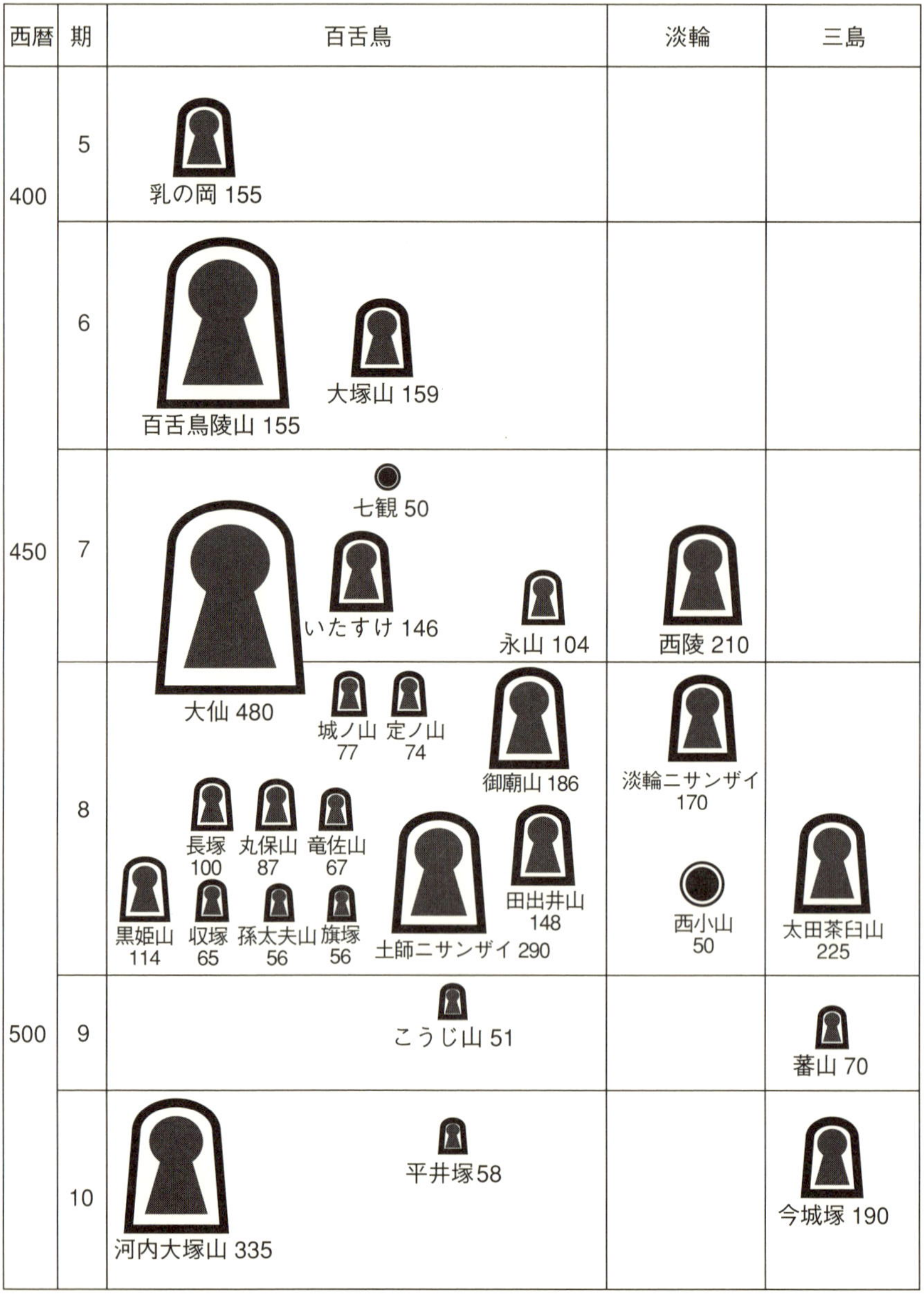

数字は古墳の全長（単位： m)

図 12　百舌鳥古墳群の消長

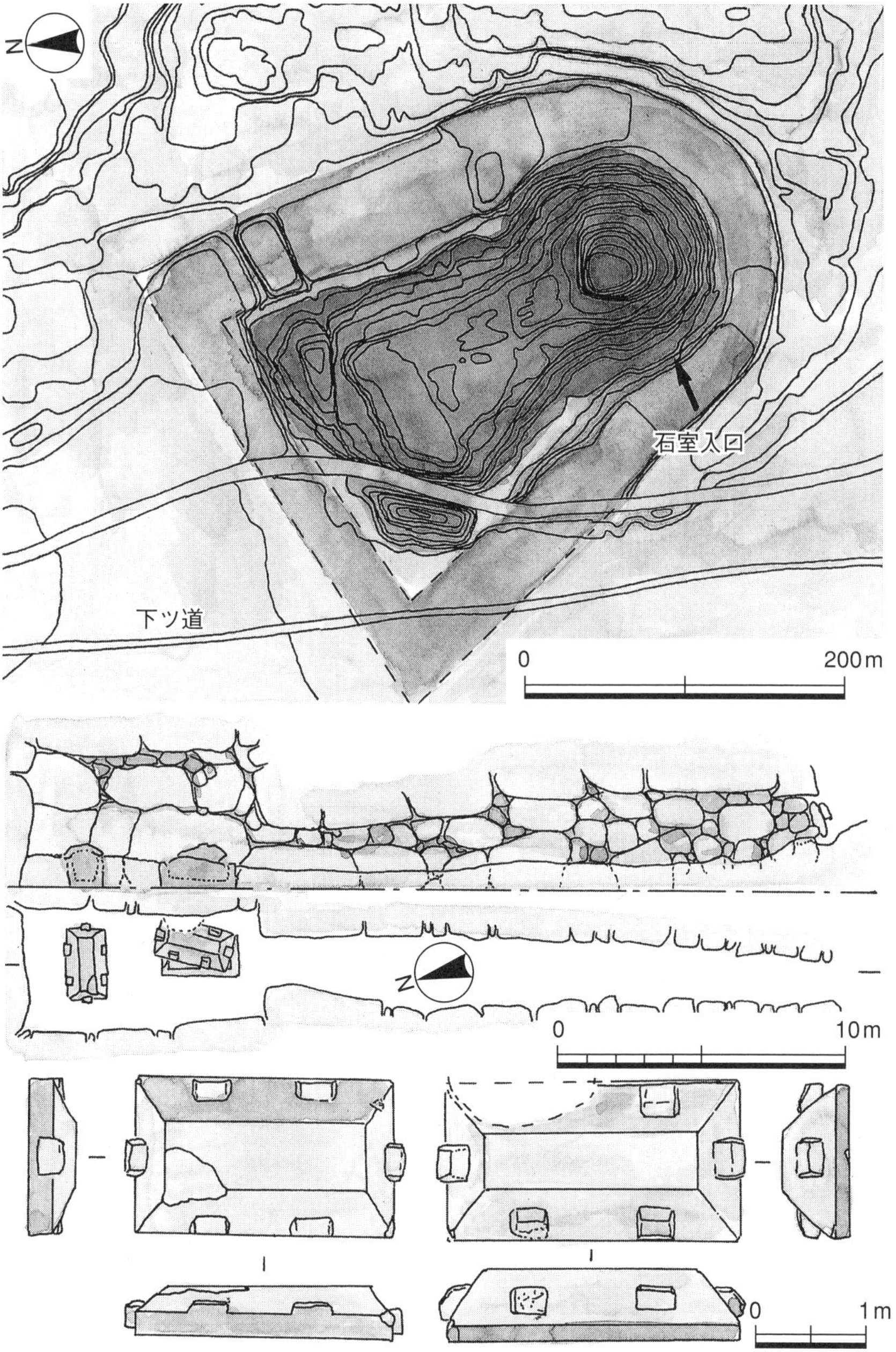

図 13　奈良県最大の古墳、見瀬丸山古墳

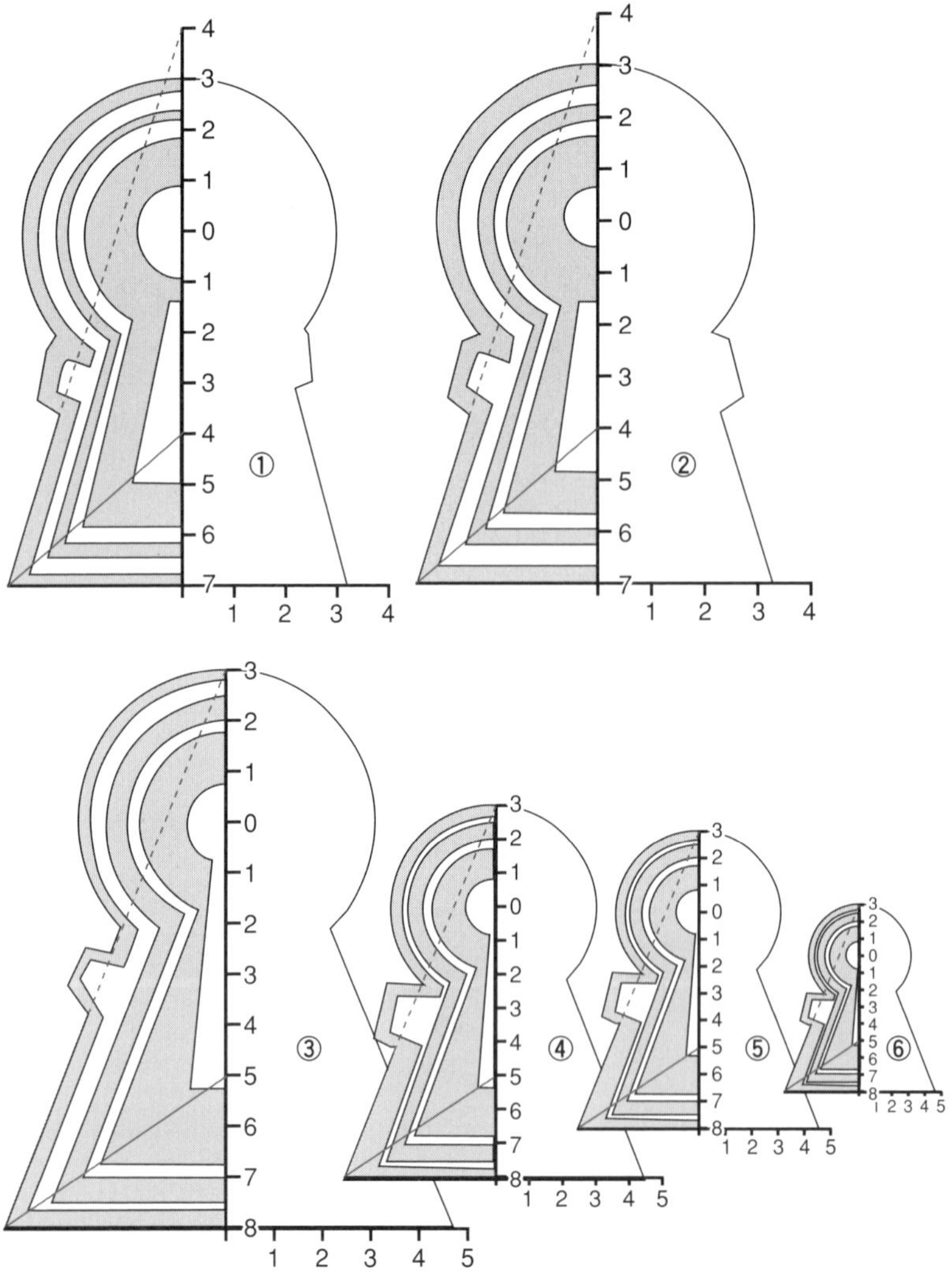

①太田茶臼山（225m）　②市野山（230m）
③土師ニサンザイ（290m）　④今城塚（190m）　⑤断夫山（150m）　⑥味美二子山（95m）
①と②は相似形、③は④の祖形、⑤は④の4/5の相似形、⑥は④の1/2の相似形

図14　前方後円墳の設計規格

これまで、古墳造営の退潮は横穴式石室の導入や祭祀の変化など、中期古墳から後期古墳への様式変化が理由とされてきました。しかし、今城塚古墳のような石棺をそなえた巨大前方後円墳、中期以来の工房による供給で埴輪祭祀を盛大に展開した葬送も歴然としてつづけられているわけです。四〇〇年代後半と五〇〇年代前半を対比して、それまで活発に墓づくりをしていた労働力や技術集団はどうなったのかという事象が説明できないのです。

巨大前方後円墳の外形による型式変化は詳細に分析されています。今城塚古墳は、反正天皇あるいは雄略天皇の墓とも推定されている土師《はぜ》ニサンザイ古墳などの伝統的墳丘企画を継承したもので、その形を縮小した古墳に宇治二子塚古墳や名古屋市熱田の断夫山《だんぷさん》古墳、春日井市の味美二子山《あじよしふたごやま》古墳などがあります（図14）。さらに次世代の古墳に型式が引き継がれていることも判明しています。つまり、新王朝といえども、天皇家代々の規格による墓づくりがつづいていたことを考古学的に指摘できます。これは、大和や尾張だけではなく、全国的にそうなのです。

巨大古墳に執着する首長

西暦五〇〇年まで隆盛を誇った大和・河内の巨大古墳を尻目に、継体天皇とかかわりの深い地域では、継体天皇即位期に盛況な古墳造営が見られます。たとえば、継体天皇の出身地である近江坂田では鴨稲荷山《かもいなりやま》古墳が、筒城宮伝承地の北側に位置する木津川流域では先に示した宇治二子塚古墳が、弟国宮伝承地付近では物集女車塚《もずめくるまづか》古墳が、そして、継体の妻である尾張氏の勢力地である愛知県東部の丘陵では大須二子塚《おおすふたごづか》古墳、断夫山古墳など、猛烈な勢いで今城塚古墳と墳丘企画の共通する前方後円墳づくりが展開されています。

継体天皇の勢力地外でも、筑紫国造の磐井墓とされる岩戸山《いわとやま》古墳や八女《やめ》古墳群、関東では象嵌鉄剣《ぞうがんてっけん》で有名な埼玉稲荷山《さきたまいなりやま》古墳にはじまる武蔵国造氏族の埼玉古墳群、出雲国造氏族の山代《やましろ》・大庭《おおば》古墳群などです。紀ノ川流域では紀氏水軍の有力者と考えられる大谷《おおたに》古墳、岩橋千塚《いわせせんづか》古墳群など、地域の首長は巨大前方後円墳の造営に執着していたようなのです。つまり、古墳づくりが下火になるのは大和・河内・和泉の一過性の現象で、全国的視野では、古墳時代前期・中期と変わりなく、大型古墳造営はつづけられるか、発展の様相をみせるわけです。

5　国宝、癸未年銘鏡

もうひとつの流通路・紀ノ川

じつは、紀ノ川流域については別の意味で注目すべきだと考えています。前節では宮の位置と水運と水上封鎖を説き、大和川・淀川・木津川などの河川の重要性を説きました。そして、大和へはもうひとつの交通路、紀ノ川をさかのぼる物流の道があったのです。ただし、紀ノ川は現在の奈良県では吉野川と名前を変え、渓谷を蛇行する急流となります。また、大和平野へはいくつかの山越えもあり、陸路も険しいものです。しかし、継体天皇はこの道筋を見過ごすはずがなかったと考えます。

そこで、重視すべきは紀ノ川中流・下流域の豪族との同盟関係です。ちょうどこの時期、中流域では橋本市の陵山《みささぎやま》古墳が営まれ、下流域では和歌山市岩橋千塚古墳群を造営する集団が大谷山二二号墳（全長八〇メートル）、大日山《だいにちやま》三五号墳（全長七三メートル）や井部《いんべ》八幡山《はちまんやま》古墳（全長八八メートル）などの前方後円墳を造営するほど勢力を伸張しています。

さらに、この地域と継体天皇を結びつける重要な遺物が発見されています。それが、国宝癸《き》未《び》年銘鏡です（**図15左**）。この鏡は橋本市の隅田八幡宮《すだはちまんぐう》が江戸時代から所蔵していたもので、付近の古墳から出土したと伝えられてきました。一説には陵山古墳出土と考えられています（**図78、一七八ページ参照**）。

癸未年銘鏡

注目すべきはこの鏡の銘文です。「癸未年八月日十大王年男弟王在意柴沙加宮時斯麻念長寿遣開中費直穢人今州利二人等取白同二百竿所此鏡」とあり、「癸未年八月十日の大王年のとき、男弟王が意《お》柴沙加《しさか》（忍坂）宮にいる時、斯麻《しま》が長寿することを念じて、開中（河内）の費直《あたい》と穢人《あやひと》の今州利《いますり》の二人等を遣わせて、白同（銅）二百竿（貫）をとって、この鏡をつくった」とよまれています。

癸未年については、四四三年説と五〇三年説があり、解釈もいくつかに分かれています。前者は男弟王を允恭《いんぎょう》天皇（兄の反正《はんぜい》天皇即位時）とする説で、允恭天皇が忍坂大中津姫《おしさかのおおなかつひめ》を妃として、忍坂宮にいたという考えです。ただし、「開中費直＝かわち（氏）のあたい（姓）」という書き方は氏姓制度の成立を示すもので、四〇〇年代前半にこの制度が成立しているとは考えにくいとされます。たとえば、允恭天皇のあとを治めた雄略天皇の辛亥《しんがい》年（四七一年）につくられた稲荷山鉄剣の銘などにはこの制度による氏族や職制の表記がありません。

東京都亀塚古墳出土
人物歌舞画像鏡

隅田八幡神社所蔵
人物画像鏡

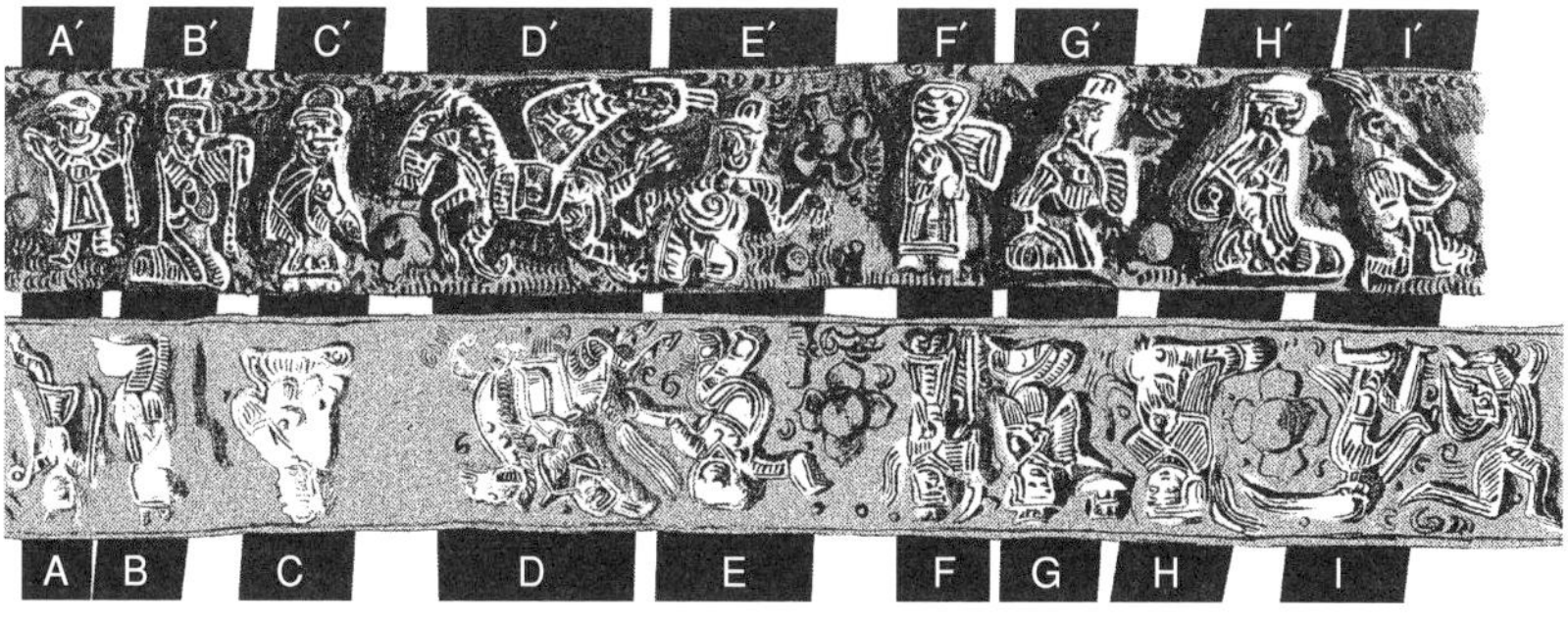

（上：癸未年鏡の図像、下：舶載鏡の図像）

図 15　国宝「癸未年」銘鏡（左）と元になった舶載鏡（右）

では、後者五〇三年説はどうでしょうか。男弟王を「男大迹（オオト）王」と解せば、継体天皇を示す銘文と読み解くことができるのです。さらに、長寿を念じて鏡工人と銅を遣わした「斯麻《しま》」は百済の武寧王《ぶねいおう》（四六二年生～五二三年没、五〇二年即位）の字《あざな》に表記も合致し、即位直後に鏡を製作したという理由まで説明できるのです。

『日本書紀』の継体天皇の記事には、多くの朝鮮半島の情勢や百済との同盟、外交を記します。武寧王の記事もみられます。河内の鋳造工人が誰のためにどういう意味をこめて鏡をつくったのかわかりませんが、紀ノ川中流域という重要な地域にもたらされたわけです。当時の社会情勢を見ることのできる資料といえそうなのです。

しかし、五〇三年は継体天皇が即位する直前で、武烈天皇の時代です。このときすでに大王が大和の忍坂にいたことになり、越前で生まれ、河内の樟葉で即位し、しばらく後に大和に移った記述と合いません。これをもって、五〇三年説を一蹴する考えも示されています。

紀年鏡の年代研究

四四三年か五〇三年かの結論を出す方法は、鏡の製作技法による年代観から解くべきでしょう。幸い、この鏡は中国鏡を模倣したもので、その手本となった鏡をいくつか特定することができています（**図15右**）。それは人物歌舞画像鏡《じんぶつかぶがぞうきょう》とよばれるもので、元になったもっとも古い鏡のひとつは後漢代、西暦一五〇年ころの製作です。その鏡が西暦四〇〇年段階に朝鮮半島か、わが国に伝えられ、鏡の紋様面に粘土（真土《まね》）を押し当てて、たくさんの鋳型《いがた》がつくられました。その鋳型から同じ紋様・同じ大きさの人物歌舞画像鏡がたくさんつくられたようです（図77、一七七ページ参照）。現在発見されているものだけでも六面あります。

さらにそのコピー鏡を模倣して、手彫りの鋳型から鋳造したものが癸未年銘鏡なのです。模倣の過程で紋様の左右が逆転したり、全部の人物がおさまりきらなかったりという粗放さが目立ちますが、人物の配置と構図の特徴から手本にしたということは確信できるものです。したがって、癸未年銘鏡の鋳造年代はたくさんのコピー鏡が鋳造された後と考えることができるのです。

コピー鏡の鋳造時期については倭の五王が南朝に朝貢したときに中国から下賜《かし》されたという考えがあります。何種類かの紋様のコピー鏡が知られており、現在までに全国で一六種一〇七面が発見されています（表8、一八五ページ参照）。そのいくつかは朝鮮半島でも発見されており、半島の工人による製作で、百済からの贈り物という考えもあります。

注目すべきは、これらの鏡を副葬した古墳の年代です。ワカタケル大王の名を象嵌《ぞうがん》した剣・刀を副葬していた埼玉県稲荷山古墳や熊本県江田船山古墳からも、このコピー鏡は発見されています。樟葉や乙訓周辺ではまだ見つかっていませんが、綴喜のトヅカ古墳や中河内の郡川西塚《こおりかわにしづか》・東塚《ひがしづか》などからもみつかっています。

副葬鏡をもつ約三〇基の古墳や祭祀遺跡の年代は、大半が特定しがたいのですが、よくわかるものでは、いずれも西暦四〇〇年代後半から五〇〇年代前半です。允恭の治世の四〇〇年代中ごろに存在したことを完全に否定することはできないのですが、大半は雄略朝から継体朝の時期です。つまり、雄略朝期に流通したコピー鏡を模倣して、癸未年銘鏡がつくられたと考えます。雄略天皇は允恭天皇の息子です。西暦年に直すと必然的に五〇三年となるわけです。

コピー鏡群のひとつに、大仙古墳（仁徳天皇陵古墳）出土鏡があります。この世界一巨大な大仙古墳こそ允恭天皇の墓であるという説も強く、癸未年の年号に影響されてきました。しかし、近年の研究で同時に伝えられている環鈴《かんれい》や飾り大刀《たち》も五〇〇年代初頭の継体朝期の可能性が高く、出土古墳の言い伝えを疑わざるをえなくなりました。

さらに、武寧王陵出土の王（五二五年葬）と王妃（五二九年葬）の三面の鏡のいずれもがわが国出土のコピー鏡と同型関係を指摘することができるようになりました（**図89、二〇六ページ参照**）。このことからコピー鏡の出自が南朝の下賜品ばかりでなく、「今来才伎《いまきのてひと》」すなわち百済系の渡来工人による製作とも考えられるようになりました。癸未年銘鏡の模倣もとであるコピー鏡は中国南朝にかかわるものではなく、雄略朝から継体朝にかけての渡来工人によるものかもしれません。

継体天皇は大和にいた

継体天皇が直接これらの中国鏡のコピー鏡を活用したかどうかは判然としません。しかし、紀ノ川中流域にもたらされた鏡に継体の名と開中直費《かわちのあたい》の名が記されていることは偶然ではないと考えられます。

継体天皇が即位前に大和にいたことが事実なら、三国から迎えられたという『日本書紀』の裏側を見ることができます。表では武烈を悪人に描き、即位前の継体の徳を強調するなかに王朝交替を正当化しています。そして裏では、武烈天皇治世段階で継体天皇即位の準備が進められていたのです。たとえば、即位後まもなく八人の妃を同時に宮入りさせたこと、手白香皇女との婚約、豪族との同盟、神器の刷新などです。

『日本書紀』は継体天皇がたまたま河内馬飼を知っていたので、河内馬飼による即位への説得ができたと記しますが、説得ではなく擁立だったのかもしれません。河内馬飼の集団自体も半島系氏族であり、発掘された遺物には半島起源のものが多く含まれています。したがって、馬飼の説得とは、百済王による即位の後押しだった可能性も指摘されています。銘文にある癸未の大王年に、すでに男弟は王と呼ばれていたことも示唆的です。

注目すべきは、百済や伽耶の馬飼が倭国に渡来した理由です。かつて、江上波夫氏は騎馬民族そのものが渡来したと考えましたが、発掘成果の蓄積は渡来人の実像を明らかにしました。河内に馬飼の痕跡が見られるようになるのは、西暦四〇〇年代中ごろからで、馬の国産化が定着するのは四〇〇年代後半です。この時期に北河内の集落は急速に発展します。このころ、半島では高句麗が南下し、百済や伽耶諸国を圧迫します。同時期に半島に乗り出していたわが国は歩兵で戦っていましたが、五〇〇年ころより騎馬兵《きばへい》が増加します。それは古墳に副葬されたヨロイが短甲《たんこう》から挂甲《けいこう》、つまり徒歩用から乗馬用に変化することからもうかがえます。

『日本書紀』は倭国から半島への出征を強調しますが、その技術移転や馬匹の経営には、危険にさらされていた百済や伽耶諸国の存亡をかけた国家的戦略を読みとるべきかもしれません。日本に馬や技術が伝わったのは、百済や伽耶が高句麗に対抗できる軍事的なうしろだてを必要としていたからなのではないでしょうか。それが河内馬飼の隆盛と重なるわけです。馬具を研究する千賀久《ちがひさし》氏も、小さな船にわざわざ馬を乗せて渡来した人びとの行動には国家的背景があったと考えています。

さて、宮は大和にしか置けないほど、天皇家は大和中心主義だったのかどうかも疑問です。記紀ではわが国の政治・文化が天皇と大和中心に書きかえられているのではという意見もあります。たとえば、物部氏も中河内（八尾市周辺）を本拠としていましたし、蘇我氏も南河内の石川流域におこったとされています。つまり、継体の到達点は大和入りではなく、大和周辺の重要な地域との連携、そして、渡来人集団の掌握であったのではないかと考えています。

6　継体天皇の憂うつ

継体天皇と仏教受容

即位段階の変革を乗り越えて、大和入りをはたした継体天皇は政治的安定を持続できず、崩御後も混乱があったようです。『日本書紀』の記述から冒頭で示したような二王朝並立説が検討されるようになりました。

継体没後すぐに仏教が公伝していることと、この混乱が大きくかかわっていると、わたしは考えています。仏教の公伝は『日本書紀』によると五五三年ですが、聖徳太子関連や飛鳥寺関連の史料では五三八年とされており、後者が支持されています。継体没後、七年目のことです。

仏教の受容は、宗教の面のみでは理解できません。仏教は当時の半島や中国の大陸文化そのものを示すもので、教育・技術・軍事・政治などまでが含まれると思います。つまり、排仏とは鎖国や攘夷のように、文化や外交などのいっさいを否定する決断だったと思います。

南北朝期の中国も、緊張のつづく朝鮮半島も、仏教を中心とした国づくりへと舵がとられています。これらの先進文化を無視して、弥生時代以来の伝統にすがりつくことに利のないことは、継体天皇も活発な外交を通じて十分理解できていたと思います。たとえば、地面に座って、手づかみで食事する文化から机に向かって字を書き、箸で食事する文化への憧憬を見てとれるでしょう。

ところが、大切なことがあります。それは天皇としての職責と系統の意味です。天皇は代々、神を祀る司祭者の代表、天皇家でないと執行、継承できない政祭・儀礼の職責を担っていたわけです。それが、神器を仏像と経典に切り替え、司祭権を新興の僧侶たちに拡散させたのでは、宮を構え巨大古墳造営の体制をつづけてきた天皇の施政は崩壊してしまいます。

各豪族の間でも血縁・地縁が重んじられ、職能を相続する制度が整いつつありました。その頂点に君臨する天皇家のみ氏を名のらず、絶対無二の存在だったのです。対して、八百万《やおよろず》の神々を捨て去り、仏が頂点で絶対となり、その帰依を新興の僧などから求められるという体制には不都合が多かったはずです。

仏教が公伝される以前、つまり継体の時期にも私的な流伝や渡来文化としての受容があったと考えられます。継体天皇にとって、仏教の拡散は耐え難い憂うつだったと推測できるわけです。

今城塚古墳の発掘成果によって、埴輪群像の実態が考古学的に解明されました。その群像は、継体天皇の即位や皇位継承儀礼、あるいは王宮での儀式がうつしだされたものと議論されています。

いずれにせよ、そこから継体天皇が、伝統的な巨大前方後円墳を望み、巫女《みこ》・力士・鷹匠《たかじょう》などを使った天皇家に脈絡とつづく儀式を執行することを維持した姿が色濃く読みとれるのです（図16）。また、現在の伊勢神宮に通じる型式で、太い柱を使った大型建物で執政していた様相も家形埴輪は語ってくれます。継体の宮も代々の天皇家の様式にのっとったものと推測できます。

図16　今城塚古墳の埴輪群像

日置荘西町遺跡の埴輪窯

以上に示した継体天皇の憂うつは想定の範囲で、実証できるものではありません。そもそも天皇が憂うつだったかどうか考古学で議論する範疇を超えているのですが、それを裏づけるようなあっと驚く発掘成果があるのです。

近畿の埴輪祭祀は四〇〇年代以降になると、円筒埴輪は小型化し、つくりも簡略化され、生垣のように大量に並べない方向に向かいます。人物埴輪や形象埴輪も簡略化が進み、むしろつくられなくなっていきます。この流れに反し、大型で精緻な埴輪群像を樹立させた今城塚古墳はまさに王の墓にふさわしいと考えられています。

　ところが、今城塚古墳と同時期のころの埴輪群像として対立的な一群が発掘調査されています。今城塚の埴輪の供給地である新池遺跡の埴輪窯が調査されているころ、百舌鳥古墳群の南側、堺市の日《ひ》置荘西町《きしょうにしまち》遺跡でもいくつかの埴輪窯が調査されました。それまで付近から精緻で大型の円筒埴輪が発見されており、話題となっていましたが、ついに窯がみつかったのです。この窯では須恵器も焼いていましたので、その時期がちょうど四〇〇年代末から五〇〇年代前半であることも判明しました。継体天皇の時期です。

　部分的な調査で、生産された埴輪の全容は不明なのですが、新池遺跡の円筒埴輪に匹敵するような大型品と各種の形象埴輪片がみつかっています。通常の人物埴輪の巫女や力士などは、目鼻をくり抜く埴輪独特の表現でつくられます。しかし、日置荘西町の人物埴輪は、写実的な顔立ちで目玉の表現があります。体部のわかるひとつは観音像のように立体的なつくりで、埴輪工人の作というより、仏師による塑像《そぞう》の技法がとり入れられているようなものもありました。

決定的なものが円筒埴輪にみられます。今城塚古墳の場合、円筒

図 17　日置荘西町遺跡埴輪窯出土円筒埴輪のハスの線刻

埴輪には船の線刻など、被葬者や地域ゆかりの装飾をつけたものが多数確認されているのですが、日置荘西町の円筒埴輪にはハスの花を刻んだものがいくつかみられたのです（図17）。

日置荘西町遺跡埴輪窯はどの古墳に供給する目的で営まれたものか、残念ながらまだ解明されていません。埋没してしまった無名の小古墳へ供給されたものかもしれませんが、円筒埴輪の規模からすれば、調査が制限されている陵墓へ供給された可能性が高いようです。継体天皇が伝統的な陵墓と埴輪祭祀を発展させたことに対比して、非常に異質な群像を並べた古墳が河内に存在していたらしく、それは古墳祭祀のあり方を転換させる可能性があったのです。

実際、継体天皇の次代をになった欽明天皇は今城塚古墳より一回り大きな前方後円墳、見瀬丸山古墳を築いています（図13、四五ページ参照）。しかし、埴輪を並べることはありませんでした。おそらく、天皇の陵墓における埴輪祭祀自体も今城塚古墳を最後に、急速に滅びてしまう結果となります。仏教色をおびた埴輪群像が埴輪祭祀や前方後円墳の造営に影響したのかどうかはわかりません。しかし、継体天皇の即位儀礼や前方後円墳の祭式のなかに仏教色を導入させるような提案があったとしたら、それは大いに天皇を憂うつにさせたことだろうと推測するのです。

7　考古学の成果への期待

海あがりの須恵器

考古学の成果から導かれた五〇〇年代初頭の動向について、継体天皇の治世に結び付けて考察する研究はあまり多くありません。また、史料からも大和に宮を置く時期が治世の二〇年なのか、七年なのか、あるいは天皇の崩御と安閑天皇、欽明天皇の即位年が同じだったのか、推測しにくいと思います。

かつて、直木孝次郎氏が「想像の翼を拡げることが許されるならば」と記し、神武天皇の東遷伝説と継体天皇即位のいきさつをダイナミックに読み解いたように、考古学で明らかにされた遺跡や古墳の変革を継体天皇の治世に結びつければ、古代史における重要な争点の行く末を見ることができるような気がします。

たとえば、大阪では泉北丘陵（堺市東南部から和泉市北西部）の広域にわたって西暦四〇〇年代から八〇〇年ころまで、連綿と須恵器《すえき》とよばれる庶民の器を生産しつづけていました。これらの須恵器は陶邑《すえむら》窯跡群から河川を下って、海運で西日本を中心に全国に運ばれていることが出土須恵器の分析などで明らかにされています。また、海没した陶邑の須恵器が瀬戸内海で引きあげられる例が知られるようになりました（**図18**）。

わたしは、長年須恵器つくりの実態を陶邑窯跡群の陶器山地《とうきやま》

図 18　海あがりの須恵器

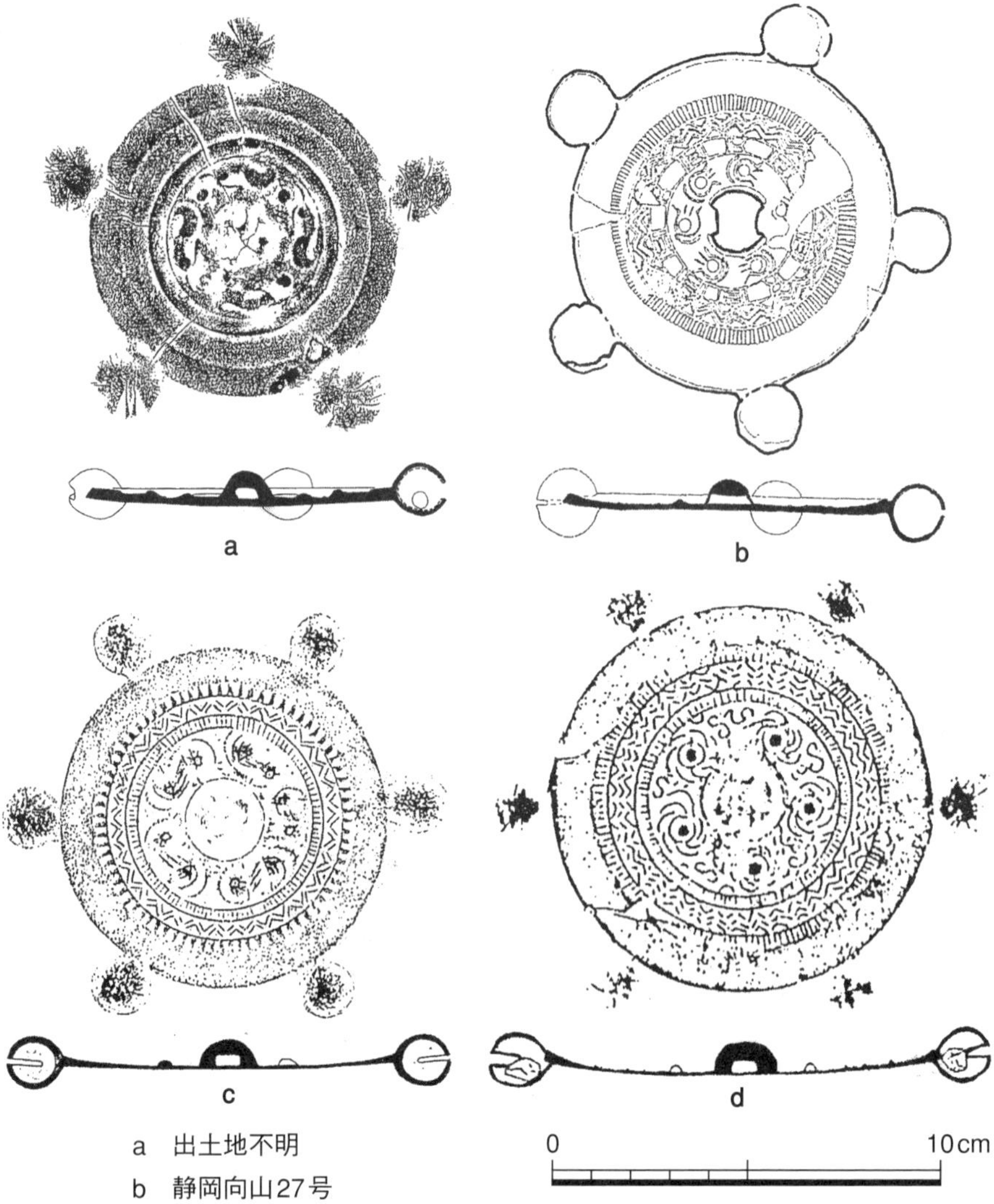

a　出土地不明
b　静岡向山27号
c　兵庫東阿保塚
d　愛知松ヶ洞8号

図19　鈴鏡

区で発掘調査するなかで、継体期にあたる五〇〇年代初頭の須恵器窯（陶器山15号窯段階）が激減していることに気がついていました。ただし、窯を見つけることのできない理由が生産量の変化なのか、型式変化が急速で時期が短いだけなのか判然としませんでした。

しかし、地方の集落など、消費遺跡ではこの時期の須恵器が普遍的に見られる現象を不思議に感じていました。これが継体天皇時代の水上封鎖かどうかは確証に欠けますが、水上封鎖という発想は、以上のような発掘現場から導かれたことなのです。

鈴鏡をもった巫女

同様に、五〇〇年代前半を中心に全国で数多く発見される奇妙な遺物にたいへ

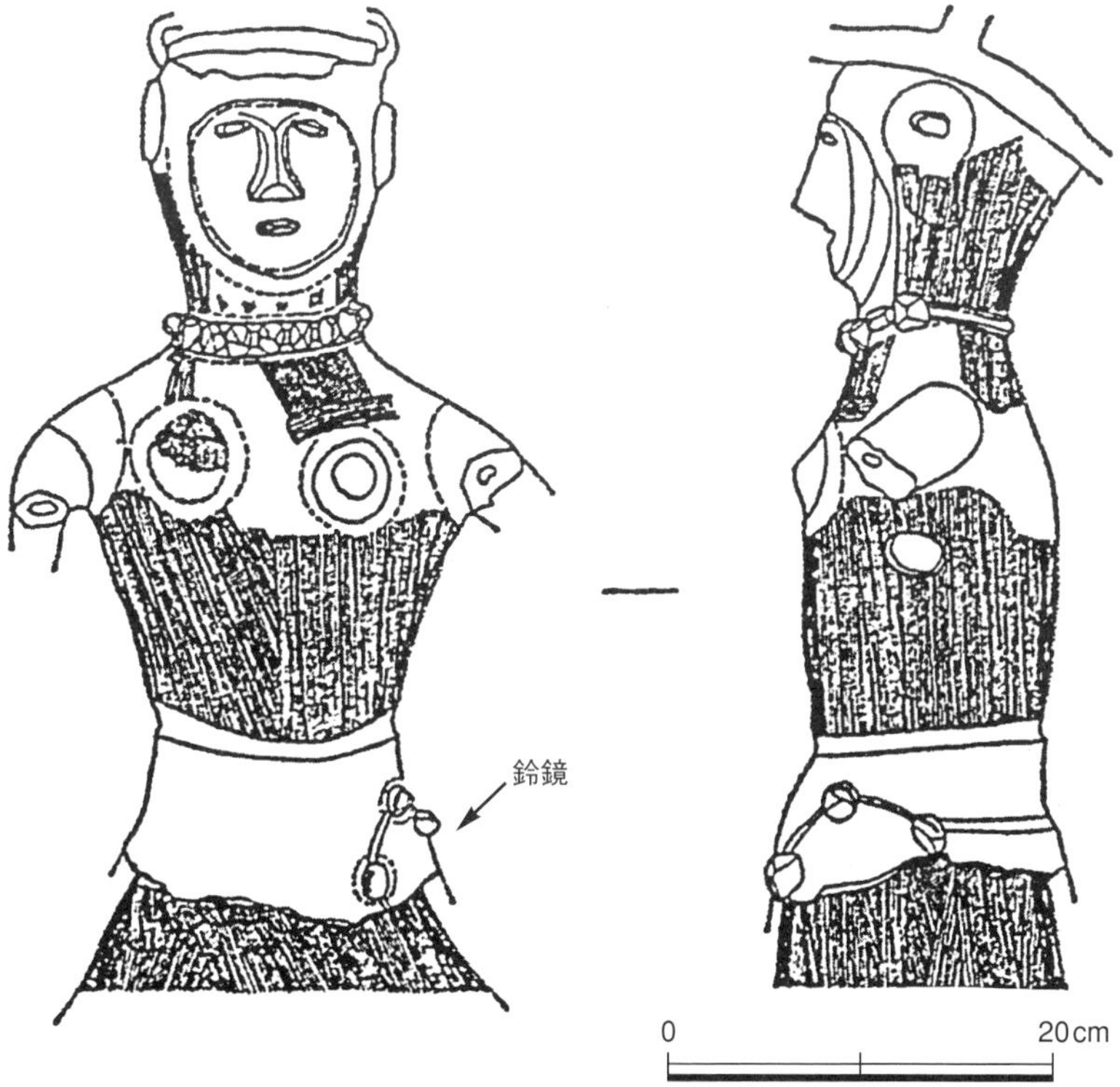

図20　鈴鏡をつけた巫女形埴輪（埼玉稲荷山古墳出土）

ん興味をもっています。それは、鏡の縁に鈴を鋳造した鈴鏡《れいきょう》とよばれる一群の鏡です（図19）。その起源は中国鏡ではなく、わが国独自のものです。顔を写す鏡の機能を逸脱したもので、小型のものは直径四〜五センチ、儀器化した道具と考えざるをえません。巫女埴輪が腰にぶら下げた例もいくつかあり（図20）、鏡の使用例の変質をうかがわせます。このような道具がどのようにして発想されたのか、常々疑問をもってきました。そして、鈴鏡の分布が大和や河内に少なく、東海や関東など、地方に多い実態を考えるにつけ、畿内での仏教受容と伝統的祭祀の確執を推測するようになりました。

今城塚古墳の埴輪群像の中心に、多くの巫女埴輪があったことは見過ごせません。今城塚古墳では、鈴鏡をもつ巫女埴輪はいまだ発見されていないものの、継体天皇時代の複雑な社会実態と関連づけられるのではないかと密かに考えるようになりました。

継体期における須恵器生産の変動が水上封鎖に関与するものか、鈴鏡の創出と発展が仏教渡来に影響・対峙した現象であるのか、現段階では推測の域を出ません。しかしいつか、このような継体天皇の謎が明快になる発掘成果が得られると信じています。

主要参考文献（五〇音順）

上田正昭　一九七六『倭国の世界』講談社

宇治市教育委員会編　一九九五『継体王朝の謎』河出書房新社

江上波夫他　一九四九「日本民族＝文化の源流と日本国家の形成」『民族学研究』13—3

ＮＨＫ大阪今城塚古墳プロジェクト　二〇〇四『大王陵発掘！巨大はにわと継体天皇の謎』日本放送出版協会
大阪府立近つ飛鳥博物館　二〇〇六『河内湖周辺に定着した渡来人』
岡田精司　一九七二「継体天皇の出自とその背景」『日本史研究』一二八
小田富士雄編　一九九一『古代を考える　磐井の乱』吉川弘文館
川口勝康　一九七八「紀年論と『辛亥の変』について」『日本古代の社会と経済』吉川弘文館
近藤義郎編　一九九二『前方後円墳集成』近畿編　山川出版社
（財）大阪府文化財センター編　二〇〇五『北河内発掘』
高槻市教育委員会　一九九七『継体天皇と今城塚古墳』吉川弘文館
塚口義信　一九九三『ヤマト王権の謎をとく』学生社
直木孝次郎　一九五八「継体朝の動乱と神武伝説」『日本古代国家の構造』青木書店
林屋辰三郎　一九五五「継体・欽明朝内乱の史的分析」『古代国家の解体』東京大学出版会
枚方市文化財調査研究会編　二〇〇〇『継体大王とその時代』和泉書院
水谷千秋　二〇〇一『謎の大王　継体天皇』文藝春秋
水野　祐　一九五四『日本古代王朝史論序説』小宮山書店
森浩一・上田正昭編　一九九八『枚方フォーラム　継体大王と渡来人』大巧社
森浩一・門脇禎二編　二〇〇〇『春日井シンポジウム　継体王朝』大巧社
森田克行　二〇〇六『今城塚と三島古墳群』同成社
吉村武彦編　一九九九『古代を考える　継体・欽明朝と仏教伝来』吉川弘文館
和田　萃　一九八八『大系日本の歴史』２　小学館

コラム1 鈴鏡と巫女

鈴鏡とは

鏡は古墳の副葬品として、その発生段階から重視された。巨大古墳が河内に造営される古墳時代中期以降には鏡の副葬は少なくなり、武具・武器など鉄製品の副葬が目立つようになる。しかし、鏡の副葬がなくなるわけではなく、大阪府津堂城山《つどうしろやま》古墳の長持形石棺から八面以上、京都府久《く》津《つ》川車塚《かわくるまづか》古墳の長持形石棺から七面、奈良県藤《ふじ》ノ木《き》古墳の家形石棺から四面など、ひとつの柩《ひつぎ》に複数の鏡を副葬する例もある。

古墳時代中期・後期の鏡は中国製のものと中国製の鏡をわが国の工人が模倣して作成した仿製鏡《ぼうせいきょう》の二種類がある。厳密には中国製の鏡のなかには、いずれかの地で原鏡をコピーした鏡（同型鏡《どうけいきょう》）が含まれる。西暦五〇〇年代の後期古墳の副葬品には中国製の鏡がほとんどみられなくなり、コピーの鏡か仿製鏡が主流となる。コピー鏡にかかわった集団は倭の工人、あるいは半島からの渡来系工人かもしれない。また、半島でコピーされた鏡がわが国にもたらされた可能性もある。

この時期、仿製鏡のなかに異彩をはなつ一群がある。鏡の縁に四個から一一個の鈴を装着した鈴鏡《れいきょう》である。鏡の周縁部に、あとから鈴を溶接したものではない。鋳型《いがた》に鏡と鈴を同時に彫りこみ、一鋳つくりで仕上げたものである（**図21**）。

鈴鏡の紋様は同時期の鈴のない仿製鏡と共通し、中国や半島での出土例がないことから、わが国の工人が創出したと考えられている。ただし、紋様は概して粗雑、あるいは鋳出されないものもあり、鏡自体も小型が多い。なかには直径四～五センチ程度で実用の域を逸脱するものもある。そこには至高の逸品はない。

現在、鈴鏡は約一五〇面程度の出土例が確認されてい

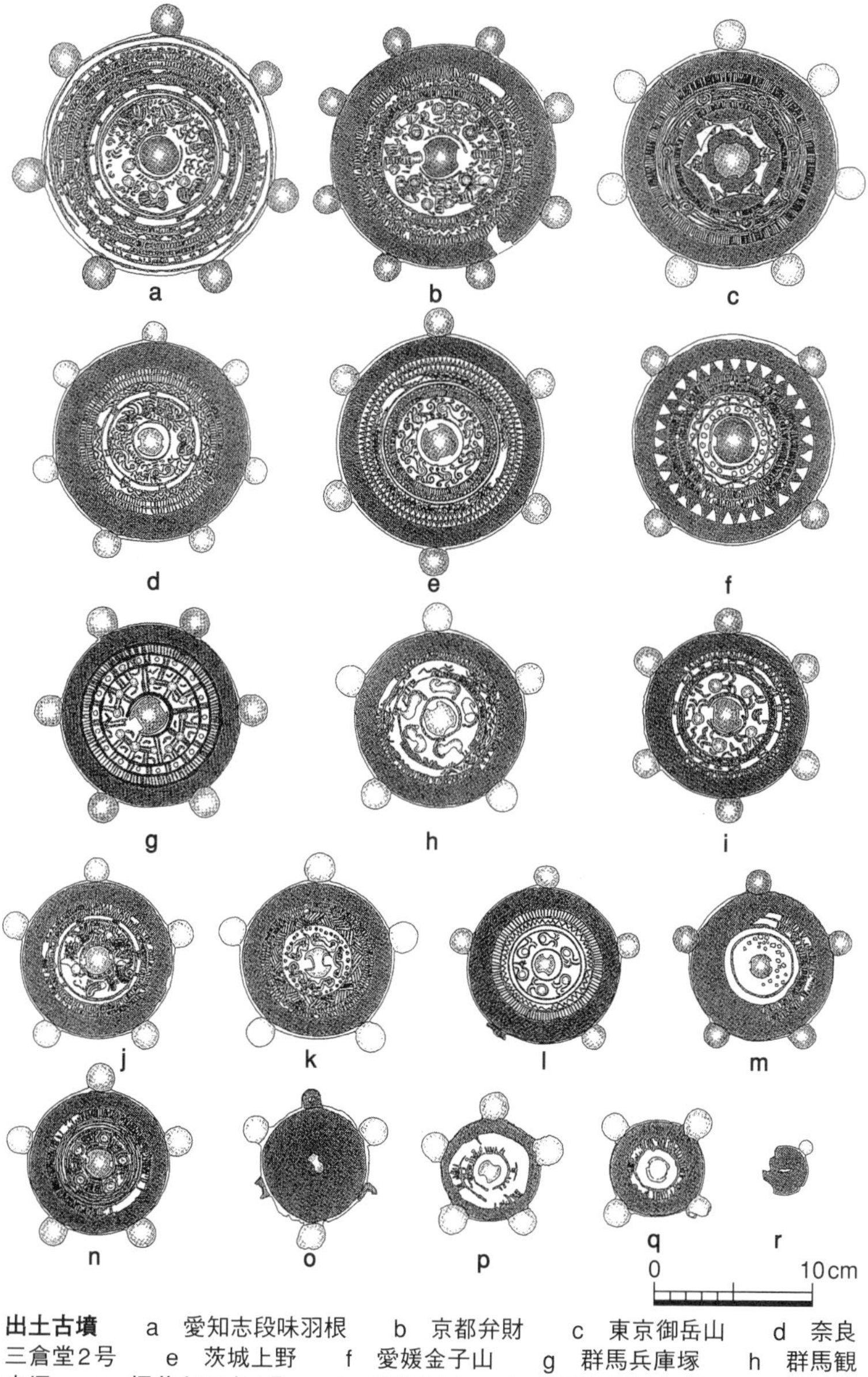

出土古墳　a　愛知志段味羽根　b　京都弁財　c　東京御岳山　d　奈良三倉堂2号　e　茨城上野　f　愛媛金子山　g　群馬兵庫塚　h　群馬観音塚　i　福井和田山1号　j　栃木牛塚　k　群馬久呂保3号　l　群馬鍜屋地　m　島根上島　n　奈良新沢115号　o　栃木別所山　p　栃木助戸十二天　q　栃木牛塚　r　和歌山大谷

図 21　各地の鈴鏡

る。現物不明なもの、出土地不明なものも多い。約六〇面は出土の詳細がわかっている。

それによると鈴鏡は四〇〇年代後半の古墳副葬品として初出するものの、圧倒的に五〇〇年代前半の古墳から発見される。まさに、継体期に造営された墓から発見されるのである。しかも、発見地は全国におよび、関東と東海地域の古墳出土例が目立つ。逆に、大阪・奈良など近畿の古墳からはあまり発見されず、大型古墳からの発見例も少ない傾向にある。

鈴鏡の謎

鈴鏡が古墳時代のものとして、古道具屋ではじめて見出されたとすれば、本物と思うことに躊躇《ちゅうちょ》したかもしれない。祭器としてみがきあげられた鏡と、音をならす道具としての鈴とは関連が薄く、その結合は異質である。鏡ははげしく振り回せば割れてしまうし、おごそかに掲げるだけなら、鈴は意味をなさない。

つまり、両者の一体化はそのほかの鏡の意義と使用方法を含めて、大きな変革があったことを示唆する。鏡の成分は銅・錫《すず》・鉛からなり、錫分が多ければ多いほど輝きがまし、硬質になるが割れやすい。上質の白銅鏡は錫を約二〇パーセント含有させたものである。その一方、鈴は銅分を多くして、軟質で薄く仕上げればよい音がする。錫を多くすれば壊れてしまうので、厚くつくる必要がある。したがって、鈴鏡はものを写したり、光り輝かせる性質を放棄し、鈴を装着しているのである。なぜ、そうまでして一体化させたのだろうか。

五〇〇年代の古墳から発見された巫女形埴輪には、腰に鈴鏡をさげるものが散見され、鏡の使用例と個人所有、装身具化が説かれている。埼玉県稲荷山《いなりやま》古墳出土・同県生出塚《おいねづか》埴輪窯出土・群馬県塚廻《つかまわ》り三号墳出土・伝群馬県古海《こかい》出土例などである。

そのほか、天理参考館所蔵の出土地不明巫女形埴輪は襷《たすき》がけで首に環鈴《かんれい》を、腰に鈴鏡を表現する。巫女の動作・舞踊に鈴の音がリズムをあたえ、その存在意義が高められるとも考えられる。

さらに、鏡と巫女の役割についての興味深い事例がある。『万葉集』の山上憶良《やまのうえのおくら》が、ある母に代わって詠んだ歌である。

……白たへの　襷をかけ　まそ鏡　手に取り持ちて　天つ神　仰ぎ乞ひ禱《の》み　地《くに》つ神　伏してぬかづき……（巻五―九〇四）

奈良時代に編纂された歌からの類推であるが、鏡をもつ襷がけの女が天を仰ぎ、地に伏して祈りをささげる様子がわかる。この歌が詠まれた場面は子の病気に際してのことで、このころまで病気治癒を願って鏡を振りかざす祈禱がおこなわれたようだ。あるいは、絶命しつつあるわが子の魂を奮い立たせたる行為であったり、亡くなった後に招魂《しょうこん》する行為であったかもしれないという。そして、その姿を鈴鏡と薬袋をもつ襷がけの巫女形埴輪に関連づけ、鈴鏡の使用例が推測されている（**図22**）。

図22　襷をかけ鈴鏡をもつ巫女埴輪

ところで、鈴鏡の出土分布が近畿に少なく、関東から東海に偏ることについて、さまざまな検討がなされている。分布の偏重については、前期古墳出土遺物同様、畿内政権から地方の有力者たちに配布・分与されたことを指し示すと考える説が一般的である（図23）。

ここで畿内政権が最初西日本を傘下におき、つぎに東日本に勢力を拡大したとする記紀の記述が注目される（雄略紀の吉備臣の伝承や継体記・紀の筑紫国造反乱伝承、安閑紀の武蔵国造の反乱伝承など）。

考古学的にみれば、四〇〇年代後半の古墳には蛇行鉄剣《だこうてっけん》・垂下耳飾《すいかじしょく》・同型鏡群（コピー鏡）など、畿内政権からの配布・分与品が西日本の古墳に偏って発見され、五〇〇年代以降の古墳には鈴鏡・挂甲《けいこう》・九曜紋馬具《くようもんばぐ》などのように、畿内からの配布・分与品が東日本に偏って発見されている。このことから、副葬時期のずれが畿内政権の伸長に結びつくという考えがある。つまり、鈴鏡は五〇〇年代に、東日本を傘下にした畿内政権の下賜品《かしひん》を示す代表例という考えである。

これに対し、畿内での出土数の少なさから、鈴鏡製作工人は近畿にいたのではなく、武蔵《むさし》

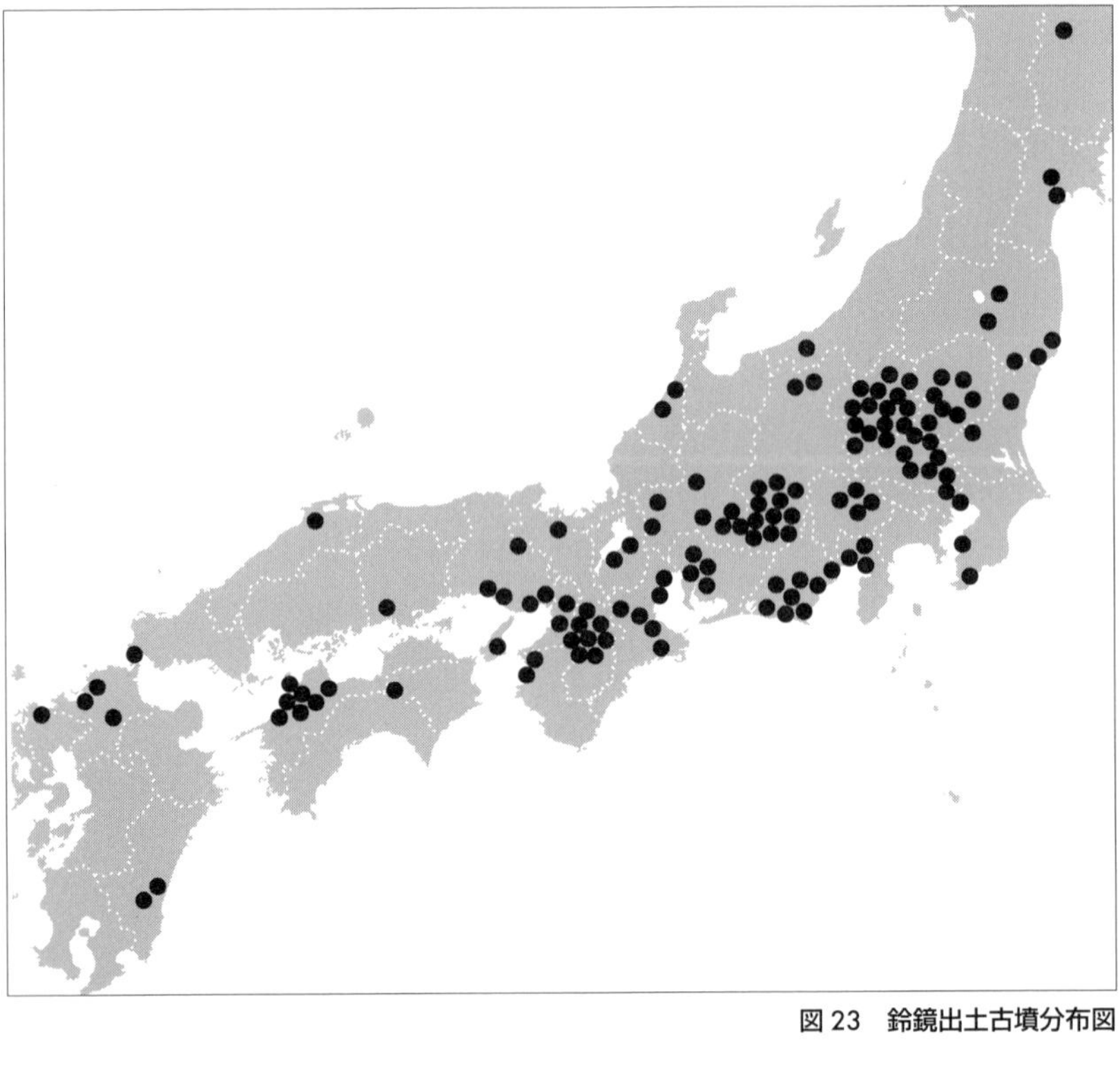

図23　鈴鏡出土古墳分布図

や尾張《おわり》などの鈴鏡の出土の多い地域の有力者に庇護《ひご》され、その地で活発な製作をおこなったために、地域色が出たと考える説もある。

たしかに、鈴鏡は一五〇面以上発見されてはいるが、これまで約五万面以上発見されている仿製鏡のごく一部にすぎない。仿製鏡が畿内政権から下賜されたものとすれば、大半は鈴をつけない鏡であり、鈴鏡のみ東日本に多く必要だった特異性は、まだ説明できていないのである。

鈴鏡を副葬する主な古墳

つぎに、鈴鏡を出土した古墳をいくつか紹介し、その被葬者像と鈴鏡の意義に迫りたい。

継体期の鈴鏡出土古墳には、河内馬飼の本拠地にあたる大阪府太秦《うずまさ》古墳、近江毛野臣《おうみのけなのおみ》の墓と推定される滋賀県山津照神社《やまつてるじんじゃ》古墳、目子媛《めのこひめ》を出した尾張連《おわりのむらじ》一族の墓と考えられる愛知県白鳥《しらとり》古墳などがあるが、それらの関連性は、考古学的にはまだわかっていない。

まず、初期の鈴鏡を出土した古墳の例として、奈良県新沢《にいざわ》一一五号墳がある。新沢千塚古墳群は四〇〇年代後半から五〇〇年代末ごろまで営まれた密集型の群集墳で、五〇〇年代初頭に造営の頂点をむかえる。二〇〇基以上の小型古墳が丘陵に所狭しと営まれ、そのうち五〇基ほどが発掘された。なかには一二六号墳のように瑠璃《るり》のガラス皿や金銅製品など、新羅系の渡来系文物を多く含む古墳もあり、被葬者像がさまざまに語られている。

一一五号墳は一二六号墳の間近に営まれた直径一八メートルほどの小規模円墳である。主体部は木棺直葬がひとつで、副葬品には三角板鋲留短甲《さんかくばんびょうどめたんこう》や鉄刀・鉄鏃《てつぞく》など、武具・武器が目立つ。鈴鏡は直径一〇センチ程度で被葬者の頭部付近から発見された（**図24**）。

この古墳は副葬品の型式から四〇〇年代後半の造営で、鈴鏡副葬古墳としては初期の例である。さらに、大和中枢部での出土例としても注目できる。ただし、古墳規模をみるかぎり、古墳群の被葬者中、突出した有力者とは考えにくく、遺物からみると男性的、武人的要素が強いともいわれる。また、新沢千塚古墳群は内部主体が数多く解明され、銅鏡副葬古墳もいくつかあるなかで、鈴鏡

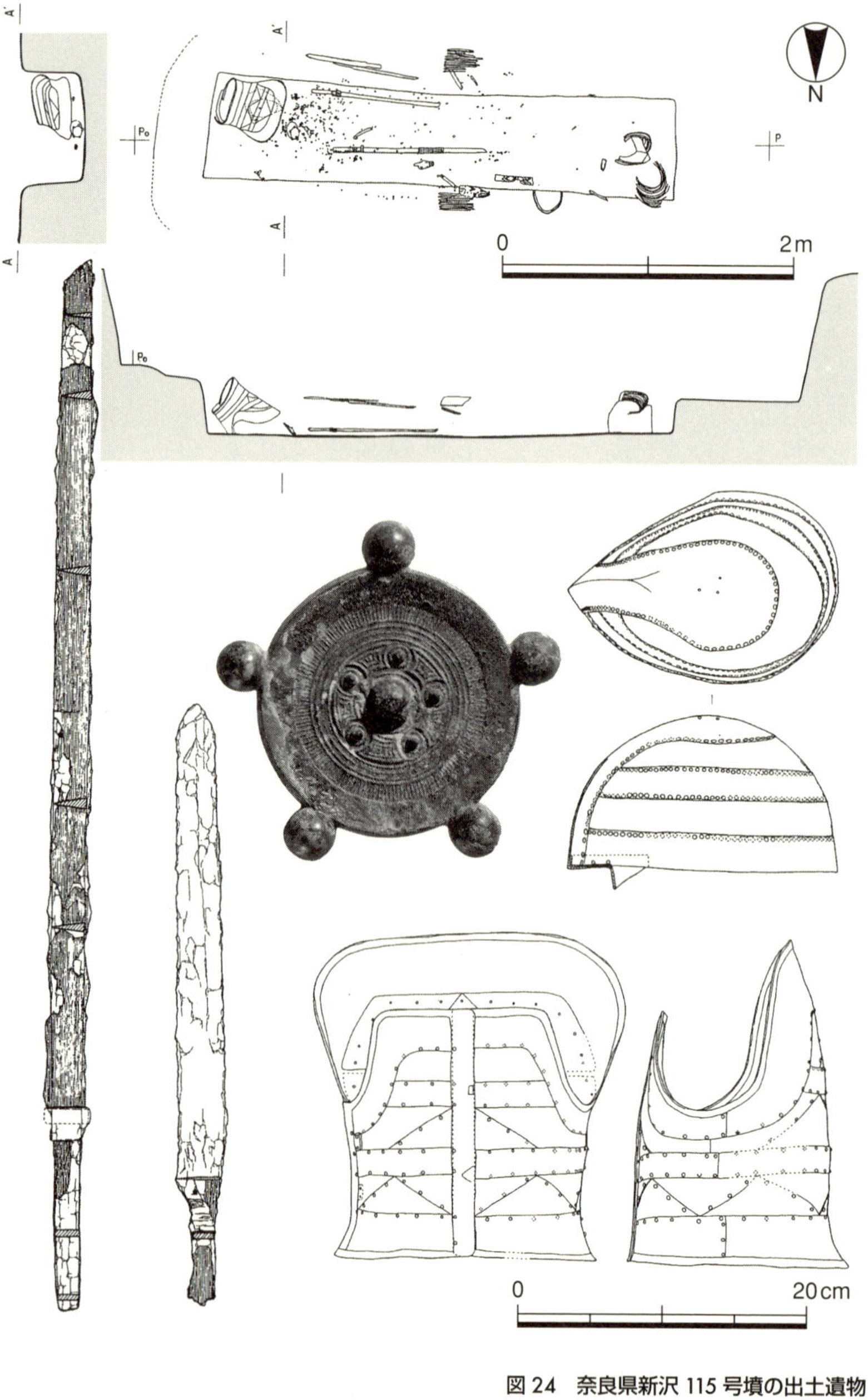

図 24　奈良県新沢 115 号墳の出土遺物

の副葬はこの古墳のみにとどまり、鈴鏡副葬自体が葬送儀礼のなかで確立していないといわざるをえない。

つぎに、複数の鈴鏡が発見された例として和歌山県大《おお》谷《たに》古墳の事例がある。大谷古墳は紀ノ川下流北岸の丘陵頂部に営まれた全長約七〇メートルの前方後円墳である。後円部中央に巨大な墓壙《ぼこう》が営まれ、その中央に古式の家形石棺が納められていた。石棺は身の部分が中期古墳にみられる長持形で、後期への過渡的様相を示す。西暦五〇〇年前後の造営だろう。棺外の東に木箱があり、精緻な鋳造で唐草紋や鈴をつけた金銅の馬具などが納められていた。西側には短甲や馬甲《ばこう》・鞍《くら》などの大型鉄製品が一列に並べられていた（図25）。

鈴鏡は棺内から大量の玉類や帯金具《おびかなぐ》などとともに発見された。棺の遺物は攪乱《かくらん》されており、鈴鏡も破損し、実数はつかめないが、一〇個体以上はあったと考える。ただし、面径は四〜五センチ程度で、紋様もなく、鈕《ちゅう》も形骸《がい》化《か》したものだった。鈴をつけない円盤状のものもあり、被葬者のうえに散華《さんげ》するための木端《こっぱ》のような扱いだったと推定する。このような装飾品は同時に発見された鈴・四葉形《しようけい》の銅器など数種類におよび、鈴鏡はそのひとつにすぎない。

この古墳では、宝器・秀品としての金銅製鋳造馬具が納められる一方で鏡・鈴鏡は仮器《かき》化・明器《めいき》化がすすんだ鋳造品として、その扱いは対照的である。

つぎに、副葬最終段階の古墳として群馬県八幡観音塚《やわたかんのんづか》古墳の事例がある。この古墳は全長約一〇五メートルの前方後円墳で横穴式石室に七体以上の埋葬があったらしい。一四個の金銅製耳飾がみつかっている。豊富な副葬遺物と供献《きょうけん》された土器類から五〇〇年代末の造営で数次にわたって追葬《ついそう》されたと考えられている（図26）。

注目すべき遺物は、仏具としてのサハリ碗や銀装の飾り大刀《たち》、画紋帯環状乳神獣鏡《がもんたいかんじょうにゅうしんじゅうきょう》、金銅製の馬具などで、畿内政権からの下賜品と考えられている。近畿では古墳祭祀自体がすでに変質し、前方後円墳や埴輪がつくられなくなった時期である。一方では飾り大刀やサハリ碗など、先進の文物を所有できる立場にあり、一方で伝統的古墳祭祀を維持した姿がよみとれ、そのなかに鈴鏡や同型鏡（コピー鏡）が含まれていたことは意義深い。

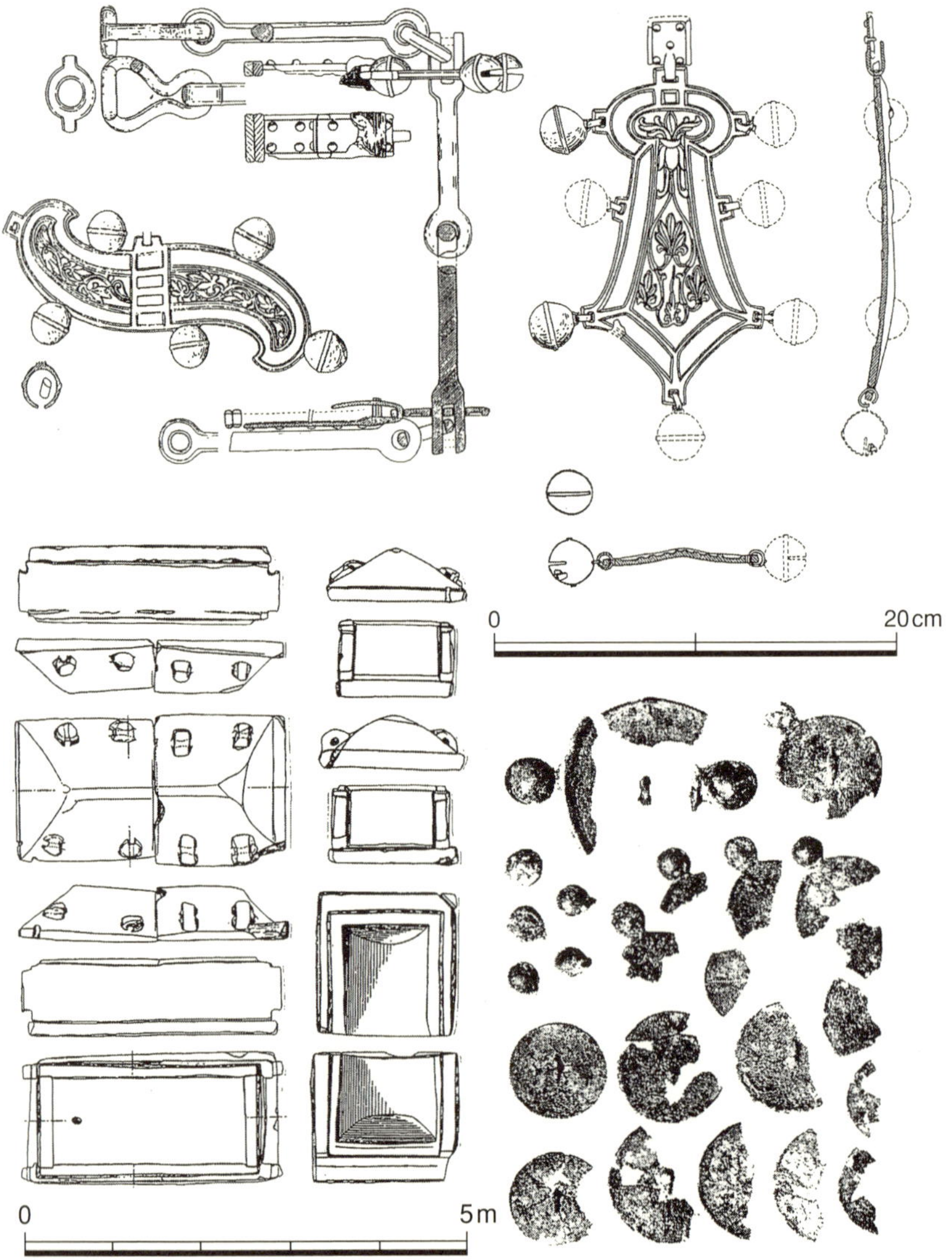

図 25　和歌山県大谷古墳の出土遺物

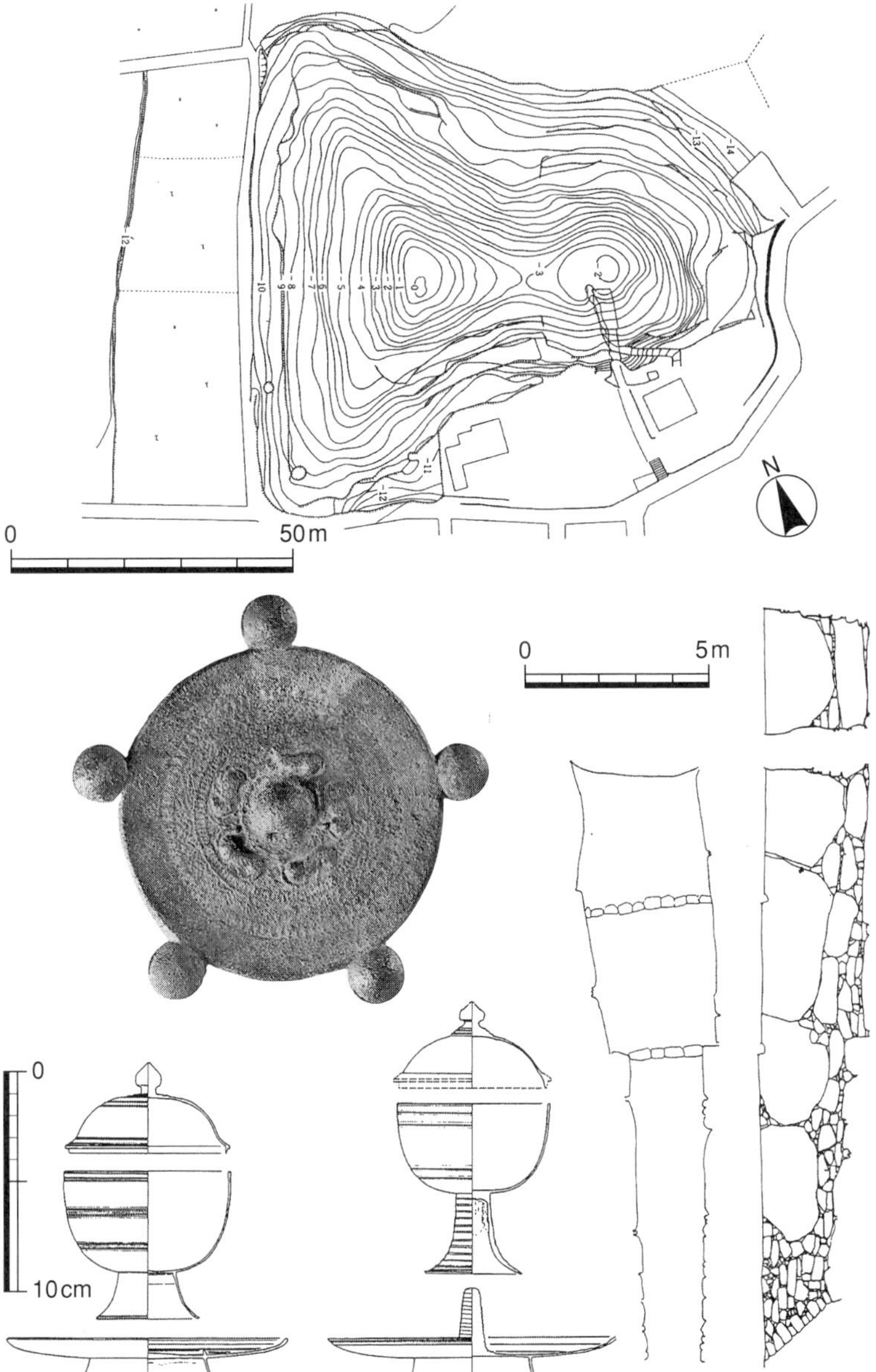

図 26　群馬県八幡観音塚古墳と出土遺物

鈴鏡の製作開始時期と終焉時期

これまでに発見された鈴鏡には多彩な主紋様がある。鏡背紋様によって方格規矩鏡《ほうかくきくきょう》系・連弧紋鏡《れんこもんきょう》系・神獣鏡《しんじゅうきょう》系などと分けることもでき、これらの紋様は鈴のない仿製鏡と共通する。したがって、仿製鏡研究のなかに鈴鏡を位置づけることができ、四〇〇年代後半から五〇〇年代前半の仿製鏡群をつくった鏡工人が、鈴鏡製作に深くかかわったという説がある。この場合、仿製鏡の消長からみて、鈴鏡の製作も六〇〇年ころには終焉《しゅうえん》したと見てとれる。つまり、古墳時代中期後半から後期前半である。

鈴のつく馬具や銅器の検討からも同時期ごろの製作期間が推定される。ただし、この検討では鈴鏡の製作は鏡工人ではなく、馬具工人という可能性もある。あるいは両工人が密接に関係していたとも考えられる。

前節に示した奈良県新沢一一五号墳出土鈴鏡の主紋様は馬鐸《ばたく》に共通するもので、仿製鏡の紋様にはみられない（**図24**）。畿内でみつかった初期の鈴鏡がこのような紋様であることを考慮すれば、馬具工人が鏡鋳造にかかわった可能性が高い。さらに、和歌山県大谷古墳の副葬遺物の場合も鈴つきの鋳造馬具と鈴鏡がセットになっており、馬具工人の存在が見ることができる。

その一方、鈴鏡の副葬された古墳の年代から製作時期を推定すれば、大半は古墳時代後期にくだる五〇〇年代初頭ころから古墳時代終末の七〇〇年代末ころまでつづく。鈴鏡は代々伝えるべき威信財《いしんざい》ではなく、製作後ほどなく副葬されたと考えれば、製作工人は後期古墳の時代を通して活躍したとみられる。工人集団は中期から引きつづいたとは考えにくく、先に示した仿製鏡製作工人の消長とは、ずれが生じる。

二つの考えに対して、わたしは古墳時代中期になると、それまでの技術者集団が再編され、仿製鏡工人は基本的に終焉したと考えている。中期古墳の副葬品をみると、銅に金メッキをしたり、鏨彫《たがねぼ》りで紋様を施したり、複合的な技術でつくられた馬具・帯金具・大刀・武具が目立つようになる。素材も鉄・銅・漆《うるし》・鹿角《ろっかく》・木工などを複合させた製品がふえる。当然、工人は鋳造《ちゅうぞう》や鍛造《たんぞう》のみを専門にする集団が独立していたのではなく、さまざまな工人が協業していたようである。その証拠に、奈良県南《なん》

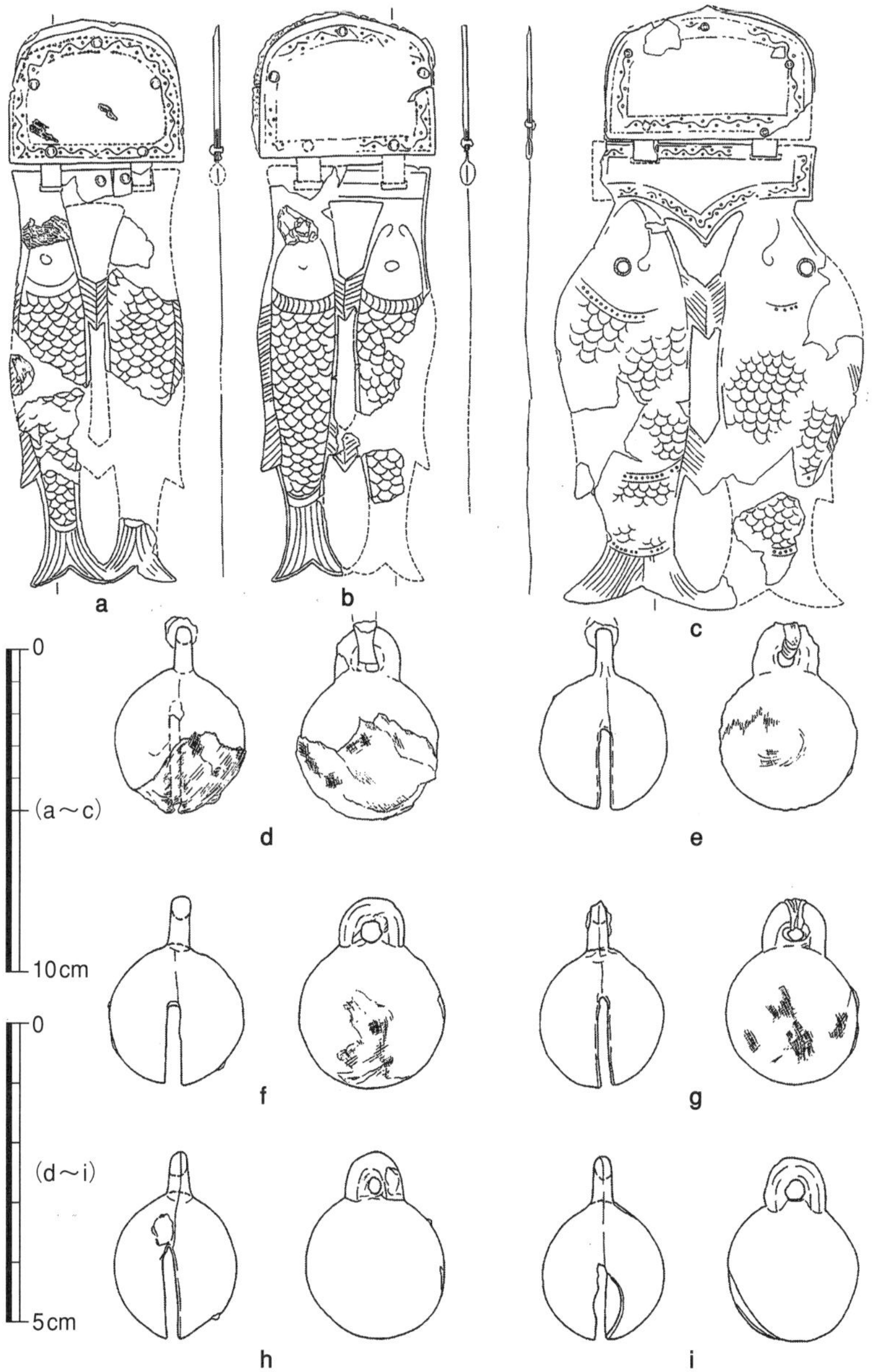

図 27　大刀につけられた帯金具の魚佩（a～c）と鈴（d～i）
（大阪府峯ヶ塚古墳出土）

郷《ごう》遺跡では鋳造・鍛造・ガラス・鹿角などの工房が同じ遺跡からみつかる。

つまり、鋳造工人ではなく、鍛造工人でもなく、さまざまな素材を使った複合技術の工人が製品をつくるようになる。すでに鏡を専門とする工人はいなくなり、再編された工人は複合工房でいろいろなものをつくったのである。

その結果、帯金具の鏨彫り龍紋が兜《かぶと》の眉庇《まびさし》や馬具の鞍《くら》金具《かなぐ》の紋様に共通してあったり、腰帯《こしおび》飾りの魚佩《ぎょはい》が大刀飾りになったりと、図像や技術の折衷が多用されることにもつながる（**図27**）。

ちなみに、複合工房は飛鳥・奈良時代まで継続的に発展することが発掘成果などから確かめられている。なかでも、奈良県飛鳥池《あすかいけ》遺跡では富本銭《ふほんせん》・仏像・鏡などの鋳造をはじめ、武器・工具・建築材料などの鉄製品の鍛造、ガラス製品・漆製品・木工品・金銀製品などの大規模な総合コンビナートに発展することが、発掘成果からわかっている。この工房が官営か、飛鳥寺に従属するのか意見が分かれるところである。

以上により、鈴鏡が鏡工人の枠をこえて複合技術による工人集団によって創作されたものと推定する。技術者集団の再編による鈴鏡の創出が先か、葬送儀礼や祭祀儀礼の変容による使用方法や道具の変化が先かは定かではない。あるいは、古墳時代前期から中期にいたる政治体制の交替、担い手となった巫女の社会的役割に変化が生じたなど、この時期の政治動向を視野に入れる必要もあろう。五〇〇年代、東海・関東を中心に突如として流行した鈴鏡はしだいに衰微し、古墳時代のうちにその役目を終えるのである。

参考文献（五〇音順）

梅原末治　一九二四「鈴鏡についての二三の考察（上）」『歴史と地理』13―2

大川磨希　一九九七「鈴鏡とその性格」『考古学ジャーナル』四二一

後藤守一　一九七三『漢式鏡』雄山閣

後藤守一　一九七七『古鏡聚英　上篇（秦鏡と漢六朝鏡）』東京堂出版

田中　琢　一九七七『日本原始美術大系４　鐸・剣・鏡』講談社
田中　琢　一九七九『日本の原始美術８古鏡』講談社
田中　琢　一九八一『日本の美術３』至文堂
奈良県教育委員会　一九八二『奈良県史蹟名勝天然記念物調査報告』第30冊
西川寿勝　二〇〇〇『三角縁神獣鏡と卑弥呼の鏡』学生社
森本六爾　一九二八「鈴鏡について」『考古学研究』２―３
和歌山県教育委員会　一九五九『大谷古墳』

（西川寿勝）

第2章　今城塚古墳の実像から継体王権に迫る

森田克行

1　太田茶臼山古墳と今城塚古墳

継体天皇即位一五〇〇年

今年（二〇〇七年）は、『日本書紀』に記載されている継体天皇の即位から一五〇〇年ということで、各地でさまざまなイベントがおこなわれています。継体天皇の母方の里とされ、幼少をすごした福井県内や父の彦主人王《ひこうしおう》の別業とされる滋賀県高島市《たかしま》など、三〜四カ所でシンポジウムが開催されました。ところが、わたしがフィールドとしている大阪の高槻《たかつき》は継体天皇にとりましては、その対極の終焉の地にあたります。『日本書紀』では五三一年に継体天皇を三島の藍野陵《あいののみささぎ》に葬った、という記事がありますので、一五〇〇年後の二〇三一年には高槻でも盛大にイベントを開催したいと思っています。

さて、継体天皇に関して、頼るべき史料は『古事記』と『日本書紀』、そして『釈日本記』が引用する「上宮記」以外ほとんどないという状況です。そのほかは考古学の手法で解き明かしていくわけですが、それもなかなかむずかしい問題があります。生い立ちにかかわる近江高島や越前三国、さらには樟葉宮《くすはのみや》・筒城宮《つつきのみや》・弟国宮《おとくにのみや》・磐余玉穂宮《いわれのたまほのみや》でも具体的な痕跡は、ほとんど明らかになっていません。

三島藍野陵

ところが継体天皇の陵墓だけは、学術的に今城塚《いましろづか》古墳（**図28**）に間違いないといわれています。古墳自体も大形の前方後円墳という迫力ある形で存在しており、二重の濠《ほり》をめぐらすなど見るだけでも圧倒的なものがあります。そして、高槻市がここ一〇年間にわたって継続的に実施してきた発掘調査によって、前代未聞の

図28　今城塚古墳（西上空から）

石室基盤工の発見など、多大な成果があがっています。大和や河内にある大きな前方後円墳は、そのほとんどが宮内庁の陵墓指定を受けているため、自由に立ち入ることもできない状況です。それに対して、今城塚古墳の場合は将来にわたって文化財を保存整備するという観点から、積極的な発掘調査もできるわけです。現在、今城塚古墳は国指定の史跡になっています。

一方、継体天皇の三島藍野陵は、茨木《いばらき》市の太田茶臼山《おおたちゃうすやま》古墳があてられています。太田茶臼山古墳は全長二二六メートルの前方後円墳です。古墳の形や出土埴輪の年代観などから四〇〇年代中ごろの古墳だとわかっています。ですから継体天皇の没年の五三一年とは合わないわけです。さらに奈良時代以降の史料をひもときますと、藍野陵の所在地をめぐって混乱してゆく過程もたどることができます。

どちらが真実の継体天皇陵か、という考証は長くなりますので、それは別稿（森田克行「継体天皇陵」『「天皇陵」総覧』新人物往来社、一九九三）に譲るとしまして、ここでは省きます。今城塚古墳が真実の継体天皇陵であるとの前提のもとに、話を進めます。これから説明いたします数々の発掘成果や研究内容から、おのずと今城塚古墳が大王墓であるということが、わかっていただけるだろうと思います。また、大王墓のイメージを描くこともできるでしょう。

2　今城塚古墳の発掘調査

一〇年におよぶ発掘成果

今城塚古墳の発掘調査は一九九七年から始めました。調査からさまざまなことがわかってきました。

たとえば武人の埴輪は、相当早い段階で出土していたもので、歴史の教科書にもしばしばとりあげられています（**図29左**）。この埴輪は、このたびの一連の調査によって欠損部分をおぎなう破片があらたにみつかり、いまでは甲冑の形がより正確に復元できています。また両方のこめかみに髪の毛を編んだミズラが表現されていることもわかりました。顔面の破片もかなり揃い、表情も実際のものに近づいてきたと思っています。それに刀の柄頭《つかがしら》も一般的な環頭形と推定していたのですが、りっぱな飾りつけのある倭風の玉纏《たままき》の大刀《たち》と確定しました（**図29右**）。このひとつをとりましても、今城塚古墳の調査は、かなり進展したことがわかるか

図29　武人埴輪
左：採集資料からの復元。右：発掘された破片を付加して再復元。

と思います。
古墳は航空写真で見ますと、巨大な前方後円墳であることがわかります（図28）。東西方向に主軸をもち、墳丘長約一九〇メートルで二重の濠と内堤に囲まれ、その外側にも外堤が推定されます。全長約三五〇メートル、全幅約三四〇メートルにもなる古墳です。内堤の一部は江戸時代に瓦用の粘土採りで削平されていますが、平面規模についてはほぼ原形をとどめています。

濠が二重にめぐる巨大古墳には、誉田御廟山《こんだごびょうやま》古墳（応神陵古墳）などがあります。また大仙《だいせん》古墳（仁徳陵古墳）の

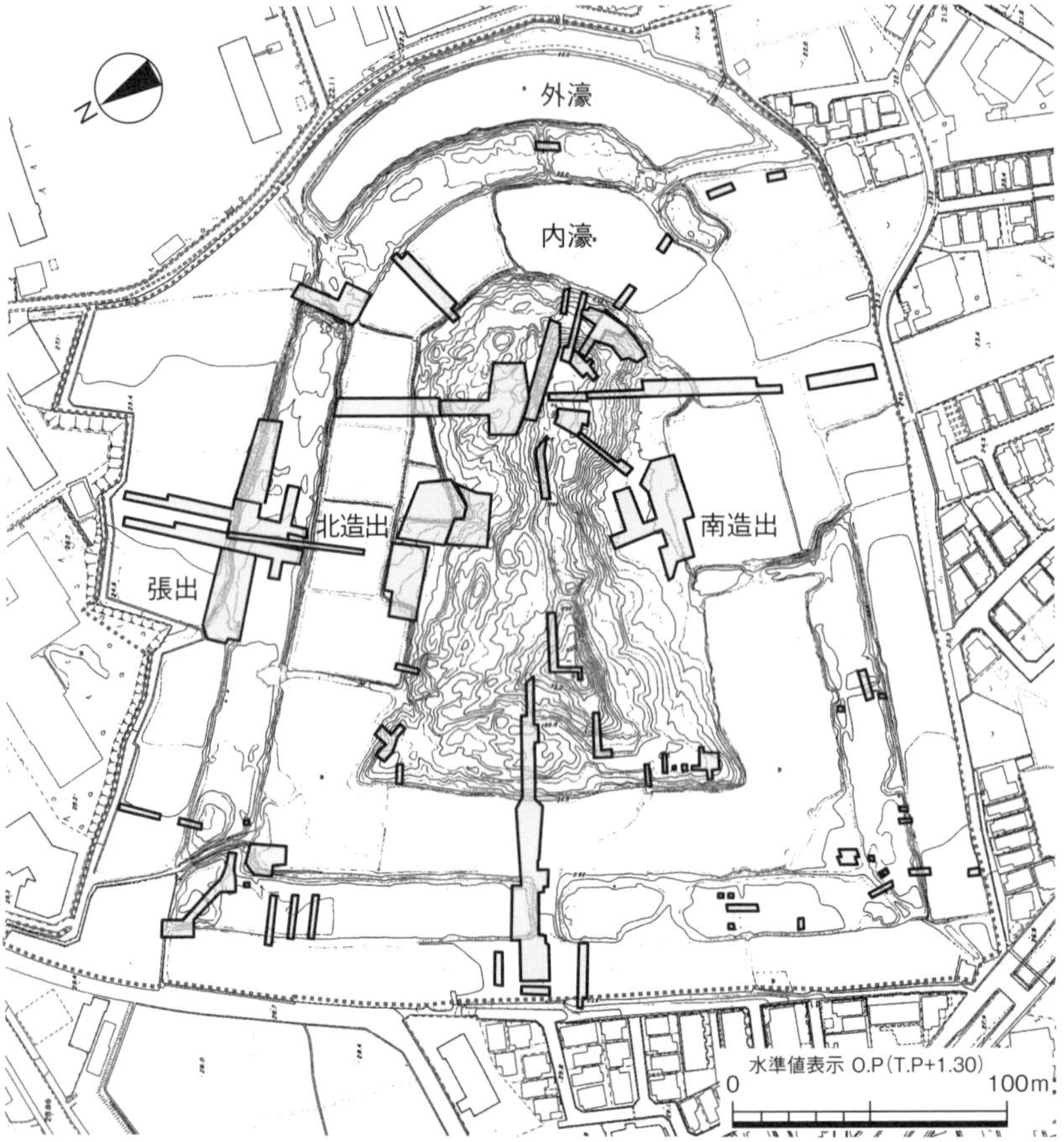

図30　発掘された今城塚古墳（▭は調査された区域）

場合は三重といわれていますが、複数の濠をもつということは通常の古墳にくらべ、葬られた人の身分が格段に高いことを示しています。この巨大な古墳を一〇年かけて発掘しつづけてきたわけですが、それでも調査面積は合計しても全体の一割以下です（図30）。この一割にも満たない面積の調査ですが、さまざまな重要な成果が上がってきました。

古墳に刻まれた伏見地震の痕跡

今城塚古墳は、荒陵と言われてきました。なぜ荒陵と言われたのか、前方部中央の内濠の調査でその原因がわかりました。内濠はもっとも広いところで、幅が約二九メートル、深さが約三メートルです。底にはヘドロが厚く沈殿しており、かつて水が蓄えられていたことがわかります。その上層の縞模様になっている土砂は、前方部の墳丘が滑落したものでした（図31）。一五九六（文禄五）年の伏見《ふしみ》地震により崩落したのです。ちょうど、秀吉が伏見城にいたときに大地震があり、城や城下町をはじめ相当の被害が出ていることが記録されています。地震考古学の寒川旭《さんがわあきら》氏の観察によりますとマグニチュード８に近い直下型の大地震だったようです（寒川旭「今城塚古墳前方部における地滑りの痕跡」『高槻市文化財年報　平成一二年度』二〇〇二）。大規模な墳丘の滑落が四〜五秒の間におこったといわれています。このような地震痕跡が今城塚古墳の各所で検出されました。荒陵と言われた原因は、この伏見の大地震によって墳丘が崩れてしまったからだとわかったのです。

また、詳細な踏査の結果、墳丘の形状が比較的原形のままに保たれていた部分も確認できました。たとえば、後円部南東部は二段目のテラスがよく残っていました（図32）。テラスとは一段目の墳丘

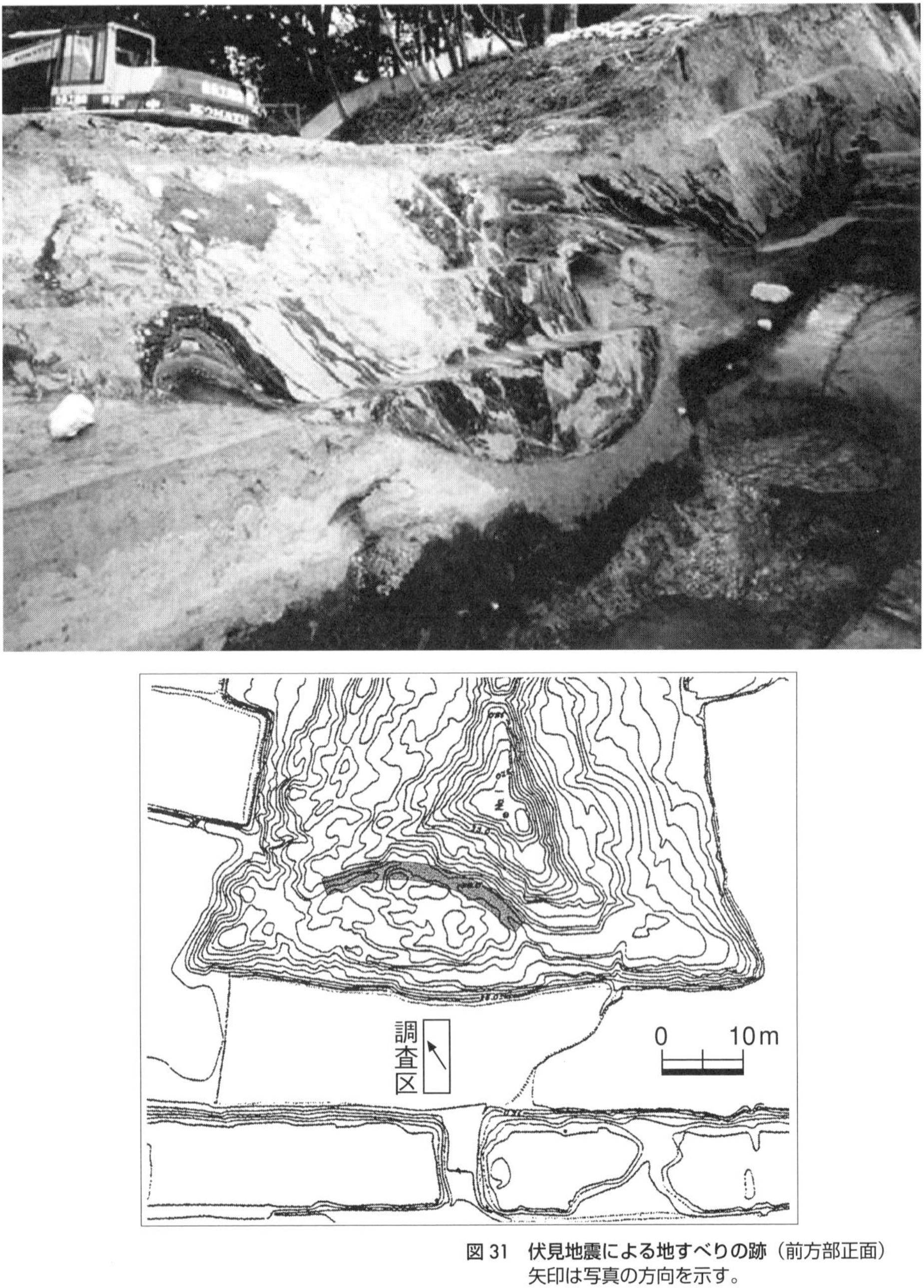

図 31　**伏見地震による地すべりの跡**（前方部正面）
矢印は写真の方向を示す。

傾斜面と二段目の墳丘傾斜面の間の平坦面で、その幅は約四・五メートルです。傾斜面には葺石《ふきいし》が施されていました。一段目の葺石は崩れていたのですが、テラスの外縁に沿って円筒埴輪列が残っており、列から外側に一メートルくらいで一段目の傾斜面になっていただろうと推定できます。テラスの幅が四・五メートルもある古墳というのは、おそらくこれまでの古墳の発掘調査ではみつかっていません。乗用車が余裕で走行できる幅の平坦面があったということです。まさに大王墓です。

葺石も半端な大きさではありません。とくに裾部からの高さ一・二メートルくらいまでは、長辺が〇・三〜〇・四メートルもある大きな石を選んで使っています。その大半が二人がかりでよ

図32　後円部一段目テラスと二段目裾部の葺石

うやく運べるくらいの大きさです。たとえば、神戸市に四〇〇年代前半に築かれた五色塚《ごしきづか》古墳があり、復元整備されています。この古墳は兵庫県では最大規模、全長一九四メートルあります。しかし、葺石はダチョウの卵くらいです。これまでに判明している各地の古墳の発掘調査でも葺石は通常一人で運べる大きさまでの石です。

墳丘盛土内の暗渠排水溝と石積み

二〇〇四年に調査した後円部の二段目の葺石の表面で、めずらしい施設がみつかりました。それは葺石の裾部にのぞいていた石組み四面貼りの暗渠排水溝《あんきょはいすいこう》の出口でした(**図33左**)。そこで、墳丘土の一部を切り取ってみると、墳丘のなかに暗渠の排水施設がのびていることがわかったのです(**図33右**)。

前期古墳にみられる竪穴式石槨などの埋葬施設では、湿気抜きの対策として排水溝がつくられることはよく知られています。これらは通常、埋葬施設の一隅から外へのびる細長い溝を、いったん掘り込み、その溝の中を砂利や小礫で充塡して、浸透水を外に導き出す構造です。ところが、今城塚古墳の場合は溝の中を空洞にして直接、排水していました。これは排水溝としては新しいタイプで、京都府の物集女車塚《もずめくるまづか》古墳などに先がけて、いちはやく採用していたことがわかります。

さらに、われわれ発掘当事者自身がたいへん驚き、注目しましたのは、この排水溝が墳丘表面から埋葬施設にとりつくのではなく、墳丘の中に突入していたことです。後円部の二段目の墳丘内に、前代未聞の石積み遺構がありました。その裾部のもっとも低いところにつながっていたのです。つまり、「墳丘内石積み」の遺構を伝ってきた浸透水が集まってくるところに排水溝の受水部をつくり、墳丘内を通って排出されるようになっていたのです。ですから、この排水溝は二段目の墳丘を盛り上げる過程で設置していることになります。しかも、十数メートル間隔で何本も放射状につくったようです。

葺石を施す古墳では、通常雨水が墳丘表面の葺石の上を流れて、墳丘内に浸透することを防ぎます。今城塚古墳の場合は、葺石を緻密に配置してはいるものの、古墳の規模も大きく、雨水の浸透する表面積も広大なことから、墳丘土がゆるんで崩落する危険があります。そこで、墳丘内に浸透した雨水を「墳丘内石積み」から排水溝を通じて強制的に排水する構造にしたわけです。当時としては最先端の新しい技術だったと思います。ただし、巨大古墳ではこのような対策がもう少し早い段階からとられていた可能性はあります。大きな古墳を発掘する機会がほとんどないなかで、確認された貴重な情報です。

三段築成が確定した後円部の形状

二〇〇七年の三月に後円部の中央部分の調査成果につ

暗渠排水溝の出口部分

墳丘内の石積みと石積みの裾部につながる排水溝

図33　墳丘盛土内の排水施設

いて記者発表し、その後、現地説明会をしました。五一七〇人もの多くの方々がこの発掘現場を見学されました。

後円部の中心部分は北側半分が低くなっています。その低くなっている部分からも伏見地震の痕跡がみつかり、落差四メートル以上にわたって滑落していることがわかりました。しかも驚いたことに、この部分からは墳丘内に築かれていたと思われる、まったく新規の石敷き遺構が発見されたのです（図34）。

石敷き遺構は、東西幅で一七メートル以上もあります。もともと方形に石が敷かれたものとすると、二〇〇畳敷きにも相当する巨大な施設です（図35）。この石敷きの外周には石垣状の石積みがしっかりととり巻いていて、それらを盛土内にパックしていた墳丘土ごと伏見地震で滑ったため、おおよその形状を保ったまま発見されたのです。墳丘土は約一

図34　滑落状態で発見された後円部の石室基盤工の石敷き遺構と周囲の石積み

〇センチの厚みで層状にていねいに締め固められていました。

今城塚古墳の発掘調査の当初計画では、九年かけて発掘しようとしていました。ところが、後円部の実態が徐々に明らかになっていくにつれて、中心部にあるはずの埋葬施設が依然として不明だということが逆に明確になってきたのです。そこで文化庁とも協議して、発掘期間を一年延長しました。そして、ようやく埋葬施設にかかわる石敷遺構、すなわち「石室基盤工」の存在を確かめることができたのです。この滑落した石敷きを元の高さにまで上げて復元すると、まさにその直上に埋葬施設があり、さらに三段目の墳丘土がおおっていたと結論することができました。

埋葬施設は横穴式石室かもしれません。あるいはそうではないかもしれません。三種類の凝灰岩製の石棺の破片が大量にみつかっていますので（図85、一九三ページ参照）、少なくとも三つの石棺

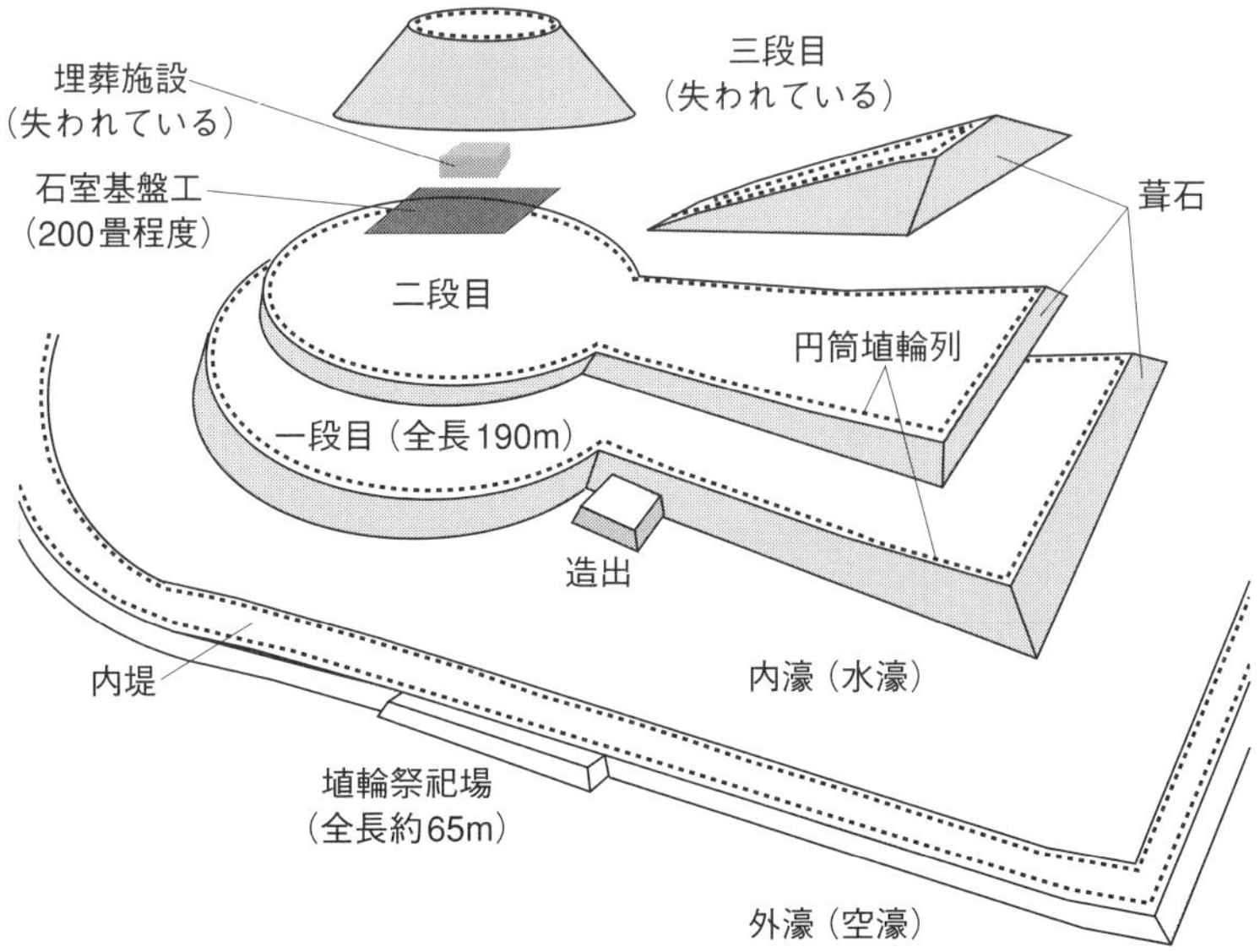

図35　今城塚古墳後円部石室基盤工の復元想定図

を納める埋葬施設が構築されていたと思われます。

今城塚古墳を復元するうえで不思議だったことの一つに、墳丘の高さが現状では内濠の水際から一一メートルほどしかないという実態がありました。直径一〇〇メートルの後円部に対し、一一メートルの高さですと、大形古墳としてはまったくボリューム感がなく、扁平にすぎたのです（図36）。

太田茶臼山古墳の場合は、後円部の直径が一三五メートルで、ほぼ二五メートルの高さがあります。今城塚古墳の後円部の高さは、その半分以下という状況でした。そこで今回みつかった滑落部分の四メートルに埋葬施設相当分の高さとそれをおおう盛土の高さを足すと、現状より八〜九メートルは高かったということがわかりました。そうしますと、これまでは後円部の段築も二段と想定せざるをえなかったのですが、ここにいたって三段築成が確定することになったのです。残念ながら埋葬主体の形状や副葬品の総体が、どういったものであったかはよくわかりません。少なくとも三段築成という伝統的な大王墓の威容を誇っていたことは確認されたのです。

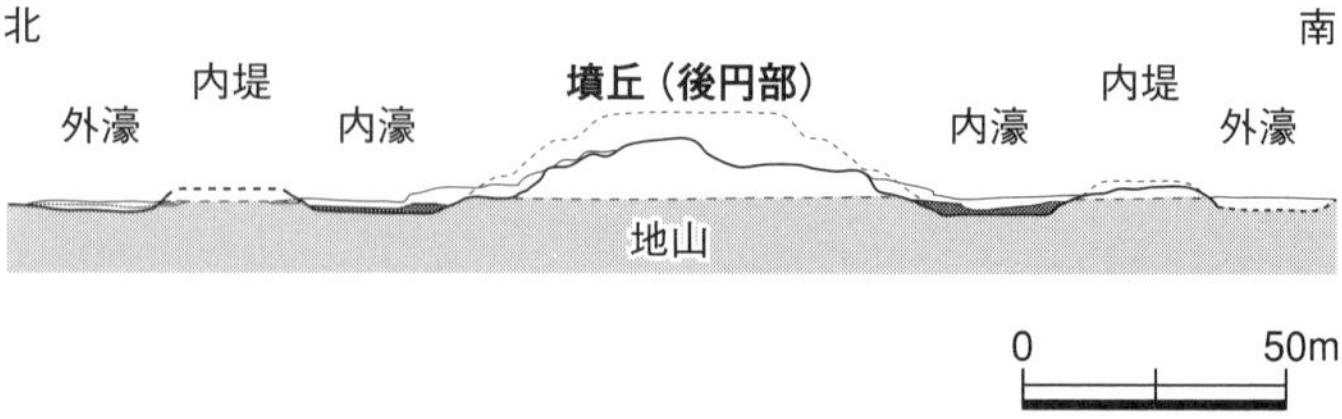

図36　今城塚古墳後円部断面図

3　最大規模の埴輪祭祀場

埴輪祭祀場の発見

今城塚古墳の発掘成果のうち、最大の成果の一つが北側の内堤でみつかった埴輪祭祀場とよんでいる施設です。祭祀場は内濠・内堤・外濠をつくったあと、内堤の北側一角に「張り出し」を設け、そこを舞台にして埴輪群像を並べていたことがわかりました（図37）。

内堤の外縁と内縁には高さ一メートル近くの円筒埴輪がぎっしりと列をなして生垣のように並べられていました。本来は外縁の円筒埴輪列から約一メートル外側が内堤の上端となり、その裾に外濠がまわります。内堤は墳丘と同様に礫混じりの土や砂質土でつき固められています。ところが、その外側にきわめて特異な張り出し部がみつかりました。あきらかに内堤完成後に付け足した遺構で、「真《ま》砂土《さつち》」のみを積み上げて築いていました。墳丘や堤本体とはつくり方が明確に違っていました。

円筒埴輪列は内堤の上に、ただ置き並べられているのではなく、内堤をいったん完成させてから、平坦面に溝状の掘り方とよばれるくぼみを掘って、その中に据えられています。つまり、底の部分の二〇センチほどは地中に埋められているわけです。丁寧に発掘調査すると内堤を築いたときの地面とその後、円筒埴輪を据えつけるために穿《うが》った掘方を土質や色の違いでみつけることができるのです。

ところが、埴輪祭祀場の形象埴輪の群像は掘方を設けて据えつけた跡がみつかりませんでした。つまり、埴輪群像を設置する工程が円筒埴輪と違っていたということです。埴輪群像を設置するため、おそらく今でいうディレクターかプロデューサーがいて、祭祀儀礼の内容に合わせて形象埴輪をキャスティングしていったと考えられます。家・人物・動物などの埴輪は適当に並べられたのではなく、きちっと演出するために、それぞれの向きや配置に約束事をもたせていたということです。多種多様な埴輪をどれくらいの間隔で並べるか、という全体構成を理解していないとできないわけです。現場で位置を決定するとき、掘方をあらかじめ掘ってしまいますと、ずらすことも姿勢の向きを自在に整

図 37　内堤の円筒埴輪列（右側）と張り出し部埴輪祭祀場の埴輪群出土状況（左側）

えることもできません。つまり、ひとつひとつの形象埴輪をおおよその位置にまで運び込んだ後、にじり寄せるなどしながら、配列を最終的に決めていったと考えられます。そうしたことから、この張り出し部分を「真砂土」で造成する理由がわかりました。均質な真砂土は、個々の埴輪を設置する際に、埴輪底部の形状に合わせて一定の深さまで土をかき取るのに適しています。各埴輪は、位置が定まった段階で周囲の土を寄せ集めて安定させたものと思われます。

実物をうつしだす家形埴輪

それでは埴輪をみていきましょう。

この家形埴輪は、高床式で通常の家ではありません。今のところ日本最大で、もっとも大きく、高さが一七〇センチあります（図38）。子どもが近寄ると、まさに見上げるが如くになります。今城塚古墳の西北約一キロのところにある新池《しんいけ》遺跡の埴輪窯で製作されたものですが、この大きさでは一気に焼けません。台部と家の本体部分、そして屋根の上半部と三つに分けて窯入れしたようです。それぞれがきっちりはめ込んだように組みあがっていて、みごとな技術です。それだけではなく、高床式の構造から屋根飾りの詳細まで丁寧につくられています。

りっぱな「破風板《はふいた》」が両方の妻側にそびえ、交差した部分に「貫木《ぬきぎ》」を打ちとめていました。この「貫木」は、破風板を棟のほうに引きつけ、屋根本体にしっかりとつなぎとめるものです。しかもこの破風板はさらに上方へ延長させていて、伊勢神宮などの神殿の屋根の両端の飾りである「千木《ちぎ》」の原形となるような設《しつら》えをしています。さらに驚くのは、交差する部分はそれぞれの「破風板」の相対する部分を半分の薄さに削ってはめ込むという相欠《あいか》きの仕口の様子まで再現されていることです。また、下からのぞくと柱には「頭貫《かしらぬき》」とよばれる水平材を表現しています。これは柱をつないで上部を囲む構造で、二階の床を支える柱材になっているものです。

このように埴輪でありながら、細部まできっちりと表現しているということは、この建物について、くわしく知っている人が埴輪工房にいたということです。さらに言うと、この家形埴輪は建築物としても、縦横や高さのバランスも整っていて、現実にモデルとなる建物が存在したということだと思います。この埴輪から建物の復元が可能なくらいです。

柱はとても太く、下方はすべて円柱ですが、身舎《もや》の部分の柱は方形です。今城塚古墳出土の高床式建物で、注目していただきたいところは壁の表現がなく、すべて吹き抜けだということです。それは日常のすまいではなく、儀礼や祭祀のための特別な建物、いわゆる祭殿と理解できるものです。

このようにりっぱな建物が配列されていた一方で、一風変わった建物もみつかっています。「片流《かたなが》れ屋根の家」とよんでいます（図39）。高さ五六センチです。後でくわしく説明しますが、わたしはこの建物が非常に重要な意味をもっていると考えています。屋根の傾斜が片方のみで、縁に三角の山形の飾りがめぐります。入り口は一隅に小さく設けられ、窓などもほとんどないという閉鎖的な建物です。

天辺に山形の飾りがつく箱形の埴輪は、祭祀場を区画する柵形《さくがた》埴輪です（図40）。今城塚古墳の柵形埴輪は、囲形《かこいがた》埴輪の一種から派生したもので、上部の飾りは「片流れ屋根の家」に共通するデザインを採用していました。平面が楕円形の柵形埴輪自体は前期古墳から存在し、これまでに一七の古墳で出土例が知られています。基本的には形象埴輪群の結界《けっかい》に採用されたと考えられます。ところが

図 38　高床式の家形埴輪

図 39　片流れ屋根の家形埴輪

図 40　柵形埴輪と門形埴輪

今城塚古墳の柵形埴輪の場合は、直列につないで用いています。まさに祭祀場そのものをいくつもの区画に分ける目的で並べられた具体的な囲柵として機能させている点において、まったく異なるものです。写真に見える柵形埴輪は、高さ・幅ともに四〇センチ程度です。

以上の建物関連の埴輪は家が八点、柵形が二四点、門が二点みつかっています。

多様な埴輪群像

つぎに動物埴輪として、馬・牛・鶏・水鳥などがあります(**図41**)。これまでに三三点確認しています。

馬の埴輪は二列に八点以上が並んでみつかっています。基本的には馬具を装備した飾り馬です。牛の埴輪はめずらしく、家畜でしょうか。二点みられます。高さ、約六〇センチです。鶏の埴輪は高床式建物の家形埴輪の横に配列されており、時をつげる鳥、朝と夜を分ける鳥と考えられているものです。五点みつかっています。全体がうかがえる一点は、高さ八〇センチ程度です。水鳥はくちばしの形状と長い首が特徴です。他の古墳の例では足に水かきを表現する鳥を水鳥と一括してよぶことが多いようです。今城塚古墳では列をなし、一三点みつかっています。高さは約八〇センチです。

そのほかに動物埴輪に分類されているもので、獣の脚を表現した埴輪が二体分八点あります。いまのところ脚の部分しか見つかっていません。五指の表現があります。これについては、後でくわしくお話しします。

建物や動物のほかに、巫女《みこ》(八)、力士(四)、武人(四)、楽人《がくじん》の坐像《ざぞう》(四)、鷹飼《たかか》い(二)などの

牛

鶏

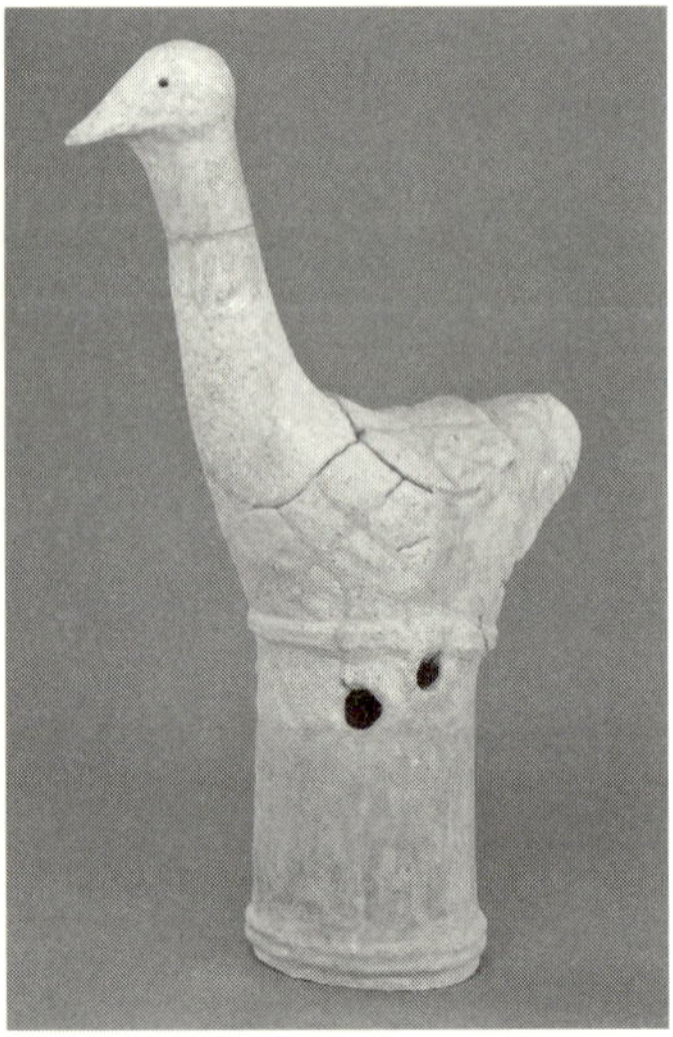

水鳥

図 41　動物埴輪

図 42　人物埴輪　巫女

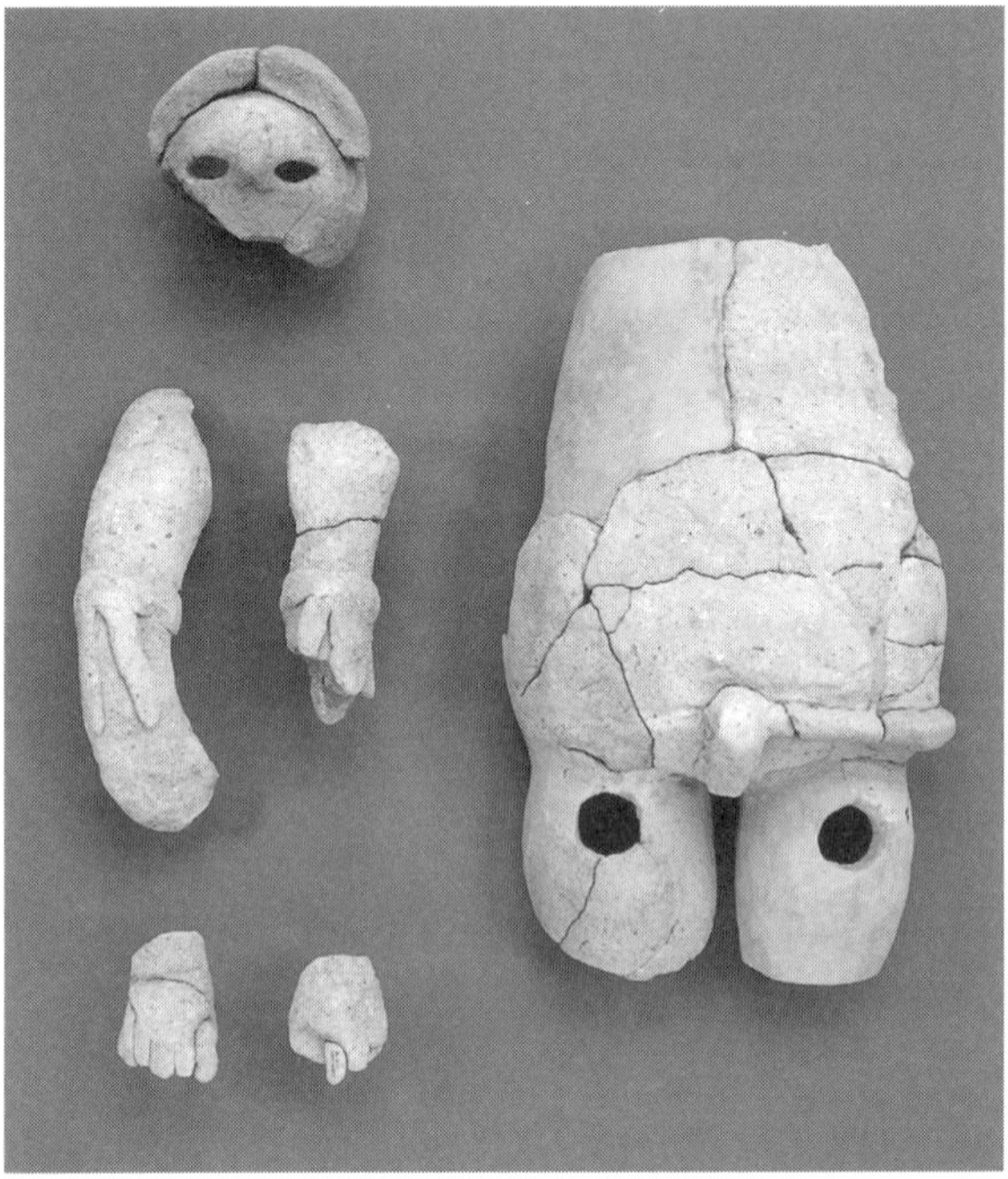

力士

男性の頭部

楽人の坐像

図 43　人物埴輪

人物埴輪があります。巫女の埴輪八点以外はすべて男子像で、合計で二八点を数えます（図42・43）。

器財埴輪は器台（五）、蓋《きぬがさ》（一）、盾付の大刀（一五）、盾（一）、靫《ゆぎ》（一）、甲冑《かっちゅう》（二）など、三一点あります（図44）。それから、正体が明らかにできない破片も、まだまだたくさんあります。

最大かつ驚愕の埴輪配列

このような埴輪群像が内堤に後づけした張り出しで、一三六点以上発見されています。祭祀場の埴輪群は柵形埴輪列で区切られた四つの区画に分けて並べられていました。柵形埴輪の中央には門の埴輪があり、この門に直交するラインが区画の中心軸になると考えています（図45）。

南側にある内堤の円筒埴輪列を祭祀場の区切

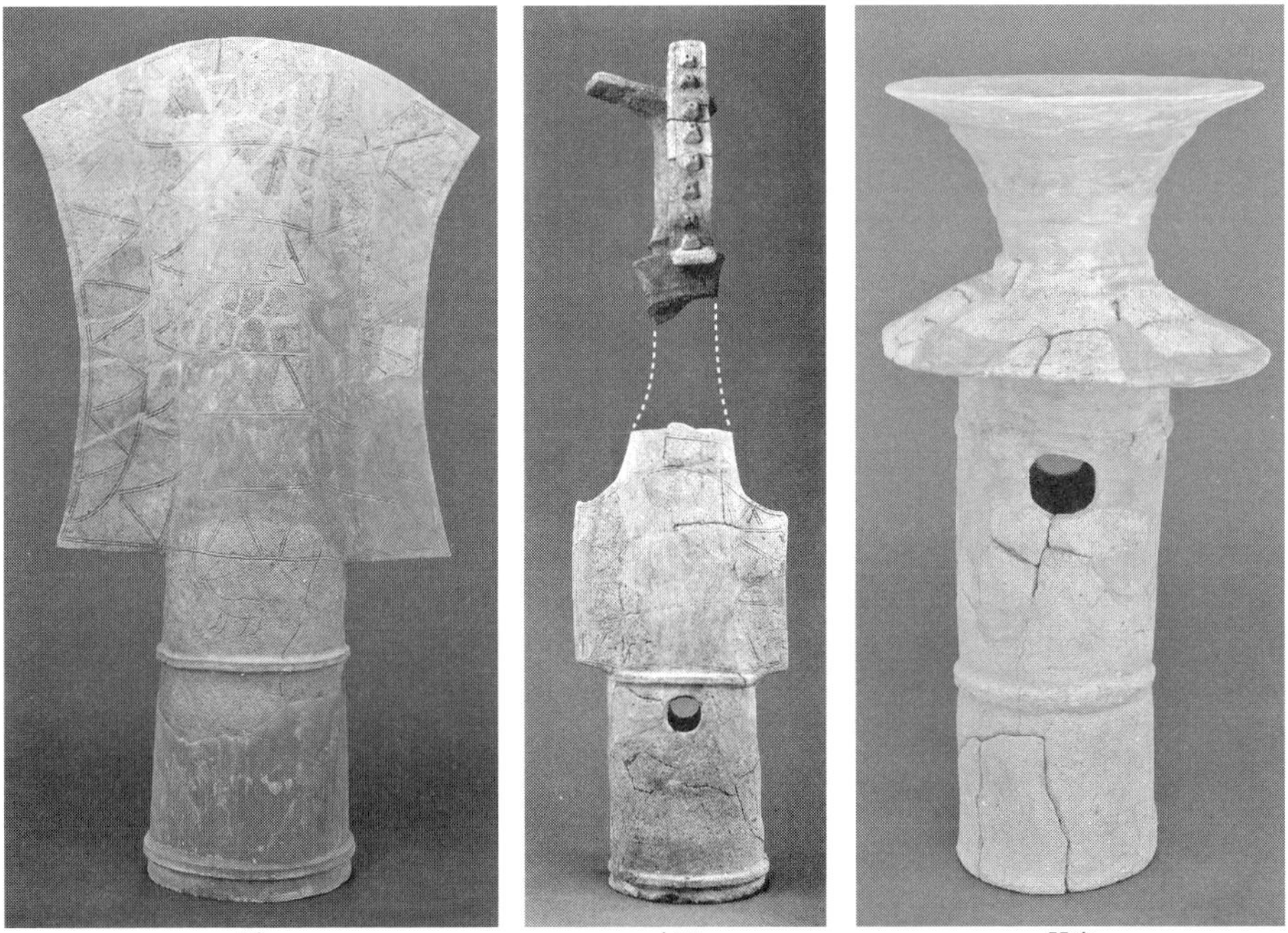

盾　大刀　器台

図44　器財埴輪

りとすれば、そこから門の中心軸までは約五メートルです。そして門を中心に北側に折り返すと、約一〇メートル幅の張り出しだったことがわかります。東西の長さは、端から端まで六五メートルにわたります。約六五〇平方メートルの埴輪祭祀場の舞台が復元できるわけです。それが柵形埴輪によって四区画に分けられていたのです。この埴輪祭祀場の区画は東側から一～四区とよんでいます。もちろん、柵列１の東側の小区画のように、埴輪がまったくみつからない空閑地の部分もあります。

これまでの調査で埴輪群像がみつかったのは、群馬県の保《ほ》渡《ど》田《た》八幡《はちまん》塚《づか》古墳のものが最大規模で、埴輪群像の意味についての研究の基本になってきました。この古墳は榛《はる》名《な》山《さん》の噴火で古墳ごと埋もれていましたので、埴輪群の状況がよく観察できたのです。この保渡田八幡塚の埴輪群像は全部で五四点でした。今城塚ではわかっているだけで一三六点、最終的には一八〇点くらいになりそうなので、現状では名実ともに列島最大規模の埴輪群像ということになります。

しかも、保渡田八幡塚からは柵形埴輪がみつかっていません。これは今城塚とくらべると、研究にとってはかなり不利な条件となります。考古学者が埴輪群像を読み解く際には、大抵の場合、グルーピングの作業がともないますが、客観的な区画線や空閑地が明示されていない埴輪群については、解釈の前提が定まらないことになります。つまり、それぞれの見識にもとづいて区画の線引

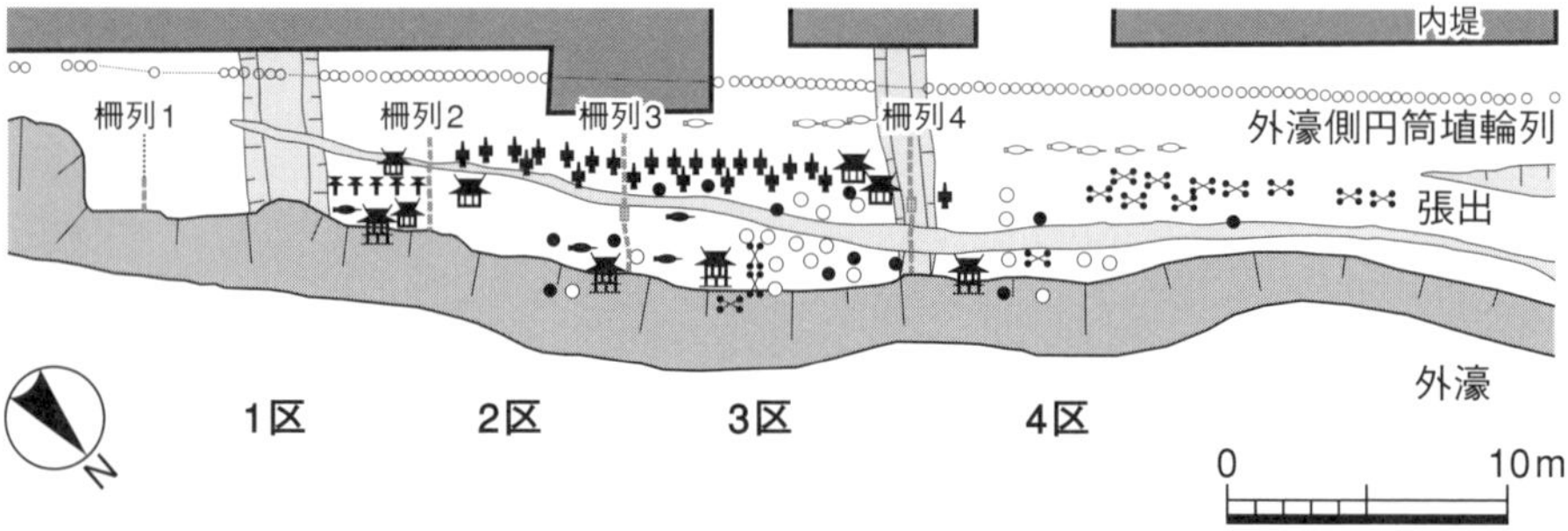

図 45　埴輪祭祀場の形象埴輪群出土状況模式図

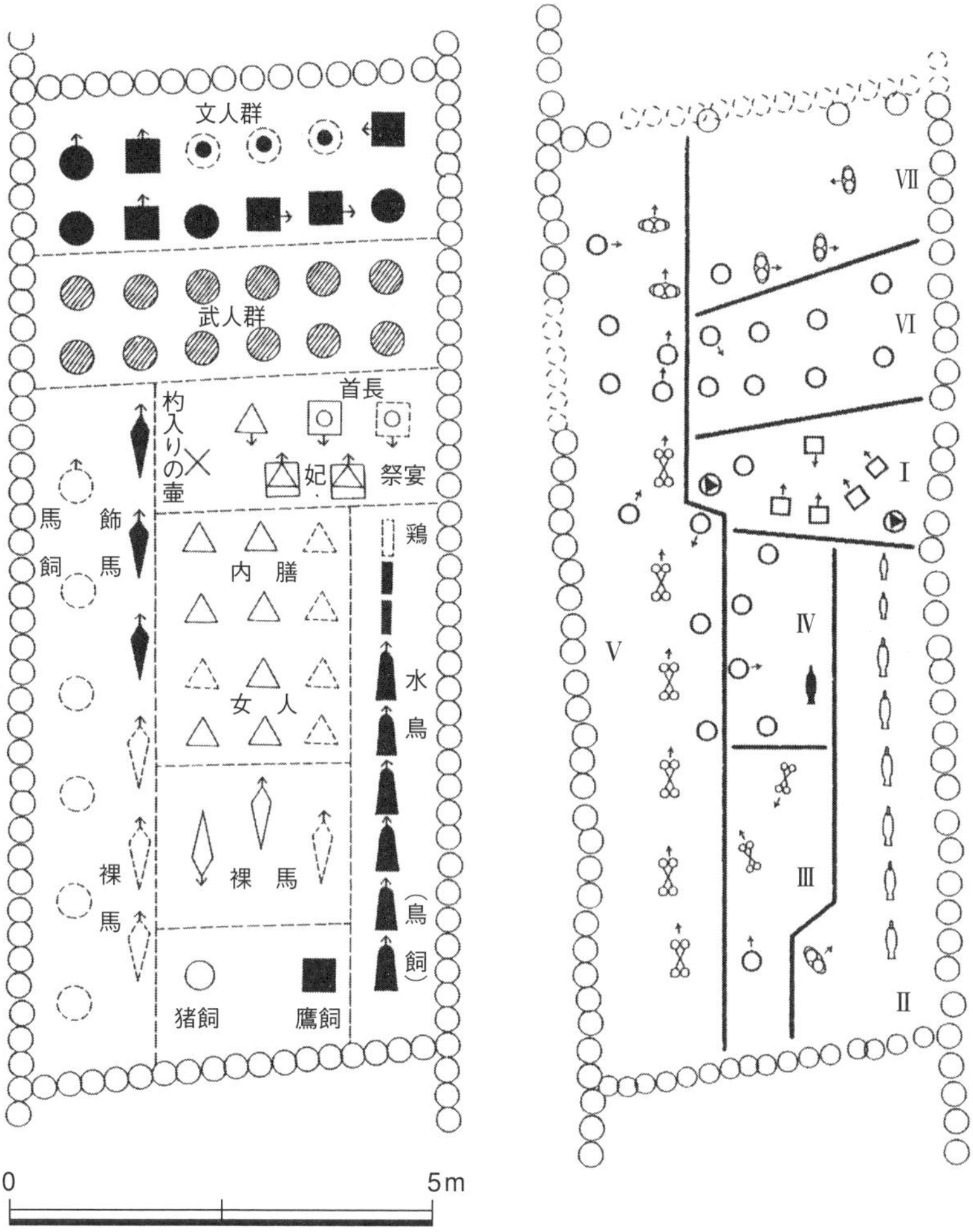

1　水野正好氏によるグルーピング

2　若狭徹氏によるグルーピング

Ⅰ　椅座人物による飲食儀礼場面
Ⅱ　鳥の列
Ⅲ　猪狩の場面か
Ⅳ　鵜飼の場面か
Ⅴ　人物・器財・馬の列
Ⅵ　半身像による立姿の儀礼場面
Ⅶ　双脚像を主体とする場面

図 46　群馬県保渡田八幡塚古墳の埴輪群出土状況模式図

きをするために、組み合わせが何通りもできてしまいます（図46）。すなわち分け方によって、当然、理解の仕方も変わってきてしまいます。

ところが今城塚の場合は埴輪の数も多く、約一五〇〇年前の当時のまま、埴輪群を設置したプロデューサーの意図が明確に反映された形で出土しました。区画も柵形列によって線引きされていますから、区分けの失敗がありません。理解の仕方も揺らぎが少なくてすむわけです。そして大切なことは、この全容が発掘調査されたということです。研究者にとって非常に条件がよく、そこで展開されている埴輪祭祀の真意がつかみやすくなります。

今城塚古墳の埴輪群像は今も、その配置や個々の埴輪の欠損部分の復元などが継続しておこなわれています。

4　匍匐儀礼から埴輪祭祀場を再現する

奇妙な埴輪

まず、今城塚古墳の埴輪祭祀場の概要を述べました。つぎは、この埴輪群像の意味についてお話ししましょう。

埴輪群のなかで、わたしは手指の表現がある獣脚の埴輪に注目しました（図47）。この埴輪は残念ながら全形がまだつかめていません。埴輪祭祀場の中心部で、少なくとも二体分を確認しています。人差し指と親指の間が広くあけられ、また小指は小さくつくられています。つまり物をつかむことのできる手ということで、五指のある手甲を獣の脚の部分にレリーフ状に貼付けたといったものです。霊長類の手だとすれば、人か猿かということになります。

さきほど概観しましたように、祭祀場に登場する形象埴輪は、すべて祭祀のなかで、なんらかの役割が与えられ意味づけがされており、どの埴輪も不可欠な存在として並べられています。とりわけ、この獣脚埴輪は埴輪群全体を理解するうえにおいて、たいへん重要な鍵になると考えています。

猿と古代人

結論を出すために古代に造形された獣類について、統計をとりました。およそ列島において、いったい、どのような獣が登場するのか、その種類とそれらの出現率を表にまとめました（**表5**）。

まず縄紋時代の土製品では、猪《いのしし》が圧倒的に多くつくられています。その理由はおもな獲物・食料だったからで、畏敬《いけい》の念をもって祀《まつ》られていたことでしょう。ところが、弥生時代になると猪が激減し、鹿《しか》が大半を占めるようになります。銅鐸《どうたく》にも獣類はしばしば描かれますが、やはり鹿が多く、猪も少し見られます。鹿が農耕祭祀にかかわる動物として登場するのは、春から秋にかけての鹿の角の成長と稲の成長のサイクルが共通するため、豊作祈願が鹿に仮託されからだと言われています。

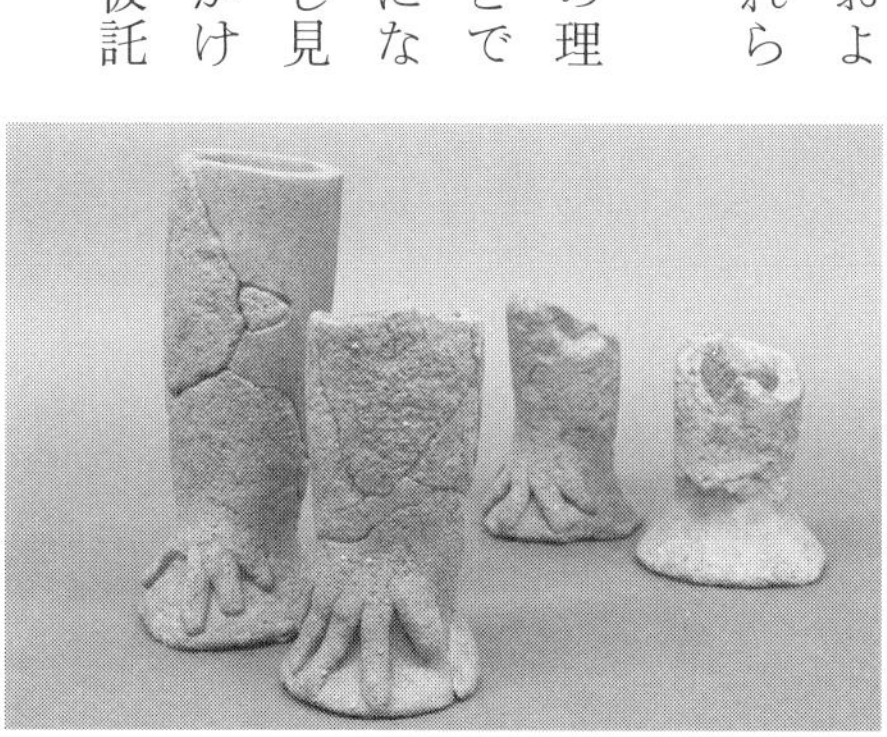

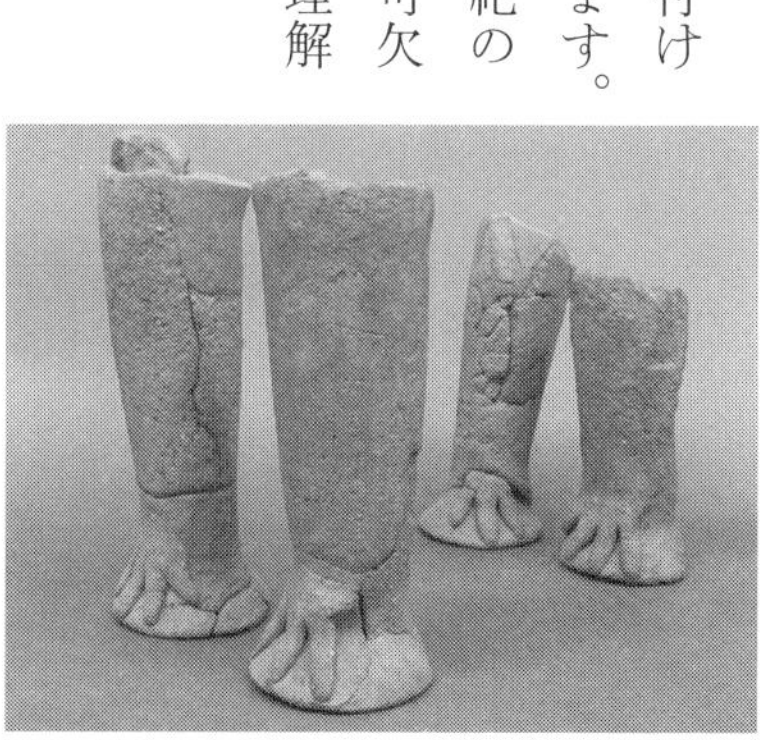

図47　3区から出土した動物の脚に五指の表現がある奇妙な埴輪（2体分）

古墳時代についてては、動物埴輪から獣類の出現傾向をみていきましょう。古墳の表面に立て並べられる埴輪は、火山の噴火によって灰に埋もれるなど、よほどのことがない限り、こまかく割れた状態で出土します。したがって、ある程度以上に復元され、獣種が特定できたものを対象とした統計で、小さな破片は勘定に入れていません。そうすると、今度は突如として、馬が大半を占めるようになり、つぎに鹿・猪・犬がつづきます。破片まで厳密に数えると、点数自体はもっと多くなるでしょうが、種類別の出現比率は変わらないと思います。馬が劇的に多くなる現象は、馬具を表現する飾り馬が権力の象徴として立て並べられたからでしょう。

最後に、『万葉集』に詠まれた獣類で、おおむね飛鳥・奈良時代の傾向がうかがえます。『万葉集』四五〇〇余首にはさまざまな歌があります。しかし、獣類となりますと、馬と鹿が大半で、それに猪が少しです。古墳時代の構成とあまり変わりません。

時代	縄　紋	弥　生		古　墳	飛鳥・奈良
種類	土製品	弥生土器	銅　鐸	埴　輪	万葉集
	点数（比率）	点数（比率）	点数（比率）	点数（比率）	点数（比率）
馬				118 （*68.3*）	88 （*48.1*）
鹿	3 （*2.59*）	88 （*98.9*）	129 （*83.8*）	13 （*7.5*）	63 （*34.4*）
猪	89（*76.72*）	1 （*1.1*）	18 （*11.7*）	19 （*10.9*）	15 （*8.2*）
犬	6 （*5.17*）		7 （*4.5*）	16 （*9.2*）	3 （*1.64*）
牛				4 （*2.3*）	4 （*2.19*）
ムササビ				1 （*0.6*）	3 （*1.64*）
虎					3 （*1.64*）
猿	9 （*7.76*）			1 （*0.6*）	1 （*0.55*）
狐					1 （*0.55*）
熊	9 （*7.76*）			1 （*0.6*）	1 （*0.55*）
兎					1 （*0.55*）
合計	116 （*100*）	89 （*100*）	154 （*100*）	173 （*100*）	183 （*100*）

表 5　古代の資料による獣類の出現比率

さて、猿はどうかといいますと、どの時代にもほとんど登場しません。埴輪では茨城県大日塚《だいにちづか》古墳出土と伝わる一点があります（**図48**）。重要文化財に指定されていますが、指定の理由は猿の特徴や表情をうまくとらえた造形もさることながら、実質的にはたいへんめずらしいからだろうと思います。つまり、古墳時代にあっては、ほとんどつくられることがないものだからです。少なくとも、畿内地域の埴輪祭祀のなかに猿が登場する余地はありません。関東ではヤマト王権主導の祭祀の意義が変質・多様化し、その分、規範もゆるみ、裁量の余地も生じたのか、ムササビ・熊・魚などもつくられています。これらの動物については、美術的・芸術的にはよくても、畿内地域では造形の対象ではなかったと考えられます。しかも列島各地の野山には狸《たぬき》や狐《きつね》や野兎《のうさぎ》など、さまざまな獣が棲息しているのですが、なにもかも埴輪に仕立てるというものではありません。埴輪として並べてもよい獣類はヤマト王権の祭祀のなかに登場、あるいは容認されたものだけなのです。極論すると、ヤマト王権のお膝元では猿を埴輪としてつくることはなかったのでしょう。

加えて、『万葉集』に猿は「あな醜《みにく》　賢《さか》しらをすと　酒飲まぬ　人をよく見ば　猿にかも似む」（巻三―三四四）の一首にだけに出てきます。大伴旅人《おおとものたびと》が大宰府《だざいふ》の長官時代に詠んだ歌です。しかし、これも猿そのものではなく、酒を飲みすぎた旅人を批判する大宰府の役人を猿のようだと揶揄《やゆ》する歌

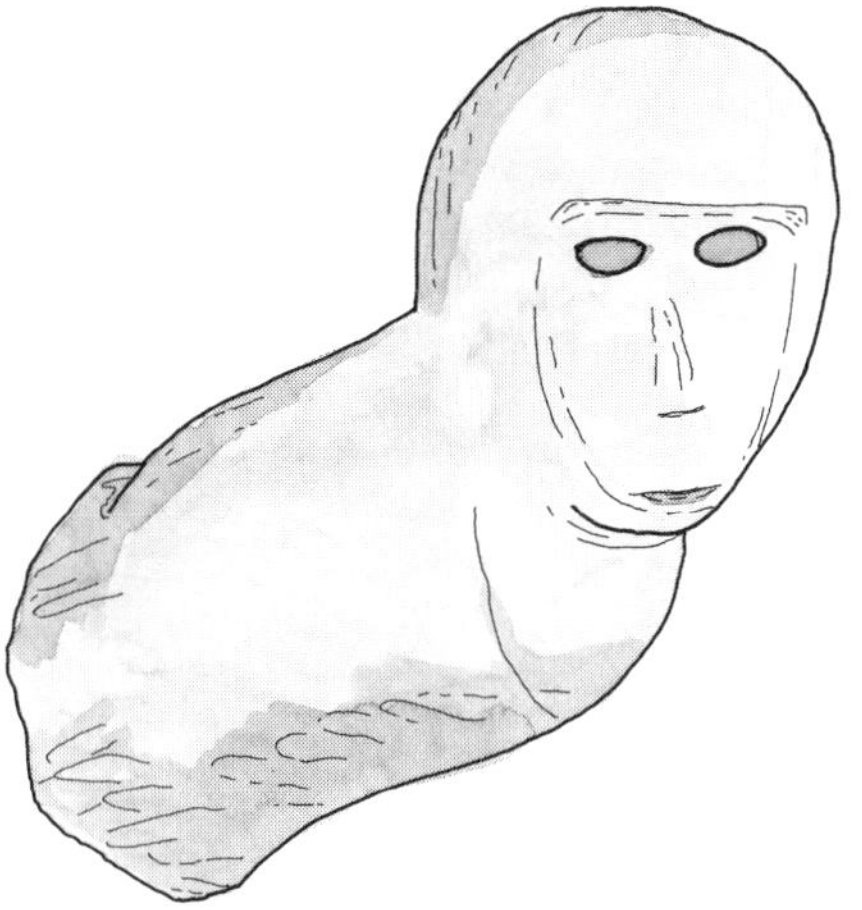

図48　猿の埴輪
子猿を背負い振り向く像と推定されている。

です。除外してもよいものです。猿が古代の王権の儀礼のなかに登場し、本格的にかかわってくるのは平安時代以降の馬小屋を守護する祀りに参加するようになってからのようです。

匍匐儀礼

そうしますと、獣脚の埴輪はなにを表現したものでしょうか。五指が人間の指だということになりますと、獣の脚に人間の手指を表現する意味合いが問われます。それは匍匐《ほふく》儀礼にかかわるのではないかとの結論にたどり着きました。

匍匐儀礼については、『万葉集』のなかにもいくつかの歌に登場しますが、高市皇子《たけちのみこ》が亡くなったときの殯宮《もがりのみや》の儀礼に際して、柿本人麿《かきのもとのひとまろ》が詠んだ挽歌《ばんか》がたいへん参考になります。

……やすみしし　わご大王《おおきみ》の　天の下　申し給えば　万代《よろづよ》に　然《しか》しもあらむと（かくもあらむ
と）　木綿花《ゆふはな》の　栄ゆる時に　わご大王《おおきみ》　皇子《みこ》の御門《みかど》を（さす竹の皇子の御門を）　神宮《かむみや》に　装《よそ》ひ
まつりて　使はしし　御門の人も　白たへの　麻衣着《あさごろもぎ》　埴安《はにやす》の　御門の原に　茜《あかね》さす　日のこ
とごと　鹿《しし》じもの　い匍《は》ひ伏しつつ　ぬばたまの　夕になれば　大殿《おほとの》を　ふり放《さ》け見つつ　鶉《うずら》な
す　い匍《は》ひもとほり　侍《さもら》へど　侍ひ得ねば　春鳥の　さまよひぬれば　嘆きも　いまだ過ぎぬに
憶《おも》ひも　いまだつきねば　言《こと》さへく　百済《くだら》の原ゆ　神葬《かむはぶ》り　葬《はぶ》りいまして　麻裳《あさも》よし　城上《きのへ》の宮
を　常宮《とこみや》と　高くまつりて　神ながら　鎮《しづ》まりましぬ……
（巻二―一九九）

高市皇子は壬申の乱で活躍し、状況が許せば天皇になっていたかもしれない有力者です。人麿の挽歌のなかに「鹿じもの　い匍ひ伏しつつ」や「鶉なす　い匍ひもとほり」という表現があります。その意味は、人間が鹿や鶉の恰好をして這《は》いつくばって儀礼にのぞんだ、ということです。匍匐儀礼の「匍匐」は腹ばうという意味です。この儀礼は、主人に対する絶対の忠誠をあらわしたものです。二心《ふたごころ》なく、誓いを立てるというたぐいの表現です。

そこでこの獣脚埴輪については、地面に手足をつけて獣のようにひれ伏している匍匐儀礼を表現したものではないかと考えたのです。この獣脚埴輪の本体となる体部・頭部は、いまだにみつかっていません。おそらく、鹿の恰好をした人間がイメージされていたのではないでしょうか。まず、鹿の埴輪をつくって、その脚部に人の手指を貼付け、表現したものと思います。この想定に関連する埴輪が茨城県青木から出土しています（**図49**

図49　跪礼の埴輪
左：茨城県青木出土（鹿角部の先端は推定）、右：茨城県不二内古墳出土。

左）。これは匍匐礼ではなく、跪礼《きれい》の表現です。つまり、ひざまずいて挨拶する様を端的に表したものです。頭には鹿の角と耳を表現したかぶり物があります。これと同様の埴輪は、たとえば、茨城県不二内《ふにうち》古墳からもみつかっています（図49右）。

なお、匍匐儀礼の埴輪は、今回はじめてみつかったと思っていました。ところが、よく調べてみますと千葉県印旛《いんば》郡の江川《えがわ》古墳など、関東の二つの古墳からもみつかっていることを知りました。どちらも小ぶりの資料ですが、同様の表現だと理解できるものでした。

倭人の習俗、匍匐礼と跪礼

重要なことは、六〇〇年代になって匍匐礼・跪礼の禁止令が出されていることです。それは『日本書紀』『続日本紀』の記述にあります。まず、六〇〇（推古八）年、隋《ずい》の年号では開皇《かいこう》二〇年ですが、禁止令発布の前段となる出来事がありました。それは『隋書』倭国伝に記録されている最初の遣隋使の派遣で、その時は国書ももたず、外交交渉も不十分ななかで、あまりうまく事が運ばなかったようです。そうした経過のなかで、六〇四（推古一二）年に、天皇が政治をとりおこなう朝廷においてはいわゆる中国式の礼、現在のような立礼《りつれい》にしなさいという法令が出されます。その背景には隋との国交をスムーズにおこなっていこうとする情勢があり、実際に六〇七（推古一五）年に第二回の遣隋使が派遣され、その翌年に隋の送使裴世清《はいせいせい》が倭国にやってきたことはよく知られていることです。

察するに、推古一二年の段階で、将来の遣隋使を派遣した際の隋皇帝との返書のやりとりを想定しての朝廷内での匍匐礼の禁止令ではなかったか、と穿《うが》った見方をしています。いずれにしても、隋との公式外交に対処するというさし迫った課題もあり、このとき、推古天皇は飛鳥の小墾田宮《おわりだのみや》の宮門までは匍匐礼・跪礼をしてもよいが、宮門内では立礼のみにする、という法令を出したのでしょう。

倭国ではそれまで、宮の内でも匍匐礼・跪礼を基本にして、報告や儀礼をしていたようです。その後、六〇〇年代後半の天武朝において広く公民を対象に匍匐礼・跪礼の禁止令を出していますし、文武朝では跪礼のみの禁止令を出しています。おもな記録だけでも合計四度の禁止令が記載されていますす。それまでの永年の習慣ですから、一〇〇年くらいの期間ではなかなか抜けきれなかったと思われます。追加の法令を出さなければならないほど、やめられなかった習俗ということでしょうか。

『魏志《ぎし》』倭人伝には倭国での挨拶についての記述があります。「小人」が道で「大人」に出会ったら、道をあけて草むらにひざまずく、という意味の記述です。この場合の大小は身分の高低を示します。また、事を説明するにはうずくまったり、ひざまずいたりして、両手を地につけ、尊敬の意をあらわす、ともあります。つまり、列島では弥生時代以来、匍匐礼・跪礼が存在していて、伝統的なものだったということです。その匍匐礼・跪礼が殯宮儀礼でもおこなわれていたことが『万葉集』の挽歌からうかがえるわけです。そうしたことから今城塚古墳の埴輪群像につきましても、獣脚埴輪の存在から匍匐礼をともなう殯宮での祭祀儀礼を写したものではないか、という考えに至ったのです。

殯宮儀礼

古代の殯宮儀礼については、和田萃《わだあつむ》氏の先駆的な研究があります。この研究と『日本書紀』の記述をもとに殯宮の平面図を作成しました（**図50**）。殯宮はまず王宮の一角に殯の庭をつくります。その奥側の部分を塀で区画し、その区画の前面に出入口の宮門を設置します。そして最奥の区画に殯屋《もがりや》（喪《も》屋《や》）を配置して、その周辺で私的な儀礼をおこない、その手前の区画で公的なさまざまな儀礼がおこなわれたということです。

『日本書紀』によると、喪屋に肉親の女性らが籠《こ》もって、死者を弔《とむら》い、嘆き悲しむといった殯宮の情景を髣髴《ほうふつ》とさせる記述があります。そして、ときには後継者たらんとする一派が殯宮を破壊しようと、軍勢を押し寄せた記事や、あるいは殯宮のなかで物部氏や蘇我氏などの有力豪族の頭領が誄《しのびごと》を奏上し、場合によっては互いを罵《ののし》り批判することもあったようです。なぜかといいますと、つぎの政権担当者にみずからの一族をいかに売り込むかという魂胆もあったからでしょう。この一連の儀礼のなかに、柿本人麿の挽歌に詠われた匍匐儀礼があったのです。また歌舞・飲食もありました。人物埴輪には「麈尾《しゅび》（払子《ほっす》）」をもって奏上する表現や捧げ物をもつ巫女形のほか、踊ったり、琴《こと》で演奏したりといったものが知られています。

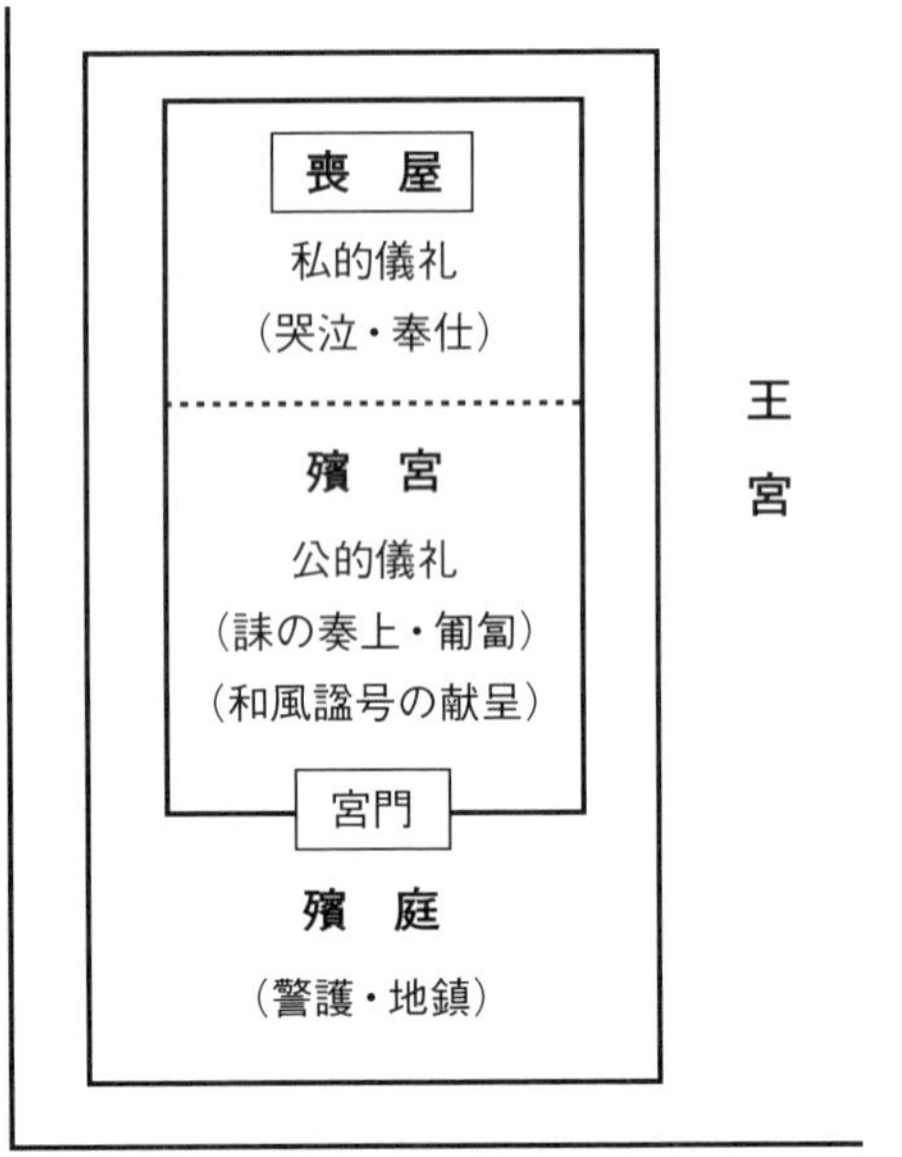

図50　殯宮（7世紀代）の概念図

埴輪群像の読み解き

それでは、今城塚古墳の埴輪祭祀場はどのように復元できるのでしょう。埴輪群像の配置と区画の

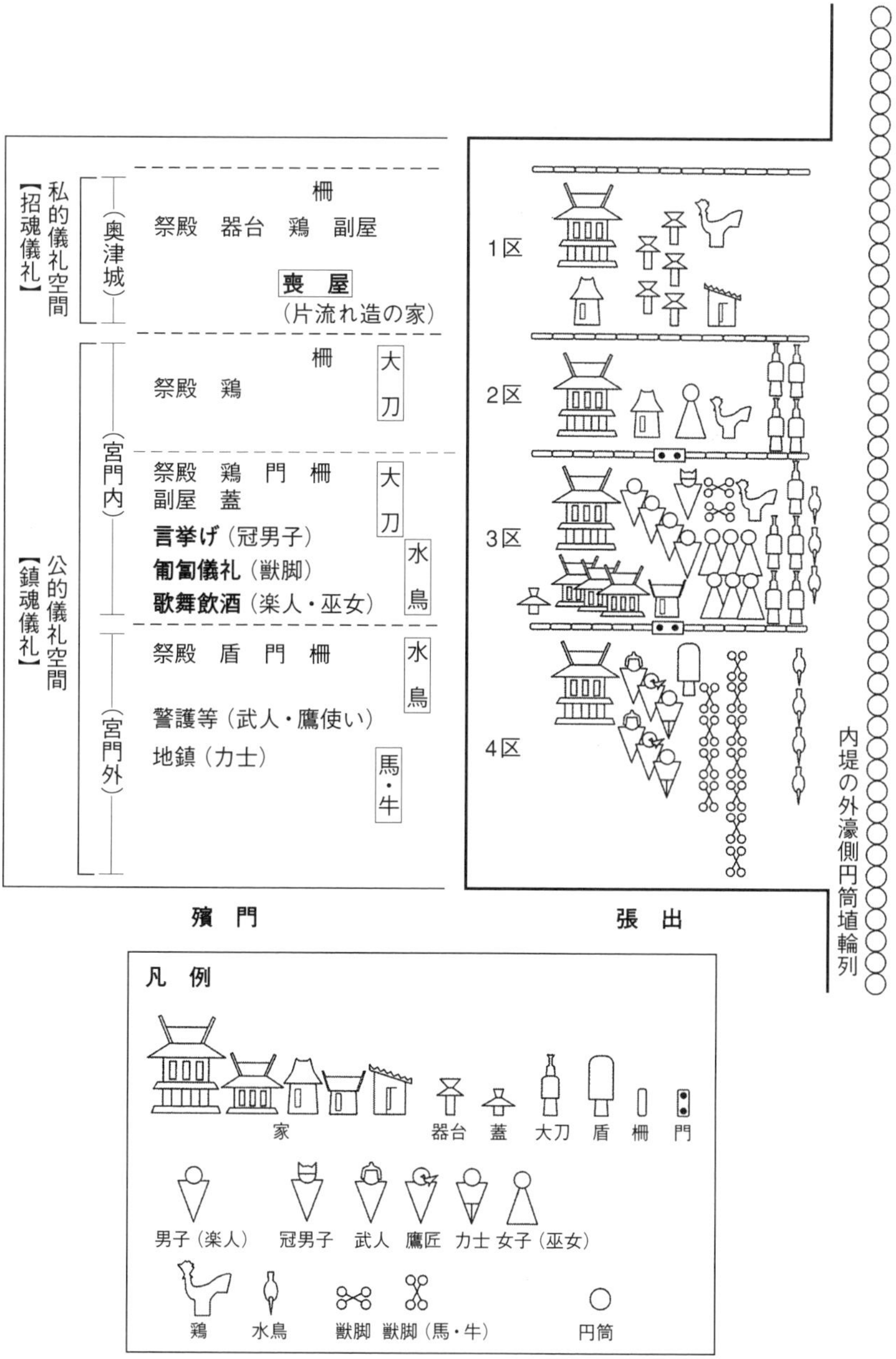

図 51　今城塚古墳の殯宮儀礼の内容（左）と埴輪祭祀場の配列復元（右）

構成は殯宮儀礼の配列と対比し、ビジュアルにあてはめてみた図面を作成しました（図51）。殯宮は基本的に王宮の一角を区画して造営されます。埴輪祭祀場も建物の埴輪を中核に柵形埴輪で区画され、柵の中央には門形埴輪を設置し、宮門や仕切り門としています。それぞれに配置された建物埴輪は殯宮の建物ということです。

まず、一区の「片流れ屋根の家」は入り口が狭く、窓がほとんどない閉鎖的な建物です。これは喪屋にぴったりです。この喪屋には継体天皇の亡骸が安置され、そこに入れるのは天皇の肉親女性など、ごく限られた人物です。「哭泣《こっきゅう》」がつづき、私的な招魂《しょうこん》儀礼《ぎれい》がおこなわれていたのでしょう。そのほかに、「遊部《あそびべ》」とよばれる土師《はじ》氏配下の集団に属す人たちが喪屋内を清め、亡骸《なきがら》の世話をし、また、喪屋に集う人びとの賄《まかない》もあります。この区画にだけに集

図52　祭祀場1区の埴輪群像（殯宮奥津城の私的儀礼空間の情景）

図 53　祭祀場 2・3 区の埴輪群像（殯宮中枢の公的儀礼空間の情景）

中して置かれる器台埴輪は飲食の表現、あるいは死者への供献でしょう（図52）。一区には出入口も設けず、あくまで閉鎖的な空間をかたちづくっています。

この一区には人物埴輪をおかず、哭泣・籠もりの情景を象徴するのに対し、二区・三区では「言《こと》挙《あ》げ」（誄《しのびごと》の奏上《そうじょう》）、匍匐儀礼、歌舞・飲食などがおこなわれました。人物埴輪のなかには「二山冠《にざんかん》」の男子像もあり、亡き大王に餞《はなむけ》の言葉を唱《とな》え、業績をほめたたえるといった様が演出されていたと考えられます（図53）。五体分ある座像の男子像はいずれも足裏をあわせる楽座の形態で、「楽人《がくじん》」に相当します。大王や上級者の座り方とされる、腰を掛けて足を垂らすといった表現の埴輪はありませんでした。

図54　祭祀場4区の埴輪群像（殯宮の宮門外・殯庭の情景）

二区・三区の建物はわかっているだけでも一〇棟以上あります。先に説明しました大型の高床式建物は神の依代《よりしろ》である祭殿、切妻《きりづま》や寄棟《よせむね》つくりの建物は浄水施設、副屋《そえや》、納屋などであり、大刀列は祭祀空間の威儀の高揚や辟邪《へきじゃ》（悪を払う）のため、水鳥列は清浄を表現した配置と考えます。各祭殿には鶏が一羽ずつともないます。

三区と四区の境にも柵と門が表現されています。殯宮の外側にあたる四区は宮門外の殯庭にあたり、開放的な空間です。力士・鷹飼いなどの職能集団と武人は宮門の外に配置されています。力士は地鎮を、武人・鷹飼いは警護を意味するのでしょう。宮門の前に大きな盾がひとつ置かれ、邪気を防ぐ表現になっています（図54）。

今城塚古墳の造営と大王位継承者

実際の殯宮では、しばしば政争がおこります。ここでの政争とは、大王位継承の争いです。亡くなった大王の世継ぎの候補者が複数となりますと、必ずといってもいいほど、もめごとがおこります。皇子以外でも、弟や叔父なども権力を振りかざし、配下の豪族を従え、軍勢を仕立ててやってきます。それほどに殯宮儀礼を主催することは大事だったわけです。そして殯宮儀礼をまっとうして、はじめて次期大王になる資格が得られるのです。つまり、殯宮儀礼は大王権継承儀礼でもあったということです。誰が喪主になり、誰が継ぐのか、衆目の的になっているわけです。もちろん、亡くなる前にきちんと決められていたのかもしれませんが。わたしはこのような「殯宮儀礼による大王権の継承」の手続きを継体が始めたのだと思っています。継体は新しい王統を打ち立てることとなり、それまでの祭祀とは違うオリジナルな祭祀が必要になったのでしょう。

四〇〇年代の古墳での埴輪祭祀は「水のカミ祀り」を表現したと考えられています。これまでにも柵形や囲形埴輪をともなう水に関する祭祀を示す埴輪群が数多く発見されています。大阪では狼塚《おおかみづか》古墳（藤井寺市）・心合寺山《しおんじやま》古墳（八尾市）、そのほか三重県宝塚《たからづか》一号墳などでみつかっています（図55）。通常は前方部と後円部の間のくびれ部にある造り出しやその周辺の空間で導水遺構に関連する埴輪類が配置されて、一定の祭祀空間が構成されているわけですが、祭祀儀礼をともなう実際の導水施設も、大阪府神並西《こうなみにし》ノ辻《つじ》遺跡や奈良県南郷大東《なんごうおおひがし》遺跡などで確認されています。こうした事実から、導水遺構の埴輪は、現実の導水施設を古墳の祭祀場で再現したことにほかならないとわかります。ところが、四五〇年以降、とくに五〇〇年代になると、古墳には多様な人物埴輪を並べるようになります。つまり、道具立てだけではなく、儀礼に参加する人物やその所作などの儀礼の内容までをも古墳上で再現するように埴輪祭祀が変化します。すなわち古墳の埴輪祭祀場が劇場化することになるわけです。

継体天皇は五〇七年に政権についたとされます。そして、ほどなく摂津三島にみずからの墳墓をつくる準備を始めたと考えられます。こうした造墓手法は「寿墓《じゅぼ》」あるいは「寿陵《じゅりょう》」とよばれるもので、生前から墓をつくったということです。

『日本書紀』には継体二五年の春二月七日に磐余玉穂宮《いわれのたまほのみや》で崩御、そして、同年冬一二月五日に藍野陵に葬った、とあります。記事を信じると、継体天皇は崩御から埋葬されるまで、殯の期間は約一〇カ月です。この一〇カ月で今城塚古墳は築造できるのでしょうか。一万本近い円筒埴輪を用意するのに新池遺跡の六世紀前半期の埴輪窯をフル稼働させたとしても、優に二年はかかってしまうという結果になります。さらに、全長約三五〇メートルにおよぶ二重濠の古墳を古代の技術で築造するには、大動員しても四〜五年の期間が必要と考えます。

寿墓の場合、古墳の規模については、どの程度のものを築造するにしても、その本質にはあまり関係なかったと思っています。大きさや形は、そのときどきの流行や権力関係、あるいは財政力によって左右されてしまいます。ただし、築造場所については、大王在任中の本人が決めるのです。

継体は治世二〇年を期して大和磐余に宮をつくり、政権もかたまって

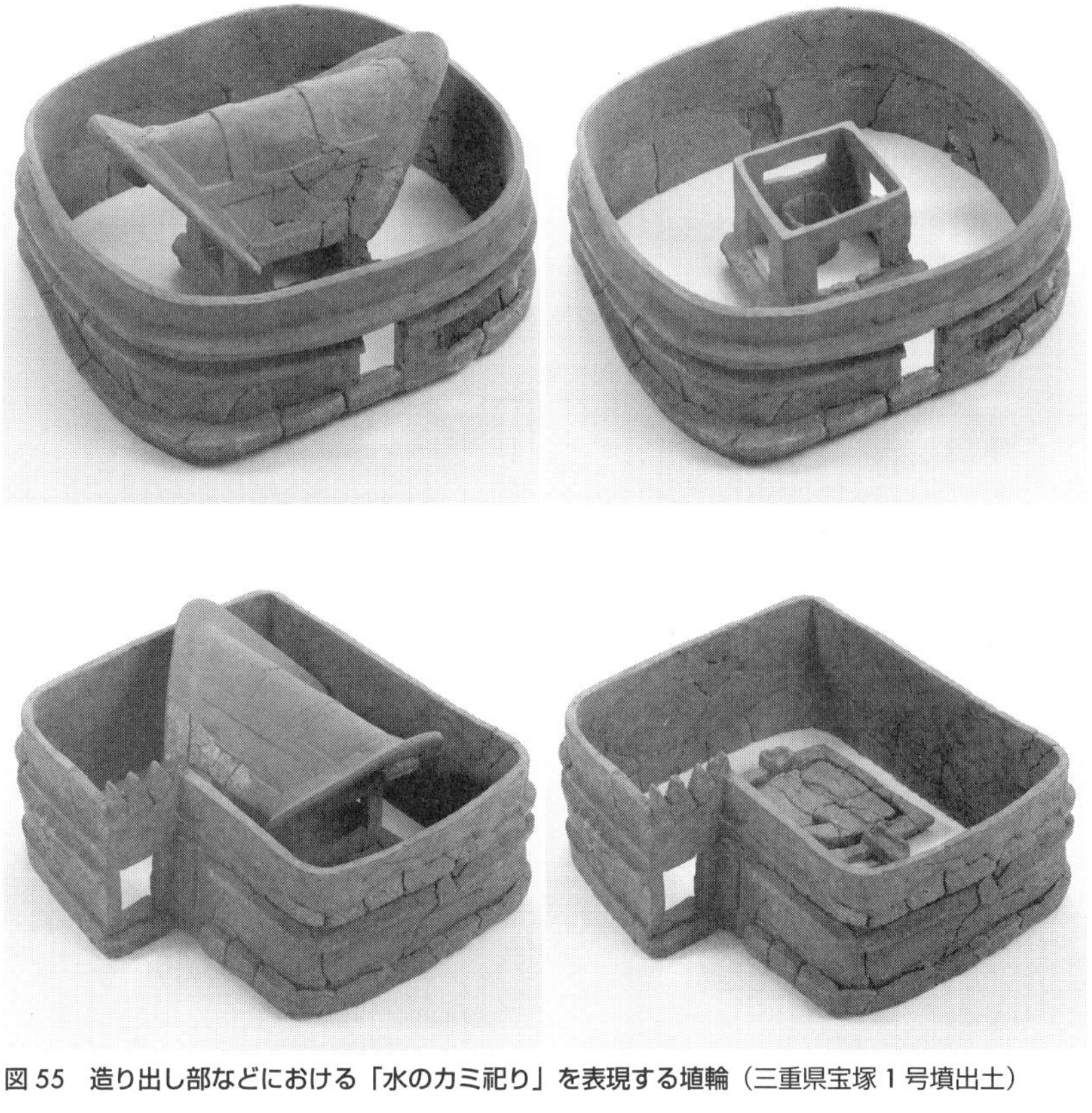

図 55　造り出し部などにおける「水のカミ祀り」を表現する埴輪（三重県宝塚 1 号墳出土）

いるわけですから、どこにでも墳墓がつくれたわけです。しかし、大和でも河内でもなく、摂津三島に造営するとみずから決断したのです。淀川北岸に自分の意思で墓をつくったということは、非常に重要なことです。それこそが「寿墓」の値打ちです。古墳が完成し、亡骸が埋葬されたのちも、末永く安寧に維持管理されていく保障・安心がほしいわけです。その意味で継体は、この三島の地を選んだのです。

さらに言うならば、継体天皇は「寿墓」として、古墳の本体だけを自身の意思で完成させました。つまり、墳丘と濠と堤です。ただし古墳の完成時には、まだ埴輪祭祀場は設営されていませんでした。発掘の結果、内堤張り出し部の舞台は付け足された構造だということがわかっています。これは、たいへん重要な調査成果です。

また、前方部と後円部の境目にある造り出し部も発掘調査しています。しかし、造り出し部やその周辺からは形象埴輪群の存在を示唆する資料は発見されていません。それまで造り出し部でおこなわれていた伝統的な祭祀はやっていないのです。

今回お話ししました約一八〇点にも達するとみられる埴輪の群像は殯の期間、『日本書紀』に記された約一〇カ月の間に調達され、並行して張り出し部を造設して新たに配列したものなのです。それくらいのことなら、この期間でも十分可能だったはずです。磐余玉穂宮の一画で殯宮儀礼を執行し、おそらくつぎに王権を継承する人物が主催者となって、今城塚古墳の埴輪祭祀場を設営し、埴輪の群像をつくらせたのだろうと考えています。

5　淀川流域の掌握

筑紫津神社

つぎに、西川さんの「水上封鎖」に関連するお話をします。今城塚古墳の東側には芥川《あくたがわ》があり、南にある大河・淀川に注いでいます。この芥川の西岸、現在の津之江の地に筑紫《つくし》津《つ》神社があります（**図56**）。筑紫の名称は九州の地名に由来します。津は港と同義です。平安時代に編纂された『延喜式《えんぎしき》』の神名帳には筑紫津神社の記載がなく、いわゆる式内社ではありません。神社自体はそれ以降に勧請《かんじょう》されたと思います。ただし、神社の南、芥川が淀川に注ぐところに筑紫津という地名が古くからあっ

図56　筑紫津神社周辺および筑紫津推定地

たようです。これも現在は地名が残っていませんが、神社の名前は筑紫津という淀川辺にあった、かつての河港名からきたと考えられます。

その根拠は平安時代の催馬楽《さいばら》にある「難波《なにわ》の海」という古謡からたどれます。それは、

難波の海　難波の海　漕ぎもて上る　小舟大船　筑紫津まで　今少いのぼれ　山崎までに

という歌です。「難波の海から淀川を船で漕ぎながら遡上《そじょう》すると、大きな船も小さな船も筑紫津に至り、いま少し漕ぎ上れば、やがて山崎の津にいたるであろう」というほどの意味です。

山崎はご存じのように、淀川をさかのぼって京都と大阪の境の天王山のあるあたりです。現在は大きなウイスキー工場があることで有名ですが、平安時代には淀川の右岸に、当時、屈指の河港があったのです。紀貫之《きのつらゆき》も『土左《とさ》（佐）日記《にっき》』で淀川縁の諸港を書き記しています。九三四（承平四）年一二月に土佐の国府を発ち、翌年二月に都に到着するまでの旅路を女文字の平仮名で綴った日記です。行程は土佐沖から紀伊水道を通過、難波津から淀川に入り、鳥飼《とりかい》から鵜殿《うどの》を経て山崎までさかのぼるものです。船に関連する記述をあわせて読み解きますと、デッキ上に屋形、船底に船室を設けた大型の帆船での航行だったと考えられます。

筑紫津の景観

考古学の面でも筑紫津推定地の状況は徐々に明らかになりつつあります。推定地の付近には芝生《しぼう》遺跡があり、わたしも何度か発掘に携わりました。調査では、実際に大きな潟のあとがみつかり、落差一・五メートルほどの岸を検出しています。ここでいう潟とは、大きな川の岸辺に形成された入江を

指しています。淀川南岸の枚方《ひらかた》や交野《かたの》は「方」や「交」の字を使っていますが、もとは潟から出た当て字という考えもあります。淀川の両岸にはこのような潟がいくつもあり、それらが川津、すなわち河港として整備されていたと考えています。

三島などの淀川両岸地域で筑紫との関係がもっとも濃厚だった時期が、継体天皇の時代です。百済《くだら》や伽耶《かや》諸国支援のための半島への派兵、磐井《いわい》の乱、あるいは河内馬飼にまつわる馬牧の管理などです。この時代は淀川の津が非常に重要な役目をはたしていたということになります。もちろん、淀川は他の時代にも瀬戸内にひらけた一大交通路として重要な役割をはたしていたのですが、とくに武烈天皇後の混沌とした時期に、九州・朝鮮半島情勢をはじめとする内憂外患への対処が求められるなかで、淀川流域を掌握していた権力者・継体に大王の白羽の矢がたったのではないか、ということです。わたしは継体の即位事情というのは、そのあたりにあったと考えています。

今城塚古墳の船絵をみる

じつは、今城塚古墳の円筒埴輪には多くの線刻された船絵《ふなえ》があります（図57）。船の絵

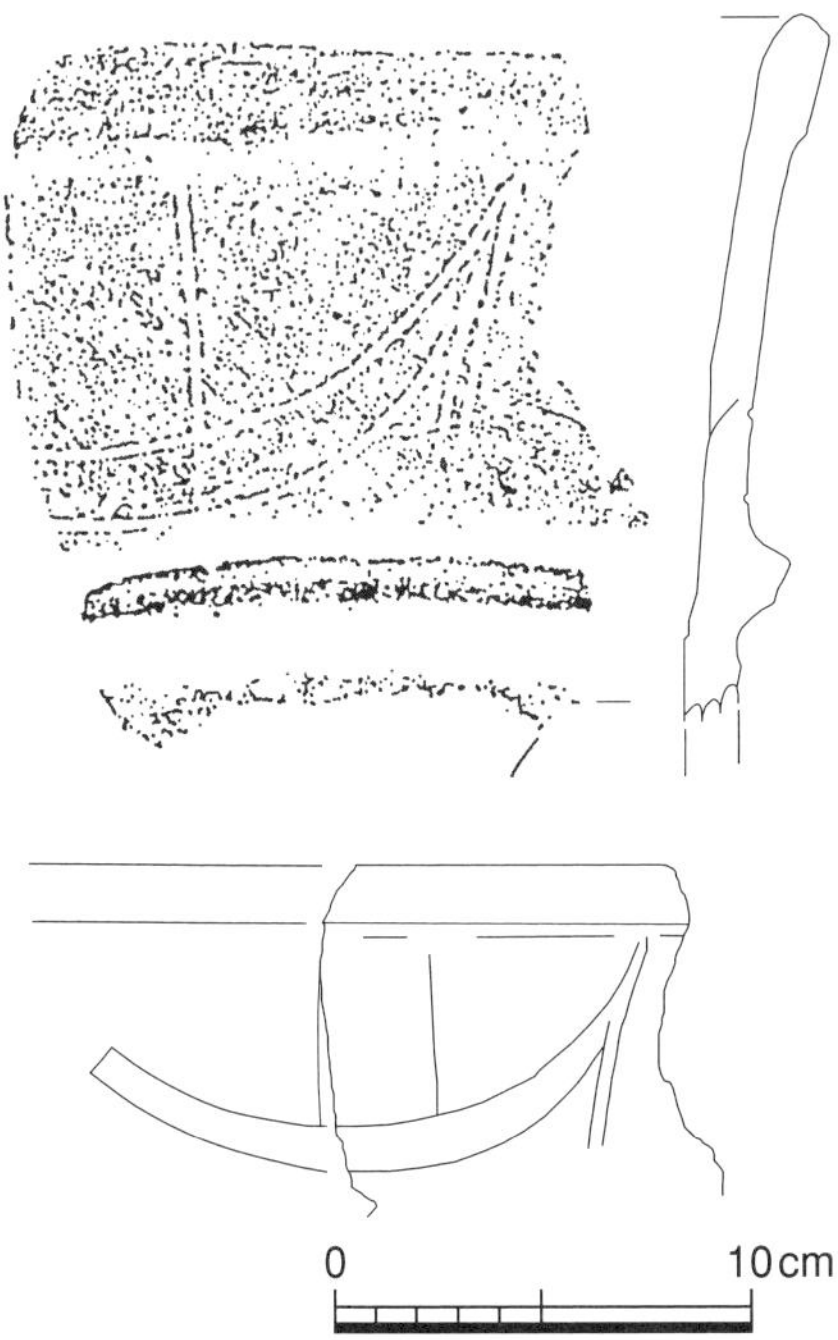

図57　今城塚古墳出土の円筒埴輪の船絵

自体は前代の弥生土器などでもたくさんみられます。いまのところ、もっとも古い船絵は福井県井向《いのむかい》から発見された銅鐸（一号鐸）です。弥生時代中期前半、紀元前の船を描いた絵です。その後も古墳時代前期の奈良県東殿塚《ひがしとのつか》古墳の円筒埴輪にりっぱな準構造船が線刻されているのをはじめ、単体の船形埴輪も少なからず造形されています。とくに線刻の船絵については類例が多く、埴輪だけでも全国で二〇種類以上の船絵が抽出できています。

考古資料としての船絵については、以前から関心をもって、たくさんの資料を検討してきましたが、今城塚古墳の船絵との決定的な違いがあります。船絵のほとんどは船が疾走し、航行する姿を描いていることです。櫂を漕ぎ、帆をあげ、旗がはためく状況です。なぜなら航行船を表現することに意味があるからです。その意味合いとは物、とくに人がとうてい担《かつ》げない大量の物資あるいは重量物を運ぶということです。また魂をあの世へ送るための船という考えもあります。この場合でも、航行している姿態が重要です。魂を冥界《めいかい》へ送り届ける途中の状態との理解です。

ところが、今城塚古墳の埴輪に描かれた船はまったく航行していません。すべての船に二本マストが描かれていますが、帆を張っていないのです。また舳先《へさき》の部分が残存している資料はすべて碇綱《いかりづな》をおろした、いわゆる停泊船《ていはくせん》です。今城塚古墳では、現在のところ、線刻された船絵のある円筒埴輪は一三点発掘されています。冒頭でお話ししたとおり、古墳は全域の一割も調査されていません。発掘した一割の調査部分でも円筒埴輪列が残されていない部分もあったわけで、おそらく古墳全体では数百をくだらない停泊船が一定のルールに従って描かれていたと考えられます。

こうなると埴輪工人の落書きや手遊《てすさ》びではありえません。大量の停泊船を描くという意味は、港の象徴だといえるのです。帆をたたんで碇をおろした船がたくさんある状況は単に船を描いたのではなく、港を描きたかったということです。これもやはり、継体期の淀川、筑紫津との関係で理解できることだと思います。

6　古代における淀川の鵜飼

鵜飼の考古資料

最後に、現在わたしが興味をもって追いかけている研究課題についてご紹介します。それは古代の鵜飼《うかい》です。

今城塚古墳の埴輪祭祀場の一区で発見された祭殿と考えている家形埴輪の屋根の軒先に四尾の魚をコマ割りのなかに一尾ずつ配置した図が描かれていました（**図58**）。よくよく観察しますと左端の一コマの魚の傍らに一羽の水鳥がみてとれました。わたしはこの一連の表現について、向かって右から左に進む一尾の魚が最後のコマで水鳥についばまれる表現と読み解きました。すなわち四コママンガとして理解したのです。そして水鳥は鵜、ストーリーとしては鵜飼の表現と考えたのです。

鵜飼の表現が明瞭にわかる資料のひとつに、熊本県江田船山《えたふなやま》古墳の国宝の銀象嵌大刀《ぎんぞうがんたち》があります。「ワカタケル大王」銘で有名になった大刀ですから、雄略天皇の時代（四〇〇年代後半）につくられた刀ですね。その刀身の根元の側面に「魚を追尾する水鳥」が象嵌されています（**図59**）。鉤形《かぎがた》のくちばしの形状からこの水鳥は鵜であるとわかります。この鵜飼を表現した象嵌については、一九九一・九二年の大刀の保存処理作業の過程で、エミシオグラフィーという新技術で撮影された結果、図像が鮮明に浮き上がって、研ぎ出すことができたものです。東京国立博物館の平成館で常設展示され、いつでも見学することができます。そのほかでも岡山県国府出土の須恵器の装飾壺に鳥と人物を

図 58　家形埴輪の軒に刻まれた泳ぐ魚をついばむ鵜
（今城塚古墳埴輪祭祀場 1 区出土）

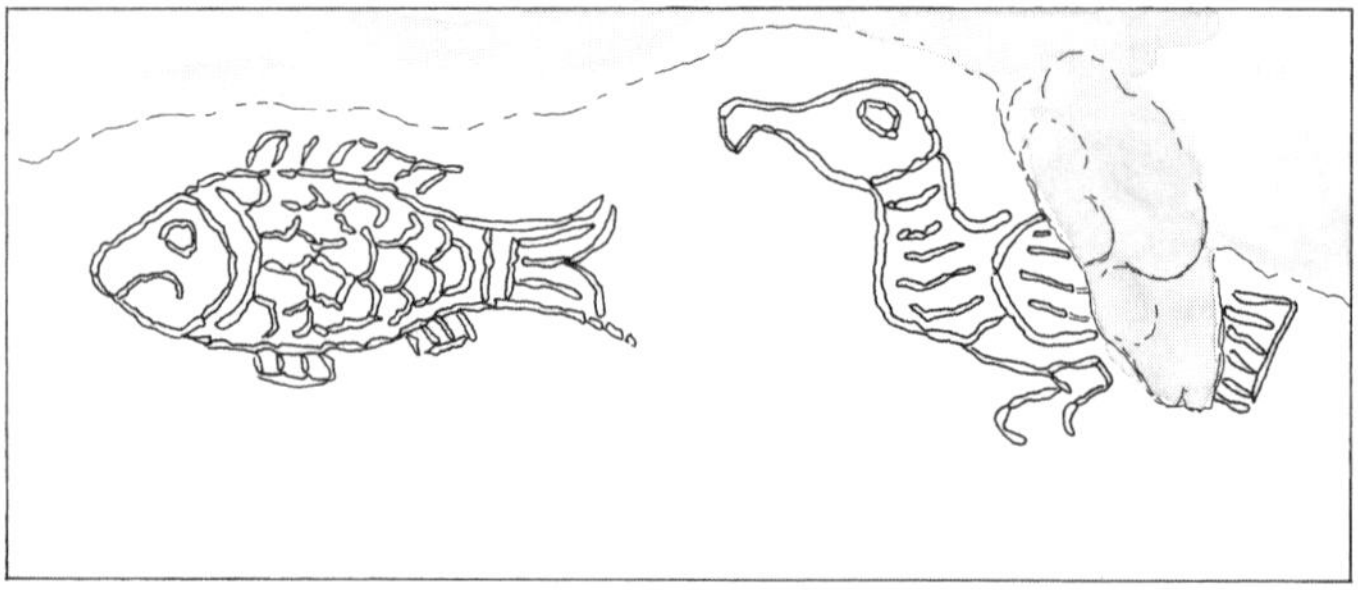

図 59　江田船山古墳出土の「ワカタケル大王」銘鉄刀に銀象嵌された魚と鵜

造形するものがあり、鵜飼の表現が飾り付けられています（**図60**）。

なによりも興味深いのは、列島でもっとも古い鵜飼の痕跡が淀川北岸で発見されていることです。太田茶臼山古墳の水鳥の埴輪です。古墳の築造時期は四五〇年ごろと考えています。外堤に並べられていたようで、濠に転げ落ちた状態で発見されました。その鳥形埴輪は頭部が失われているのですが、水かきを表現した脚から水鳥であることがわかります（**図61右**）。この埴輪とそっくりな水鳥が先ほど紹介

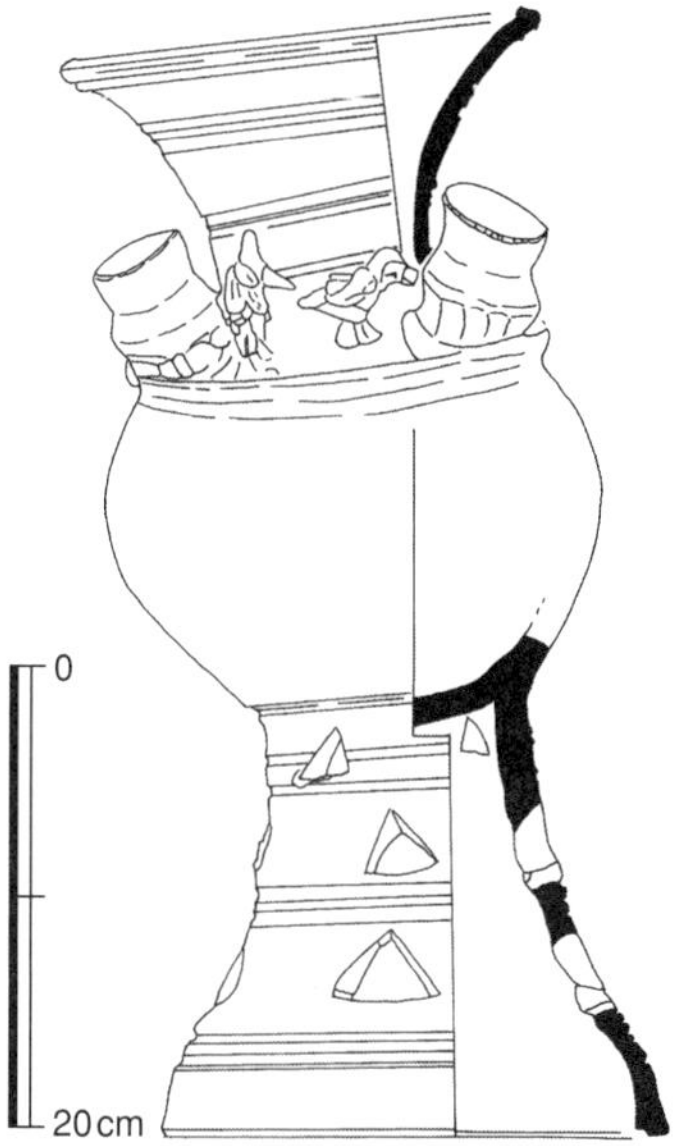

図60　岡山県長船町国府出土の須恵器装飾付壷

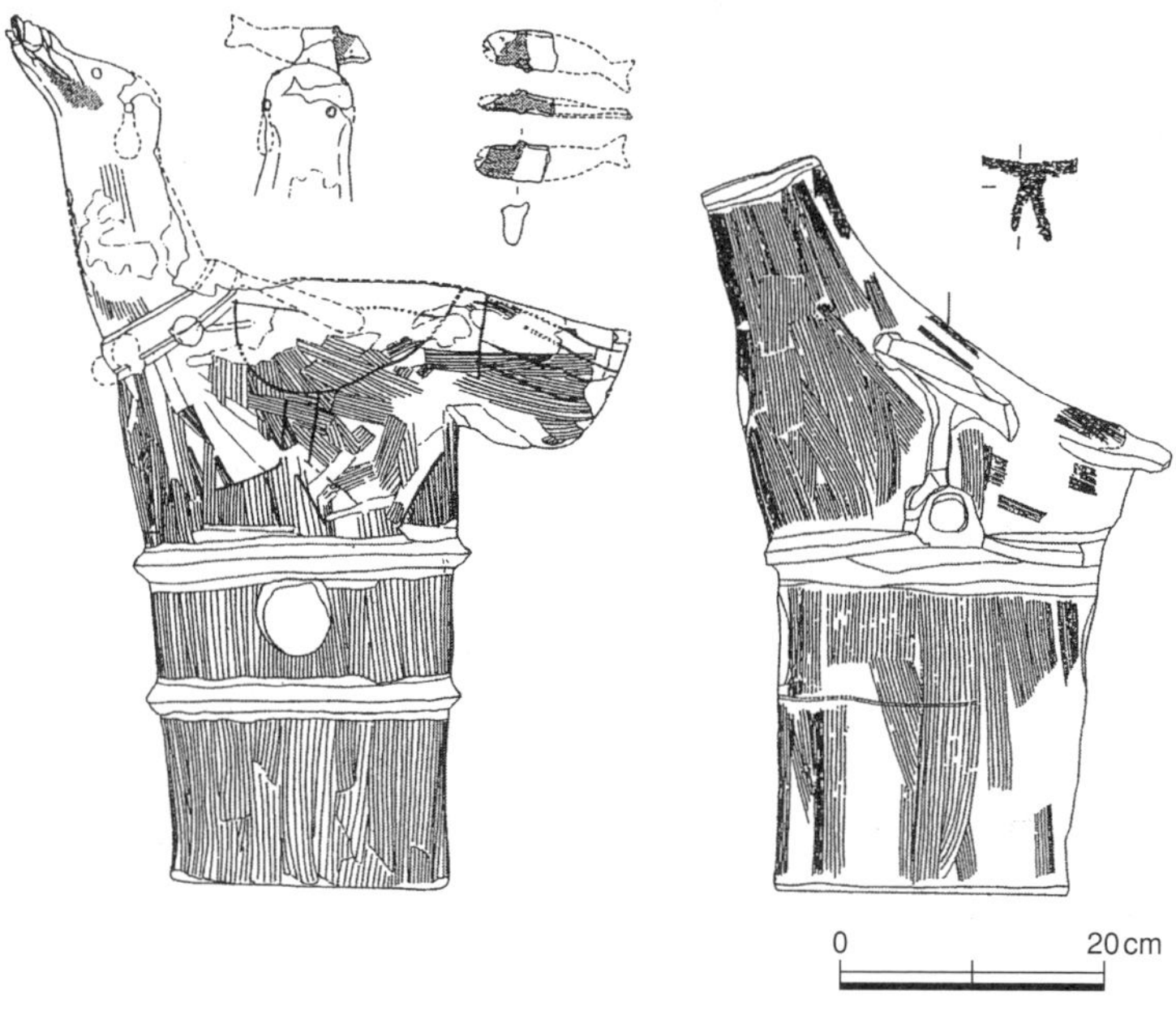

図61　保渡田八幡塚古墳内堤出土の鵜の埴輪（左）、太田茶臼山古墳外堤出土の鵜の埴輪（右）

しました保渡田八幡塚でも発見されています。そのくちばしは鉤形になり、魚をくわえていて、まぎれもなく鵜の埴輪です（**図61左**）。そしてこの鵜の埴輪には頸《くび》に紐《ひも》が結わえられているのです。これと同じ頸紐が太田茶臼山古墳の水鳥にも認められるのです。しかも両者ともに、頸紐の結び目の表現まであり、人が結び付けたものだとわかります。すなわち飼い慣らされた鵜であり、鵜飼をモチーフに造形されたものとみて間違いありません。とくに太田茶臼山古墳の鵜埴輪は、鵜飼が古墳時代中期の中ごろにまでさかのぼることを実証する貴重な資料といえるでしょう。

鵜飼と王権

古代の史料に登場する鵜飼は『古事記』の神武段や『万葉集』の柿本人麿の歌などにみることができます。これらは吉野川の鵜飼で、淀川の鵜飼を述べたものはありません。その後では、大伴家持《おおとものやかもち》が国司として越中に赴任していたときに、盛んに鵜飼をしていたことが『万葉集』から読みとれ、さらには『蜻蛉日記《かげろうにっき》』『源氏物語』に登場する宮廷鵜飼としての展開もみられます。このことから、奈良・平安時代には政権中枢の人たちの間では結構、鵜飼の遊びが浸透していたと推定されます。

古代の鵜飼がこれほどまでに貴族の間に流行した理由の一つとして、わたしは律令体制の頂点にある天皇家自身が鷹飼儀礼とともに鵜飼儀礼を重視していたからだと考えています。全国から税としてさまざまな物資が中央政府に送られてくるわけですが、馬・鷹・鵜については、かならず上覧してから担当の部署に下げ渡され、飼育されたといわれています。ここでとくに申し上げたいのは、鵜が上覧されるということも重要ですが、そのこと以上に、鵜と鷹が同列にとり扱われていること、すなわち鵜飼儀礼と鷹飼儀礼が同格であることです。そのルーツはどこかとなれば、やはり古墳時代の鵜飼と鷹飼なのではないでしょうか。

そこで考古学からこのことをみていきますと、埴輪では鷹飼埴輪が早くから知られていました。古代の王や豪族たちは、古くから鷹狩りをしていたことは、鷹が人物埴輪の腕に留まる恰好であらわされていることからも判断できます。ところが鵜も鷹と同じく腕に留めた状態で造形された資料の存在が、近年明らかになってきました。これまで人物埴輪に鳥が留まっていると、そのほとんどが鷹狩りの埴輪と考えられてきましたが、それらの資料のなかに鵜飼人の埴輪がいくつも確認されてきたのです。また、どちらも鉤形のくちばしをもつ鵜と鷹ですが、その違いも明確になってきています。

鷹は尾羽部分に鈴をつけた紐を結び付けます。尾羽に結ぶ理由はくちばしで紐をくいちぎろうとしてもとどかないからで、鈴は獲物を捕えた場所を特定するためのものです。それに対して、鵜は頸の紐が特徴的です。これは、捕った魚をのみ込ませないための必須アイテムです。このように埴輪といえども、鵜と鷹とでは明確につくり分けられています。この着眼点で腕に留まっている鳥を分類し、鵜飼人と鷹飼人を区別してゆくと、かつては鷹飼人とされていた資料のなかにも、群馬県成塚《なりつか》古墳出土埴輪の小さな鳥のように鵜飼人の手に留まる鵜が含まれていることがわかってきました。

さて、一〇九ページで指摘しましたように、埴輪はヤマト王権にとって、必要なものだけがつくられています。したがって、鵜あるいは鵜飼人も王権祭祀のなかで重要かつ欠かせない儀礼に参画していたからこそ、埴輪に写されたのです。今後は鵜飼儀礼についても鷹狩儀礼と同様に考えなければなりません。これまで考古学的に鵜飼儀礼が重視されてこなかったのは、ながらく鵜の埴輪が認識されなかったことも理由の一つですが、古墳時代における鵜飼そのものについて注意が払われてこなかったからでしょう。

今回の今城塚古墳の家形埴輪の鵜飼資料や保渡田八幡塚古墳の魚をくわえた鵜の埴輪をきっかけにいろいろ調べてゆくと、より古相の資料が淀川周辺から出てきました。太田茶臼山古墳の資料のほかにも、淀川対岸の寝《ね》屋《や》川《がわ》市太秦《うずまさ》高塚《たかつか》古墳（**図62**）からも水鳥埴輪が二体発見されていて、そのうちの一つに頸紐があり、鵜と鵜飼が表現されています。そのほかに、大阪市内の上町台地で削平された古墳があり、そこからも頸紐を表現した鵜の埴輪が発見されています。

古代から近代に至る淀川の鵜飼というものが、もっと評価され、研究されなくてはならないと考えています。

図62　復元された寝屋川市太秦高塚古墳
手前は形象埴輪の出土した造り出し。

コラム2

埴輪祭祀を読み解く

埴輪でわかる古墳の年代

大型古墳のうち主なものは、天皇の陵墓として現在は宮内庁が管理している。しかし、宮内庁が指定する天皇陵は太田茶臼山《おおたちゃうすやま》古墳（継体天皇陵古墳）やその妃の西殿《にしとの》塚《づか》古墳（手白香《たしらか》媛《ひめ》陵古墳）のように、記紀にしるされた継体天皇の治世より、造墓の時期がずれる場合もあり、議論の的となっている。

古墳の造墓年代を推定する手がかりとして、前方後円墳などの墳丘外形と埴輪の型式が重視される。陵墓の場合は内部主体がわからないどころか、墳丘への立ち入りも禁じられているからだ。

埴輪は明治以来、さまざまな研究が進められてきた。しかし、古くから博物館展示や美術書での紹介などを中心に、巫女《みこ》・馬・家・盾などの形象埴輪に注目が集まっていた。ところが、古墳の大小にかかわらず、墳丘が綿密に発掘調査される事例が増加し、円筒埴輪が生垣のように密集して樹立される実態が判明した。それは円筒埴輪列とよばれている。円筒埴輪列は、古墳の形や地域にかかわらず普遍的に発見される。古墳造営上、不可欠な要素だったようだ。つまり、古墳にある埴輪は人物埴輪や器財埴輪にくらべ、圧倒的多数が円筒埴輪ということだ。

円筒埴輪は高さが二メートルをこえる大型品から、〇・五メートル程度の小型品まで、時期や古墳の規模などによってさまざまである。古墳ごとに同形・同大のものが大量に据えられた。

円筒埴輪の変遷

一般的に、円筒埴輪は直径五〇センチ～一メートル程度、高さ一～一・五メートル前後、厚さは約一センチ程

内面調整	底部調整	形象埴輪	古市古墳群	百舌鳥古墳群
ハケ・ナデ・ケズリのいずれか、もしくは併用	なし	家・衣笠・盾・鶏		
ハケ・ナデ・ケズリのいずれか、もしくは併用 ケズリ少ない	なし	家・囲形・衣笠・盾・靭・鞆・甲・船・鶏・水鳥 鰭付き円筒の出現	津堂城山	乳の岡
ハケ・ナデ	なし	II期と同じ	仲津山（仲津姫陵）	百舌鳥陵山（履中陵）
III期と同じ	なし	II期と同じ 馬・猪・鹿出現	市野山（允恭陵） 誉田御廟山（応神陵） 前の山（白鳥陵）	田出井山（反正陵） 大仙（仁徳陵） イタスケ ニサンザイ
全面ナデ調整後、あらためて口縁付近にヨコハケ	あり 20cmを超える大型品には施さない	写実性を失う 家・盾を高くすることに重点 小孔を有する作品・人物増加 甲冑衰退	岡ミサンザイ（仲哀陵） ボケ山（仁賢陵） 峯ヶ塚 高屋八幡塚（安閑皇后陵） 白髪山（清寧陵）	経塚

	年代	外面調整	スカシ孔	孔数	突帯
Ⅰ期	4世紀 中葉	一次調整　タテハケ 二次調整　タテハケ ナデ まれにA種ヨコハケ	三角形 逆三角形 方形 まれに巴形	3個 以上	断面で見ると上辺内彎・稜が鋭角的、突出度が高い
Ⅱ期	4世紀 後葉	一次調整　タテハケ 二次調整　タテハケ ナデ A種ヨコハケ 断続的調整→連続	三角形 逆三角形 方形 まれに半円形 鉤形	2個	Ⅰ期と同じ 断面台形で突出度のやや劣るものあり
Ⅲ期	5世紀 前葉	一次調整　タテハケ 二次調整 B種ヨコハケ	円形に画一化 まれに半円形 方形	2個	断面台形のもの大勢
Ⅳ期	5世紀 中葉 から 後葉	Ⅲ期と同じ 二次調整の粗雑さや省略をもつものは新しい要素	円形に画一化 まれに方形 三角形	2個	突出度が低く、断面不整形になるものは新しい 押圧技法出現
Ⅴ期	5世紀末 から 6世紀中	一次調整　タテハケ まれにナデ、ケズリ 二次調整なくなる	円形	2個	突出度が低く、断面不整形 押圧技法 断続ナデ技法

表6　円筒埴輪編年（川西編年）

度の空洞形で、蓋と底のない赤焼きの筒状土製品である。外面に三〜四本の横に平行したタガ状の突帯があり、それぞれに区切られた区画内には円形や方形の透《す》かし穴があけられる。

近畿では、古墳の発生段階に円筒埴輪の存在が確かめられ、五〇〇年代後半から末の前方後円墳が造営されなくなるまでつづけられた。関東では、その出現が多少おくれるものの六〇〇年前半の古墳までつづけられた。

古墳時代をおおよそ前期（三〇〇年代）・中期（四〇〇年代）・後期（五〇〇年代）と三区分した場合、前期の円筒埴輪は野焼《のや》きで仕上げられ、黒斑《こくはん》とよばれる特有の焼きむらがある。対して、中期の円筒埴輪は窯で固く焼き締められた埴輪が登場、より量産化が進行する。埴輪の時期を区分するうえで見のがせない。こまかく見れば、中期の前半では野焼きと窯焼きの埴輪が混じって樹立される古墳も多く、中期の後半から後期古墳の埴輪になると野焼きの埴輪はほとんどなくなる。

埴輪を窯で大量に焼く技術は半島の渡来人によるもので、国産の須恵器《すえき》が成立する時期に導入されたと考えられている。近年、その導入時期は四〇〇年代初頭という見方が強くなっている。

主体部や共伴土器、形態の明瞭な古墳から発見された円筒埴輪を全国的に見くらべて、新旧の型式変化が説かれている。川西宏幸氏によってⅠ〜Ⅴ型式に分けられた川西編年が有名である（**表6**）。

さらに、円筒埴輪の起源について、吉備《きび》地方で成立した特殊器台《とくしゅきだい》や特殊壺が変化していくことが近藤義郎《こんどうよしろう》氏・春成秀爾《はるなりひでじ》氏よって明らかにされ、弥生時代終末から古墳発生段階（二〇〇年代）の時期的変化を読み解く手がかりとなっている（**図63**）。

古墳を画する円筒埴輪

古墳の形態変遷についても、大型古墳を中心にさまざまな研究がなされている。しかし、発掘せずに測量図だけで外形を確定することは容易ではない。古墳の外形も円筒埴輪列が手がかりとなる。円筒埴輪は墓域を画する意味もあるようだ。したがって、埴輪列の輪郭によって、古墳外形の意図が推測できるともいえよう。

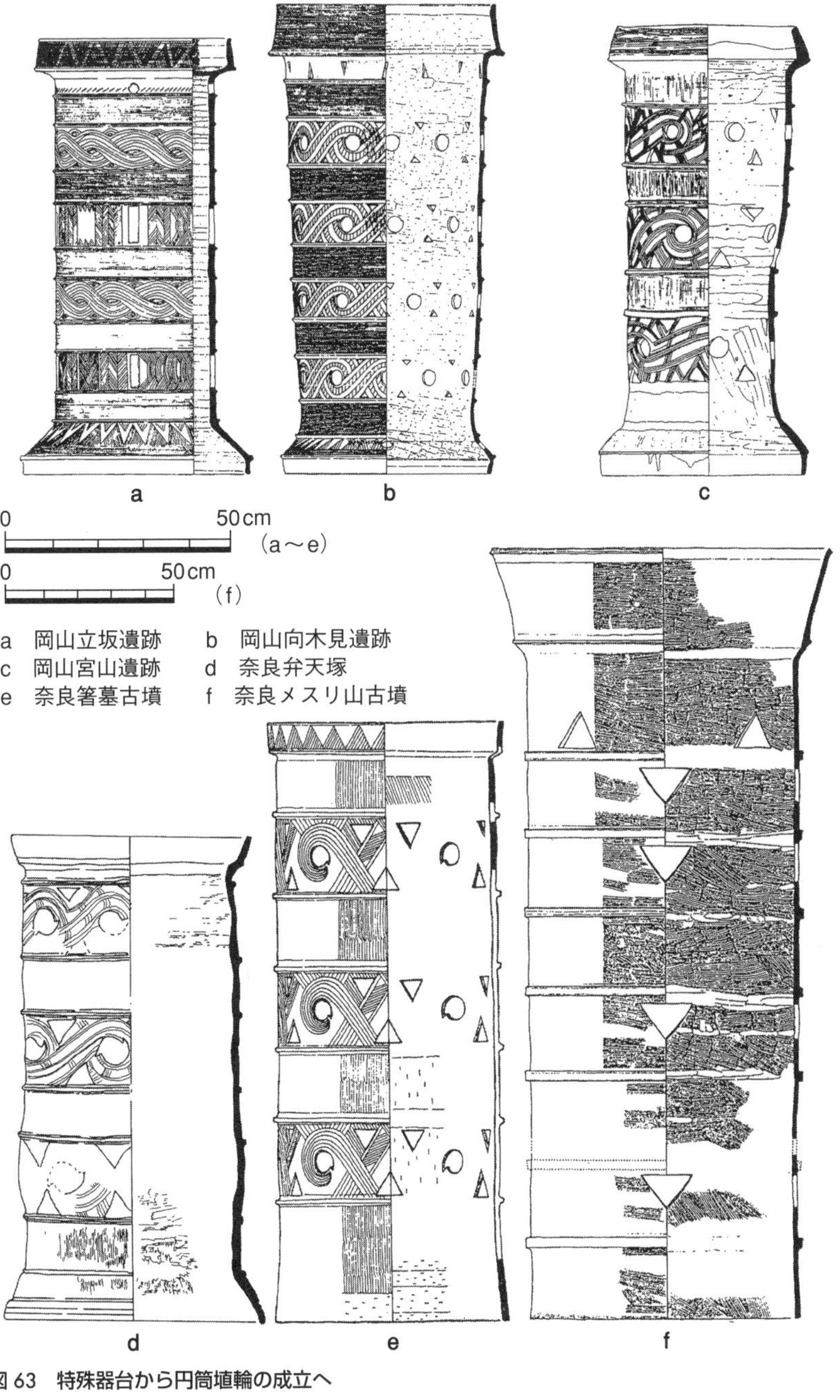

図 63 特殊器台から円筒埴輪の成立へ

中期の前方後円墳は前方部と後円部の境目に造り出しとよばれる祭祀空間を備える。その輪郭も円筒埴輪列による区画で明瞭にされる。このように、古墳の外形変遷においても、円筒埴輪が重視できることがわかる。

特殊器台・特殊壺から円筒埴輪へと発展していく考えからみれば、埴輪は供え物の壺とそれを載せる器台が形象化していったものと意義づけることもできる。『魏志』倭人伝には「人が死ぬと、喪に服すること十余日、そのときには肉を食べず、喪主は哭泣《こっきゅう》し、他の人びとはそばについて歌舞飲酒する」とある。供物はこのような葬送にともなう歌舞飲食の道具が起源かもしれない。

さて、立ち入ることができない陵墓でも、指定された範囲の外側に、墓域の外郭が埋もれている場合がある。その外郭部分を発掘調査する機会があれば、堤や円筒埴輪列が明らかにできる。

ひとたび埴輪列が確認されると何十、何百という円筒埴輪が出土する。これらの円筒埴輪は、一定の技法に従って量産される。その製作工程を読み解くことによって、埴輪の技術的新旧から古墳の造営年代などが対比づけられるというわけだ。

たとえば、冒頭で示した太田茶臼山古墳（継体陵古墳）は陵墓の指定範囲に外堤が含まれていなかった。そして、埋もれた外堤を確認する発掘調査によって、窯《かま》導入直後の円筒埴輪が発見されている。しかも、高槻市新池遺跡埴輪窯からの供給であることも確かめられた。窯導入段階の円筒埴輪は巨大古墳造営最盛期のものである。

これに対し、西殿塚古墳（手白香媛陵古墳）は初期の円筒埴輪と末期の特殊器台形埴輪が採集されており、古墳時代前期前半の墓であることがわかる（**図64**）。つまり、両古墳は五〇〇年代前半に活躍した継体天皇とその妃の墓ではないことがわかる。

新池遺跡の埴輪窯では、太田茶臼山古墳造営からしばらくのちに窯が増築され、再び大量に埴輪が焼かれた。今城塚古墳に供給された埴輪群である。

形象埴輪の出現

円筒埴輪に対し、人物埴輪などの形象《けいしょう》埴輪の発生と展開はまったく違った様相を示す。古墳の外形にそって円

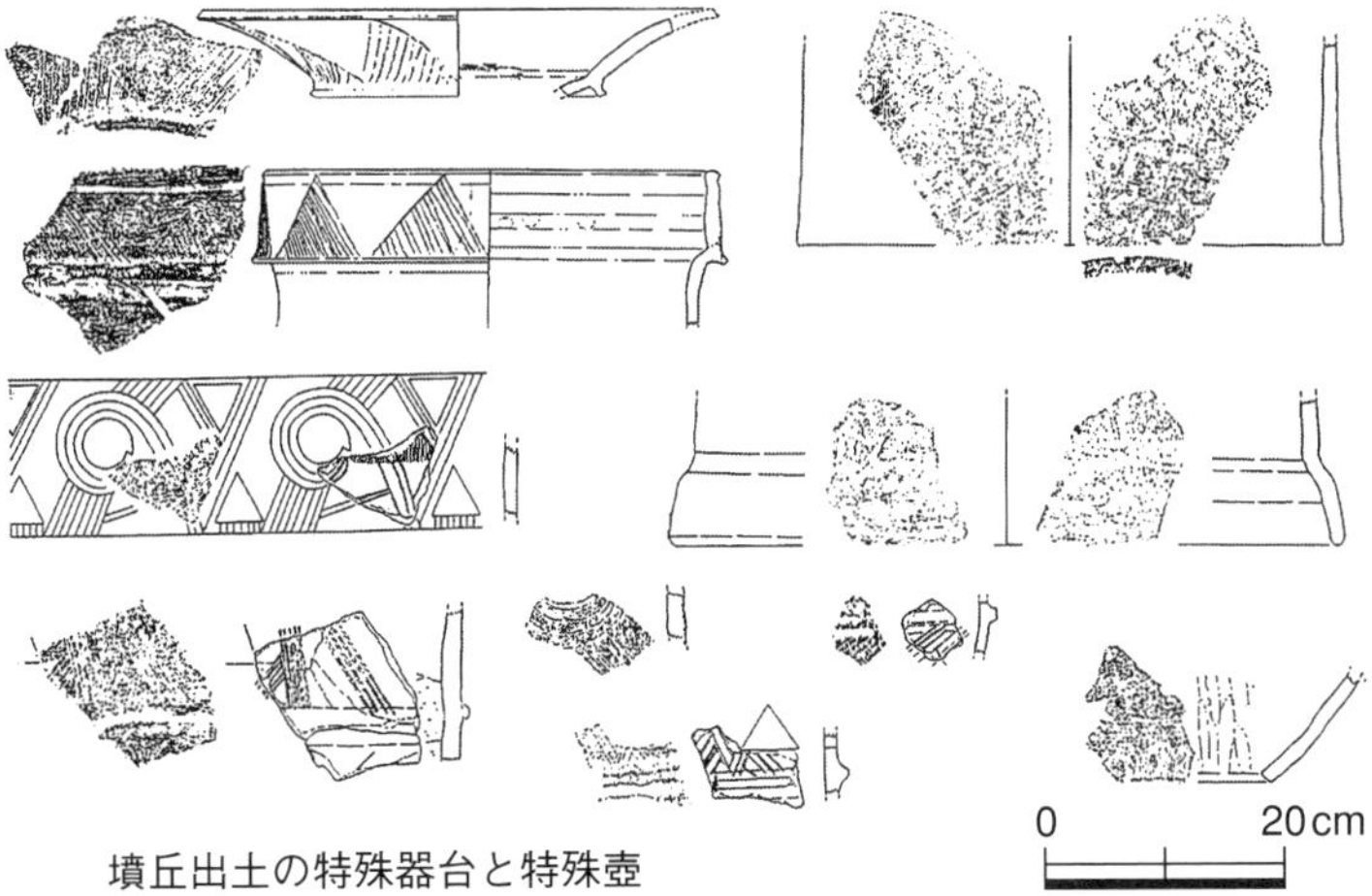

墳丘出土の特殊器台と特殊壺

図 64　西殿塚古墳（手白香媛陵古墳）と出土埴輪

筒埴輪が立て並べられる一方、もっとも内側の円筒埴輪は墳頂の主体部を四角く区画するよう並べられた。方形区画などとよばれる。この主体部をとりまく埴輪列に初期の形象埴輪が加わっていくようだ。

その起源は明快ではないが、古墳時代前期末の奈良県の佐紀陵山《さきみささぎやま》古墳（日葉酢媛《ひばすひめ》陵古墳）では方形区画の四隅に盾形埴輪と衣笠《きぬがさ》埴輪が立てられていたことが、墳頂を記録した絵図からうかがうことができる（図65）。

佐紀陵山古墳は大和平野北部の佐紀盾列《さきたたなみ》古墳群に位置し、前期後半から中期初頭に造営が集中する古墳群である。前期前半から後半にかけて造墓が展開する平野東南部のオオヤマト古墳群では形象埴輪の出土がほとんどない。しかし、天理市櫛山《くしやま》古墳（全長一五〇メートル）で囲形埴輪が、同市赤土山《あかつちやま》古墳（全長一〇六メートル）から家形埴輪などが発掘されており、形象埴輪群の出現もやはりオオヤマト古墳群の古墳祭祀にはじまるようだ。

櫛山古墳は竪穴式石室に長持形石棺をおさめる前期末の古墳で、双方中円墳《そうほうちゅうえんふん》という特異な墳形だ。後円部の後ろに大きな区画を設け、埴輪祭祀の空間を創設したようだ。赤土山古墳は後円部にとりつく特異な祭祀空間があり、一〇棟以上の家形埴輪と柵形埴輪を配置していたことが発掘調査で明らかにされた。

古墳時代中期になると百舌鳥《もず》・古市《ふるいち》などに巨大古墳が造営され、墳頂の方形区画のみならず、前方部と後円部の境界に造り出しや島状の遺構をもうけて、埴輪祭祀をおこなうようになる。先に示した櫛山古墳や赤土山古墳の祭祀空間が、造り出しとして定型していったようだ。

造り出し定型期の一例として、大阪府の津堂城山《つどうしろやま》古墳（全長二〇八メートル）の島状遺構がある。前方部を囲む幅広い水濠の中央に一辺一七メートル四方の土壇をつくり、高さ一メートルをこえる三羽の水鳥埴輪が土壇から濠の水面を望むように立てられていた（図66b）。

津堂城山古墳は古市古墳群に造営された最初の大型古墳で仲哀《ちゅうあい》天皇の陵墓という説もある。『日本書紀』仲哀天皇元年の条に記された「亡き父が白鳥となって天にのぼられたことに対し、白鳥を陵のまわりの池で飼い、その鳥を見ながら父をしのぶ気持ちを慰《なぐさ》めたい」という記事を思い出させる。

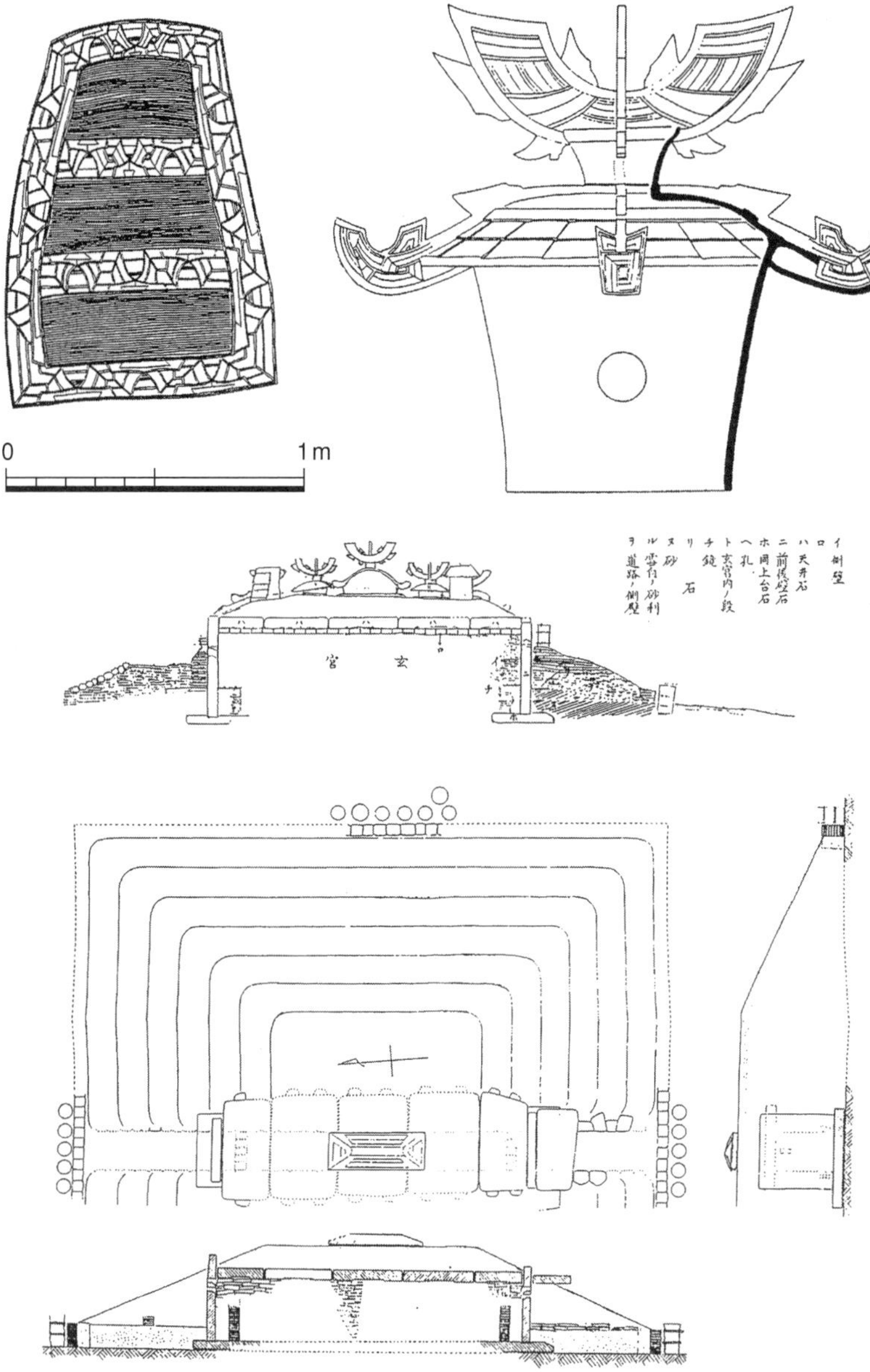

図 65　佐紀陵山古墳（日葉酢媛陵古墳）墳頂部の埴輪祭祀場と出土埴輪

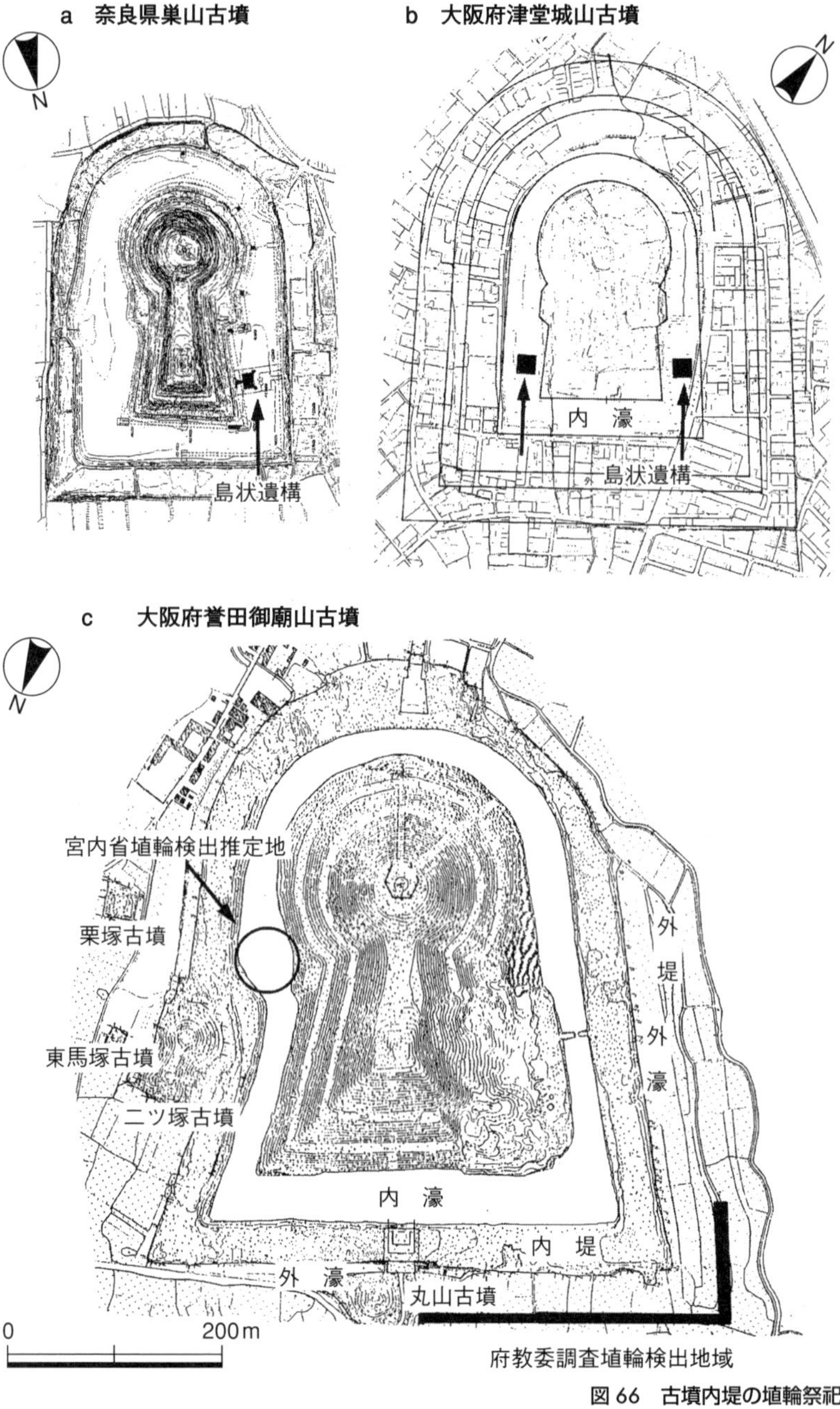

図66　古墳内堤の埴輪祭祀場

また、同様の島状遺構と三羽の水鳥埴輪が奈良県の巣山古墳（全長二〇四メートル）からも発見されている（図66a）。いずれの水鳥埴輪も茶褐色の色調に焼き締められ、土器つくりが盛んだった生駒山西麓の粘土で造形されたものだ。この古墳では家・盾・衣笠などの埴輪も土壇上に立てられており、しだいに祭祀の意義が付加されていったのだろうか。

百舌鳥・古市古墳群では最盛期の誉田御廟山《こんだごびょうやま》古墳（応神陵古墳、全長四二五メートル）では旧来の野焼きされた円筒埴輪と新式の窖窯《あながま》焼成の円筒埴輪が同じ程度発見されている。その後つくられた大仙《だいせん》古墳（仁徳陵古墳、全長四八六メートル）ではほとんどの円筒埴輪が窖窯焼成のものになり、窯焼きの埴輪が急速に浸透することがわかる。そして、このころに人物埴輪・動物埴輪などの埴輪群像が登場する。初期の埴輪群像は規則的に配列されることがなく、どのような意味があるのか明快にされていない。

形象埴輪の世界

ところで、埴輪群像出現のカギが誉田御廟山古墳にあるとも考えられている。一八八九（明治二二）年に内濠東側が大規模に浚渫《しゅんせつ》され、一〇羽以上の水鳥埴輪が発見された。先に示した津堂城山古墳のように濠内に島状遺構があった可能性も推測される。しかし、偶然発見されたものとしてはその数が多く、水鳥に限られるという特徴がある。複数回の祭祀跡があったのではとの意見もある（図66c・67）。

さらに、誉田御廟山古墳では西側の外堤上に盾・衣笠・甲冑《かっちゅう》などの器財埴輪が立て並べられていたようで、外側を流れる大水川の改修にともなう発掘調査で大量の埴輪が発見されている。先に示した同時期の太田茶臼山古墳（継体陵古墳）でも堤から濠に落ち込んだ形で甲冑や鵜の埴輪が並んでいた。

以上、前期後半の古墳では、形象埴輪による祭祀空間が墳頂の方形区画に発生したものが、末頃から中期の段階になって、しだいに造り出しなどにもおよび、多様化する。さらに、外部からよく見える外堤にもひろがりを

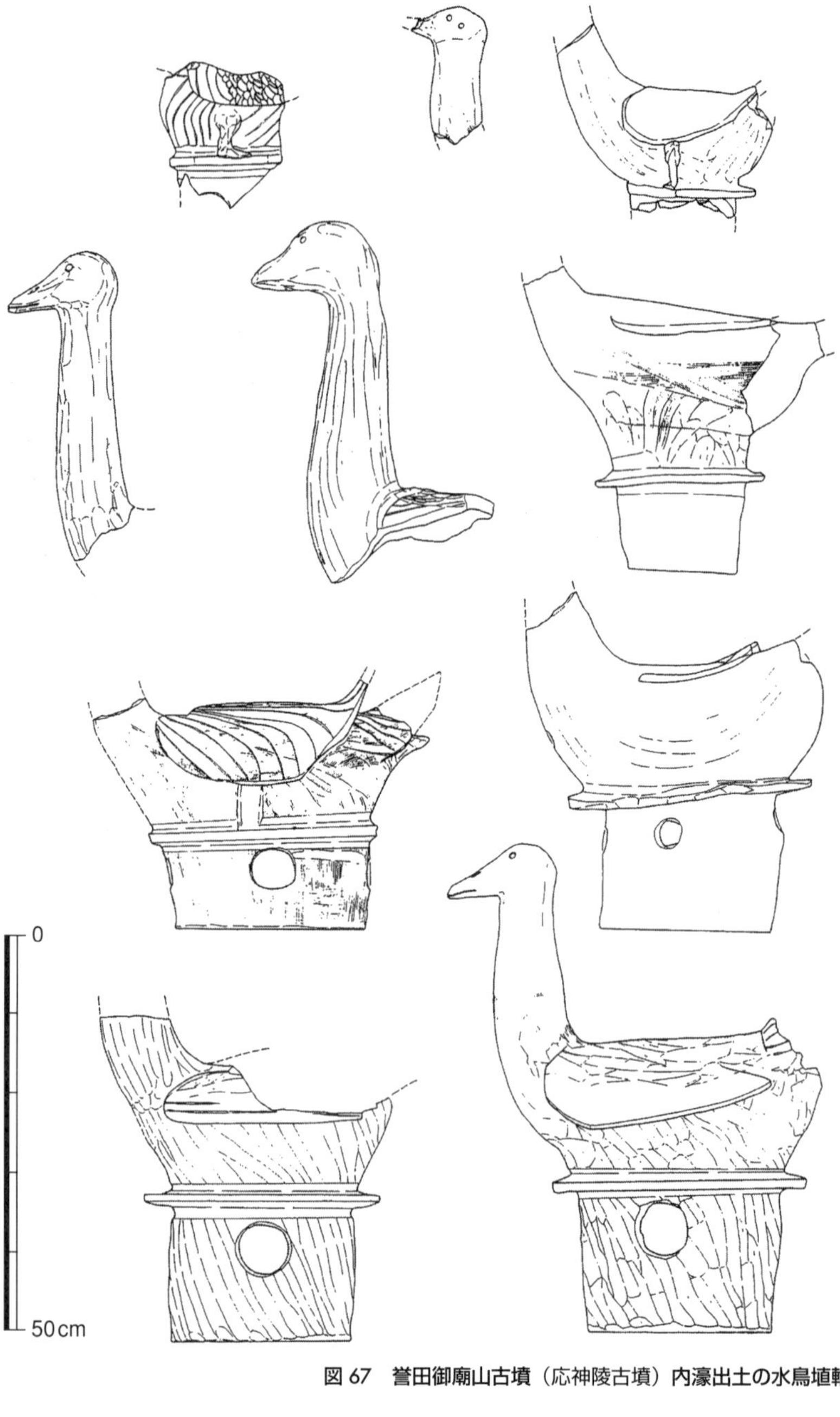

図 67　誉田御廟山古墳（応神陵古墳）内濠出土の水鳥埴輪

みせ、後期になると今城塚古墳のように、外部からよく見える埴輪祭祀場が完成したようだ。

『日本書紀』雄略天皇九年の条にある、飛鳥戸《あすかべ》郡の人、田辺史伯孫《たなべのふひとはくそん》の伝説が興味深い情景を示す。彼は応神天皇陵の近所で駿馬赤馬《しゅんめせきば》をみつけ、持ち主と自分の馬を交換してもらった。翌日、馬を見ると駿馬は埴輪馬になっている。逆に、交換した自分の馬は御陵の埴輪馬の間に立っていたという話だ。

誉田御廟山古墳の外部からみえる堤に馬形埴輪があったことを髣髴《ほうふつ》とさせる伝説である。埴輪祭祀の意義が亡《ぼう》失《しっ》された以降もなお、埴輪の神秘的存在を後世に伝える物語である。

盾形埴輪が辟邪《へきじゃ》を示し、衣笠埴輪が招魂《しょうこん》・降臨《こうりん》を示し、水鳥形埴輪が清浄《せいじょう》を示すなど、個々の埴輪に意味合いを求める議論がある。後期古墳では人物埴輪・動物埴輪など、多様な埴輪が登場するようになり、個々の埴輪の独立した意味を議論するのではなく、外部から一望できる埴輪群像が一連の舞台を演じているという見方でとらえられている。したがって、埴輪の配列や向き、位置関係が重視される。

一九七〇年代に水野正好《みずのまさよし》氏によって、これらの埴輪群像は首長の交代にともない、妃が酒を振舞い、武人・鷹《たか》匠《じょう》・巫女など、さまざまな職能集団が祭祀・芸能をもって忠誠を誓う場面を表現したものと読み解かれた。「埴輪芸能論」とよばれ、埴輪群像の復元と理解にあたって、現在も大きな手がかりとなっている。ただし、即位儀礼や古墳祭祀に限定できない歌舞《かぶ》や饗宴《きょうえん》場面を表現する群像もあり、中小の古墳からも多くの人物埴輪が見つかることから、被葬者の日常生活を切り取った顕彰碑《けんしょうひ》的なものという見方もある。

埴輪が語る古代日本

発掘調査によって明らかにされた埴輪群像の舞台例を紹介しよう。大阪府高槻市の昼神車塚《ひるがみくるまづか》古墳は今城塚古墳の東二キロほどの丘陵先端に位置する全長五六メートルの前方後円墳である。今城塚古墳とほぼ同時期、五〇〇年代前半に築造された古墳である。前方部の先端が府道建設で破壊されることとなり、市教育委員会によって

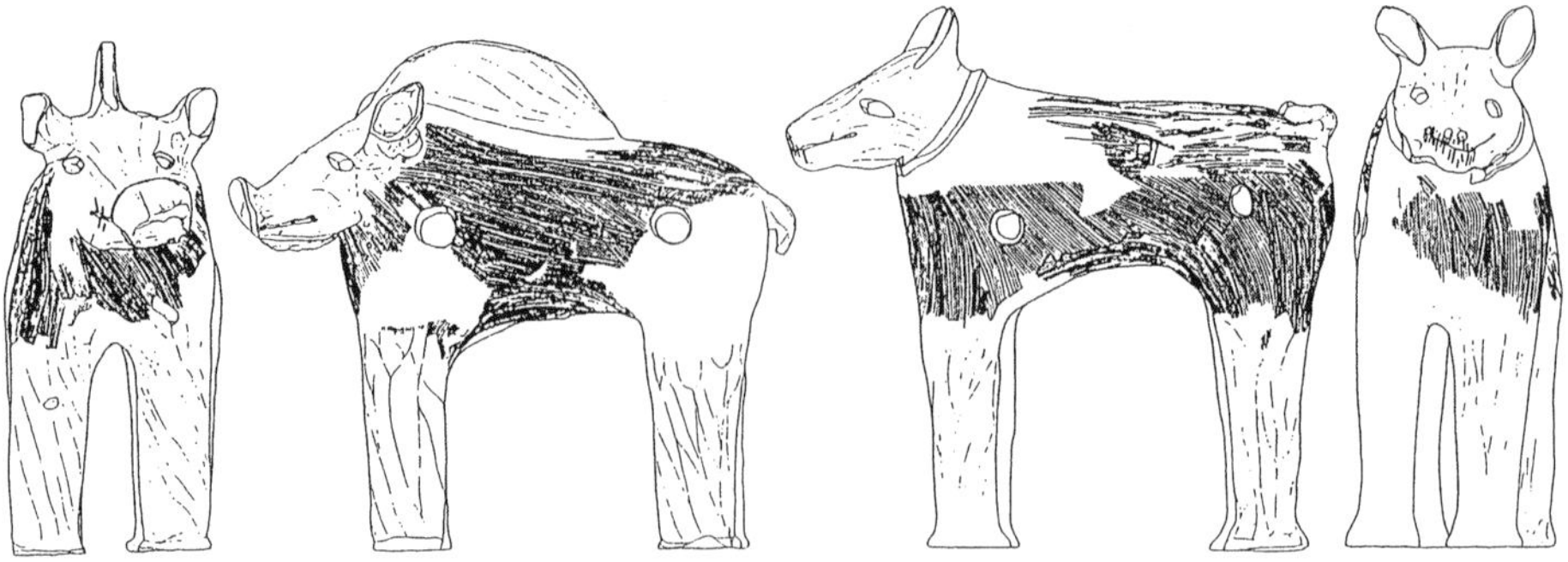

図 68　昼神車塚古墳出土の猪形埴輪（左）と犬形埴輪（右）

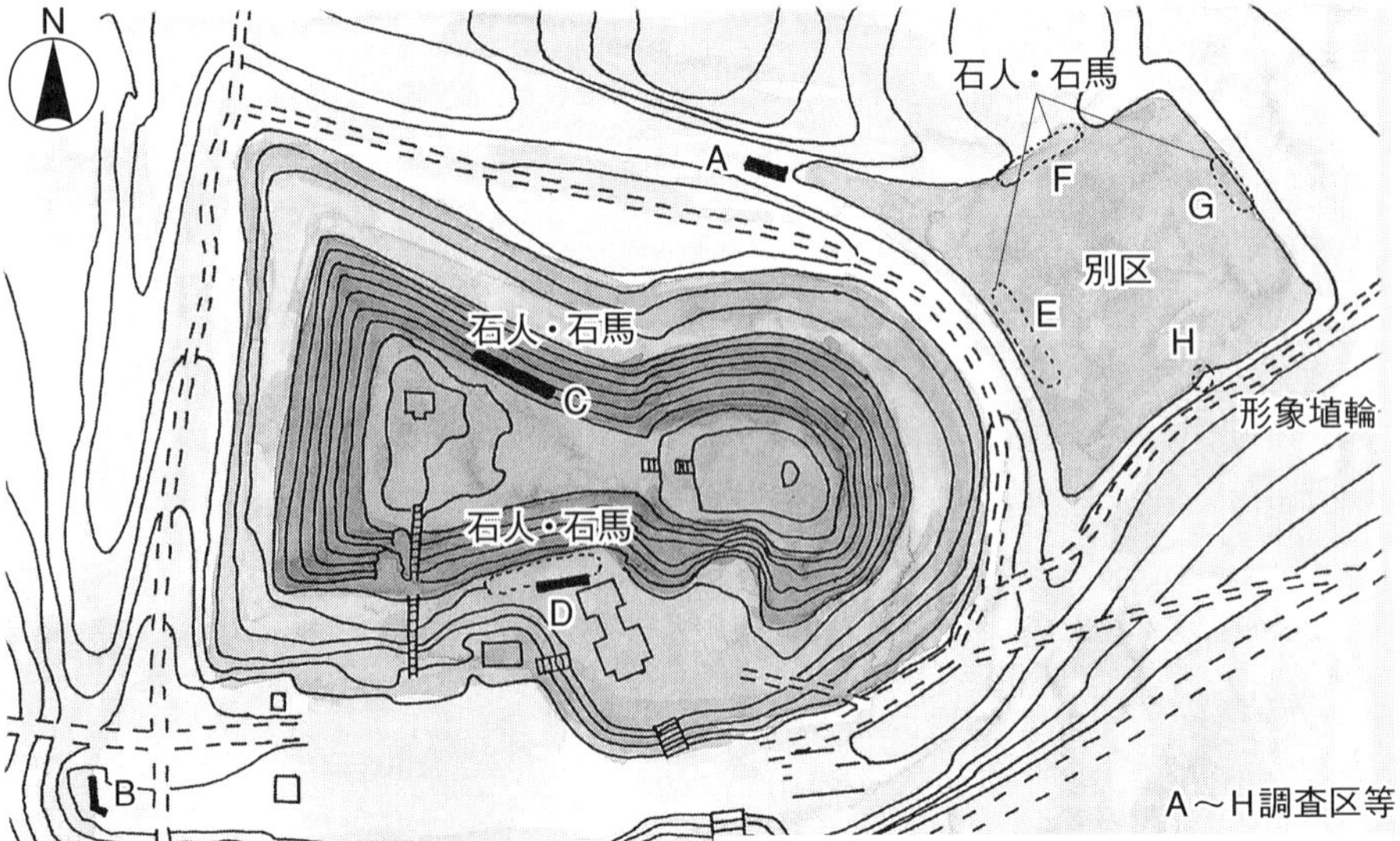

図 69　岩戸山古墳（推定磐井の墓）の別区石人・石馬列

発掘調査されている。

その結果、前方部前面一段目のテラスに二列に並ぶ埴輪群像が発見された。狩猟《しゅりょう》埴輪群とよばれ、復元整備されている。内側の列には東から犬・猪・犬・猪などの動物埴輪が並ぶ。犬の埴輪は首輪を締めて、牙《きば》をむいて吠《ほ》えかかる猟犬《りょうけん》を表現している。犬にはさまれた猪の埴輪はタテガミを逆立てて興奮した様子を示す。欠落して脚しかわからない西側部分の動物埴輪も、犬にはさまれ、追い詰められた猪が並んでいたと推定される（図68）。

外側の列には力士《りきし》・巫女などの人物埴輪が立てられていたようだが、大半の原位置は失われていた。なかでも角笛《つのぶえ》をもつ人物埴輪は、一連の猟犬をあやつる狩人《かりうど》である。

動物埴輪は古墳の外側から横向きに配列されており、外から見える側面に牙を表現するなど、丁寧なつくりとなる。つまり、製作段階に種類・数・配列などの舞台演出が計画されていたというのである。

昼神車塚古墳と同時期ごろにつくられた福岡県岩戸山《いわとやま》古墳は継体天皇の晩年に反乱をおこして鎮圧された磐井《いわい》の墓と考えられている。この墓にも後円部に臨む外堤に埴輪群像と同義の区画がある。この古墳の舞台には埴輪が並ぶのではなく、大型の石人・石馬の群像が立てられていた（図69）。その種類は武人・盾・馬・猪などである。奈良時代に成立した『筑後風土記』にもこの墓が磐

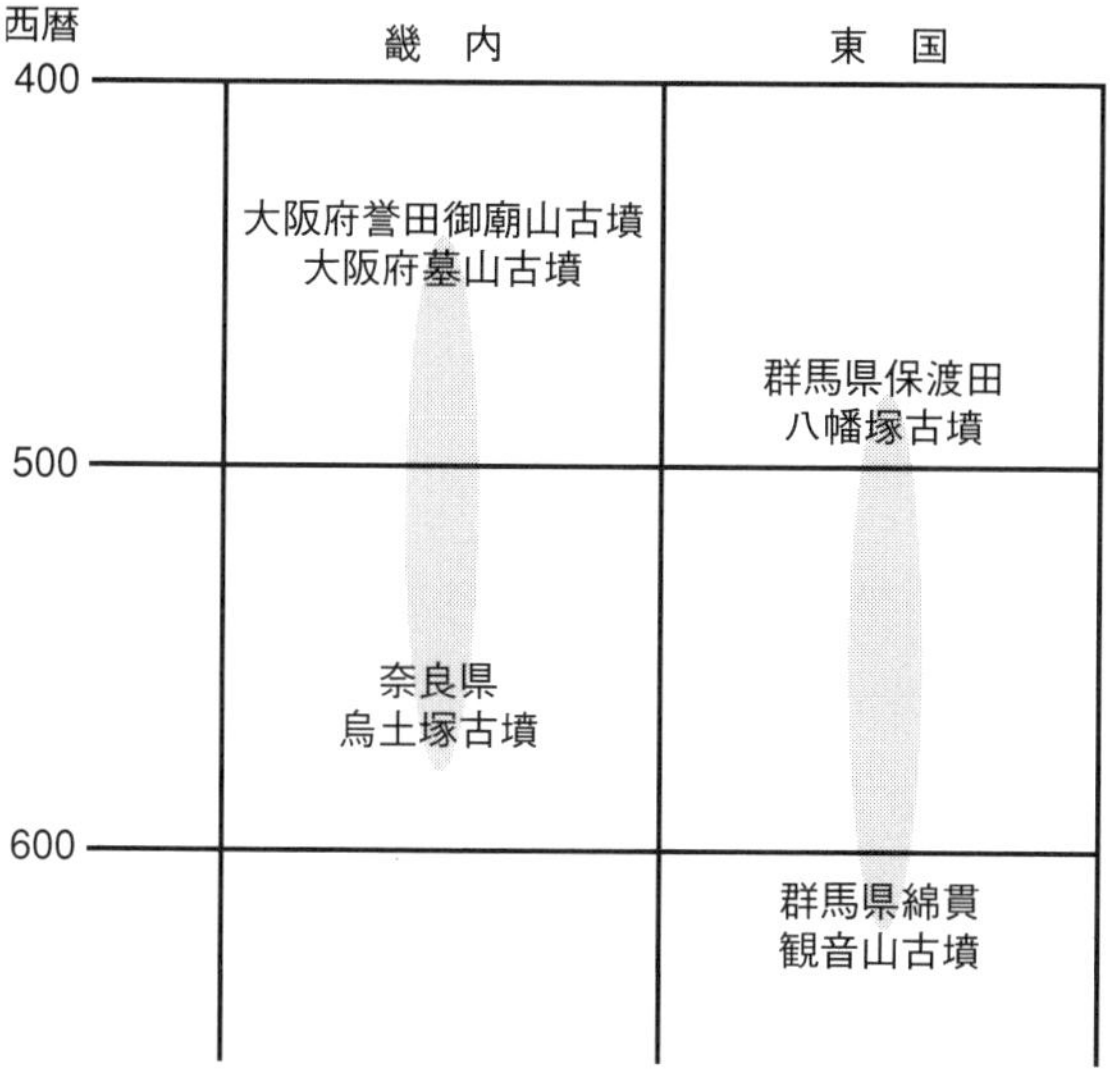

図70　人物埴輪の出現と終焉

井の墓であるという伝えが残り、群像の意味について、猪盗人の裁判を示すものという。残念ながら大半の石人・石馬は壊され、原位置を確かめることができない。しかし、先の昼神車塚古墳の埴輪劇場から推測して、狩猟場面があったのかもしれない。

以上のような埴輪群像は前方後円墳という舞台がなくなる時期、連動するように姿を消す。その理由として、埋葬施設としての古墳と儀礼や祭祀空間としての舞台が殯宮《もがりのみや》などに分離したためという考えがある。

あるいは文字記録として故人の業績を顕彰できるようになり、埴輪群像で表現する必要がなくなったという考えもある。また、仏教の渡来によって、死生観や葬送自体の意識が変化してしまったという見方もある。

人物埴輪の出現と終焉時期は全国一律ではない。畿内と東国で比較してみると明らかなずれが見られる（**図70**）。二地域の埴輪群像が、まったく違った意味合いで並べられたとは考えにくく、その意味を読み解く鍵が隠されていると推測できる。

参考文献（五〇音順）

天野末喜　一九八七「津堂城山古墳の埴輪」『季刊考古学』二〇

川西宏幸　一九七八「円筒埴輪総論」『考古学雑誌』六四―二

小浜　成　二〇〇五「埴輪による儀礼の場の変遷過程と王権」『王権と儀礼』大阪府立近つ飛鳥博物館

小浜　成　二〇〇六「応神陵古墳の年代観と被葬者像」『応神天皇の時代』大阪府立近つ飛鳥博物館

近藤義郎・春成秀爾　一九六七「埴輪の起源」『考古学研究』一三―三

原口正三　一九七三『高槻市史』六　高槻市

藤井寺市教育委員会編　一九九三『新版　古市古墳群』

水野正好　一九七一「埴輪芸能論」『古代の日本』二　角川書店

（西川寿勝）

第3章　発掘された外洋船と渡来人

鹿野　塁

1　大阪と河内湖

河内湖

現在、西日本最大の都市である大阪は、海に面し陸海空のすべての交通網がはりめぐらされ、あらゆる世界と通じているといえます。今からおよそ一五〇〇年前、古墳時代の大阪も現代とよく似て、陸海の交通網が発達し、海外との交流を積極的におこない、外に開かれた地域だったことが多くの発掘調査によってわかってきました。

古墳時代の大阪平野は、今と違いその大部分が湖であったことが知られています。湖の西側は、飛鳥・奈良時代に四天王寺や難波宮《なにわのみや》、安土・桃山時代に大坂城が築かれた上町台地が南北にのび、東は奈良県との県境になる生駒山の山裾にかけて、現在の東大阪市・守口《もりぐち》市・門真《かどま》市・寝屋川《ねやがわ》市を含む一帯が湖のおおよその範囲だと考えられます。かつて存在したその湖は河内湖《かわちこ》とよばれ、大阪湾から直接船で乗り入れることが可能であったと考えられています。そうした地理的状況と当時の政治的状況が相まって、古墳時代中期以降、多くの渡来人が海を渡り河内湖の周辺に移り住んだ様子が発掘調査で明らかになってきました。

渡来人の足跡

日本で、渡来人にかかわりのある遺跡をみてゆくと、おもに九州、瀬戸内、そして畿内というように、あたかも彼らがやってきたルートを示すように遺跡が点在していることがわかります。発掘調査によって明らかとなった渡来人の足跡をみていくことで、古墳時代における対外交流の様子がみえてくるものと思います。

近年、かつての河内湖北東部、北河内の地において、四條畷《しじょうなわて》市蔀屋北《しとみやきた》遺跡、寝屋川市讃良郡条里《さらぐんじょうり》遺跡など、渡来人の足跡を示す興味深い遺跡が多数みつかっています。そこでは、彼らがもち込んだ朝鮮半島製の土器やそれまでの倭国にはなかった須恵器《すえき》、木製鞍《くら》や鉄製轡《くつわ》などの馬具《ばぐ》、埋葬された馬の全身骨格など、生活道具や初期の馬文化にかかわる多くの貴重な資料とともに、外洋航海が可能となったと考えられる準構造船の部材が、多数発見されています。

本章では、河内湖周辺の遺跡において、最新の発掘調査でみつかった船を題材に、当時の国際交流の一端を描いてみましょう。

2　発掘された渡来人の痕跡

馬の文化

四〇〇年代は、倭の五王の時代ともよばれ、大阪平野の南部には、全長四八六メートルの大仙《だいせん》古墳（仁徳陵古墳）や、全長四二五メートルの誉田御廟山《こんだごびょうやま》古墳（応神陵古墳）をはじめとした巨大な前方後円墳が密集して築かれました。それらは堺市にある百舌鳥《もず》古墳群、藤井寺市・羽曳野市にまたがる古市《ふるいち》古墳群という、日本で一、二を争う広大な古墳群を形成しており、日本の巨大古墳の時代を象徴する世界的にもたぐいまれな一大墳墓群になっています。

これらの巨大古墳を造営したのは、中国南宋の歴史書にも登場する倭王と考えられ、彼らは国外に目を向け、東アジアに広く活動していたことがうかがえます。中国大陸や朝鮮半島の国々と交流をおこなうなかで、それまでの倭国にはなかったさまざまな新しい技術や文化が数多くもたらされました。それは、窖窯《あながま》で土器を焼く技術や乗馬の風習、きらびやかな金銅製品などの革新的な文化でした。なかでも、とくに倭国に影響をおよぼした重要なものが馬の文化です。

四〇〇年代前半ころから、古墳の副葬品に馬具がみられるようになります。馬具は、馬を制御するための轡、安定して長時間座るための鞍、足を掛ける鐙《あぶみ》などをいいますが、古墳に副葬されたこれらの馬具は、この時期に乗馬の風習が伝わってきたことを示し、当時の人びとにとって馬具が非常に重要なものであったことを示しているものといえます。

北方アジアでは紀元前から乗馬の風習があり、中国や半島北部でも王侯貴族が馬車を交通手段にすることが定着していました。また、騎馬軍団も発達していたようです。紀元前二〇〇年代の秦の始皇帝の時代には、北方の騎馬民族の侵入を防ぐ防禦線として万里の長城がつくられました。

その後、馬に鞍と轡、そして鐙を装着して乗馬する方法になり、女性や官僚なども容易に馬をあやつることができるようになり、馬の文化は急速に普及しました。それからしばらくして、わが国にも乗馬の風習が伝わったものと考えられます。

古墳に副葬された馬具は、権力を誇示するために馬を飾るもの、あるいは武人が戦いで馬に乗るためのものと考えられてきました。先に示した河内湖北岸の集落遺跡などで四〇〇年代後半の実用馬具や埋葬された馬などが、つぎつぎに発掘されるに至り、馬がどのように養育され、広まったのかが具体的にわかり始めたのです。

焼き物文化

同様に、注目すべき渡来文化があります。日本の近世・近代は世界的に有数の焼き物生産国として知られ、世界中に日本産の陶磁器が拡散しました。このような焼き物も、中国では紀元前の時期に釉薬を使って窯で焼く技術があり、朝鮮半島にも伝来していたのです。ところが、わが国には四〇〇年ごろになって、ようやく半島から窯で土器を焼く技術が伝わったようです。

窯で焼かれた土器は、それまでの赤く軟質な土師器《はじき》とよばれる土器とは違い、灰色で硬質な、須恵《すえ》器《き》とよばれる土器でした。須恵器を焼く窯は、日本列島の各地でみつかっています。須恵器づくりの中心とされるのは、大阪府堺市の陶邑窯跡群《すえむらかまあと》です。ここでは、須恵器の源流となる朝鮮半島の陶質土器そのままの器《うつわ》が焼かれており、最初に工人が渡来し、操業をはじめた地であったことがうかがわれます。また、周辺には、そうした工人の集落もみつかっています。陶邑の須恵器は四〇〇年代以降、飛鳥・奈良時代にかけて、日本列島一帯で発見されていることから、大量に生産された焼き物が大阪湾から船を使って各地に流通したこともうかがえます。

カマドの導入

さらに、渡来人のもたらした新たな文化によって、日々の暮らしにかかわる変化がこの時期みられます。それは、各住居にカマドが設置されるようになることです。縄紋・弥生時代の竪穴住居には中央に炉《ろ》が備え付けられ、家事の中心になっていましたが、これ以降、住居にはカマドが造り付けられるようになります。また、造り付けのカマド以外に、土器でつくられ持ち運ぶことが可能な移動式のカマドもみられます。

さらに、コシキという底にいくつも穴のあいた土器が使われるようになります。この土器を使うことによって、食材を蒸して食べることが可能になったと考えられています。

こうした文化は主に、朝鮮半島との交流のなかでもたらされました。当時の朝鮮半島は、高句麗《こうくり》・新羅《しらぎ》・百済《くだら》・伽耶《かや》という、大きく四つの国々がそれぞれの存亡をかけた混乱した情勢にありました。また、中国大陸では、いくつかの国が成り立つ南北朝時代にありました。不安定な東アジア情勢のなか、さまざまに国外の影響をうけ、古墳文化が大きく花開いていく時代だったといえます。

こうした先進的な文化の痕跡は、大阪の地に数多くみることができます。それらは、河内湖周辺に定着した渡来人の生活や文化の実態を物語るものであり、また彼らがしだいに倭人社会に定着していく過程をもうかがわせる興味深い資料でもあります。朝鮮半島の文化が大海を渡って、倭国に伝播するためには大きな外洋船が必要でした。このような外洋船が河内湖を行きかい、その岸辺に渡来人の影響を強く受けた集落が点在していた風景が古墳時代の大阪だったのです。

3　船形埴輪が語るもの

準構造船

これまでのところ、古墳時代の船の実物が発見された例はほとんどありません。また、偶然みつかったとしてもいくつかの部材に分解・分断され、再利用されているので、当時の姿をそのまま残すものは、ほとんどありません。

古墳時代の船がどんなものであったのか、それを端的に示してくれる資料は、古墳から出土する埴輪にみることができます。三〇〇年代後半から、古墳に立て並べられる埴輪のなかに、船をかたどったものがみられるようになります。現在、国内でみつかっている船形埴輪はおよそ三〇例あります。その多くは、近畿地方の古墳から出土しています。

埴輪に表現された船には、大きくみると二つの異なる形があることに気づきます。一つは、丸木でつくられた船底と側面の舷側板《げんそくばん》が一体形の準構造船です。一体構造の船と表現できるものであり、宮崎県西都原《さいとばる》古墳群出土の船形埴輪や三重県宝塚一号墳出土の船形埴輪などにみられる、ゴンドラのように、両端がそり上がる形をした船です（図71a）。

もう一つは、船首（舳先《へさき》）と船尾（艫《とも》）が二股に分かれる構造の船で、大阪府の長原高廻《ながはらたかまわ》り二号墳出土例や大阪府菩提池西《ぼだいいけにし》遺跡出土例に代表され、二股構造の船と表現できるものです。二股構造の船は、前後に竪板《たていた》とよばれる大きな板をはめ込んだ構造をしています（図71b）。

これらはいずれも準構造船とよばれる船です。準構造船という船は、それまでの丸木舟のように、単一木材でつくられた単純構造の刳船《くりぶね》から発展した船をさす用語であり、刳船の上部に別の部材を緊結して容積をました船です。準構造船は、船底部分と船首と船尾が等しくつくられている場合が多く、どちらが前か後ろか判断がつきにくい場合が多いのが特徴といえます。ただ、櫂《かい》を漕《こ》ぐ際のテコとなるピボットとよばれる突起が舷側板の上部に表現されているので、その形状から進行方向が推測されています。

構造船

丸木舟や準構造船に対し、船底から板材を継ぎ合わせてつくられた船が構造船です（図71c）。船底に丸木を使えば、その全長や全幅が制約されます。積荷の量・操作人員も制約され、航海の日数や距離に影響します。

板材を組み合わせるのであれば、船底を広く長くする設計が可能です。つまり、大型船をつくる場合は構造船が有利です。ただし、板材を水漏れしないようにすき間なく接合し、外洋の波風に洗われ

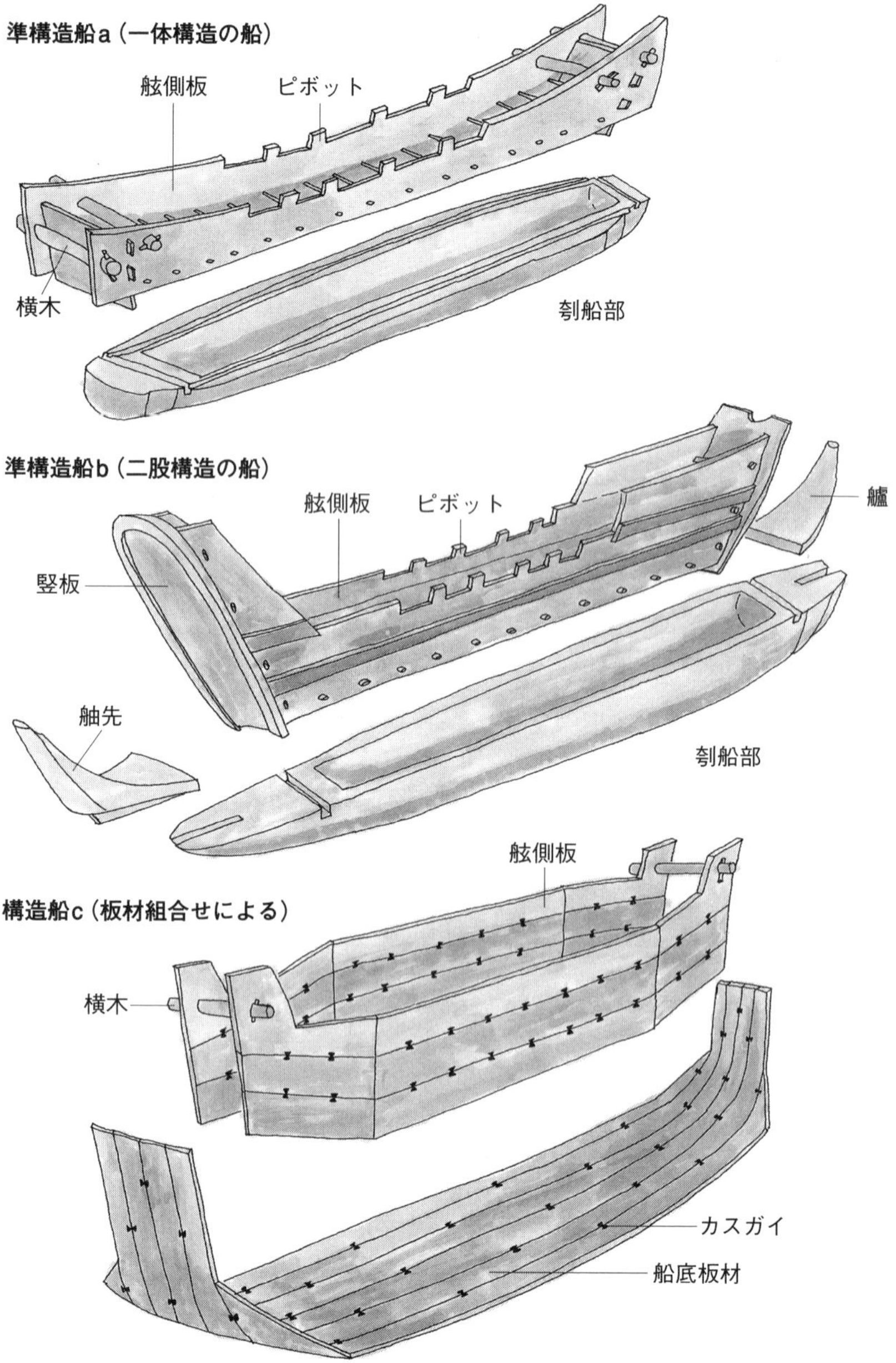

図 71　準構造船の二種類と構造船模式図

ても壊れないようにする技術が必要です。

このような技術は、遣隋船《けんずいせん》・遣唐船《けんとうせん》で大陸へ渡るころには成立していたと考えられています。しかし、飛鳥・奈良時代の国家政策として派遣された遣隋使や遣唐使も、外洋で難破《なんぱ》した記録が数多くあり、陸地に沿って大回りで航海する必要があったという状況でした。ですから、それほど技術は成熟していなかったのかもしれません。

のちに、バイキング船や千石船《せんごくぶね》にみられる竜骨《りゅうこつ》（キール）とよばれる船体骨格に板材を貼り付けていく構造が完成されるまで、大型船の強度を維持することはむずかしかったと考えられています。

船形埴輪

先に示した三重県の宝塚一号墳は、四〇〇年代の初めころにつくられた全長一一一メートルの前方後円墳で、古墳の東側造り出しでみつかった船形埴輪は、全長一・四メートル、幅〇・二五メートルもある、日本でもっとも大きな船形埴輪です（図72）。

一体構造船を忠実に模倣した埴輪で、船底の刳船部と舷側版の接合部分を突帯状に表現し、扇形の障壁《しょうへき》で船体を区切り、角材の横木で支える表現など、細部まで丁寧につくられています。また、船体にはほかではみられない特徴があり、たいへん注目を集めました。それは、蓋《きぬがさ》や威杖《いじょう》といった当時の権威の象徴や大刀などの器物が立てられていたことです。

古墳に立て並べられた形象埴輪は、そこでとりおこなわれる葬送儀礼にかかわって用いられるものであることから、現世において物資の輸送や人の運搬のために使用される船が、古墳での儀礼の場に

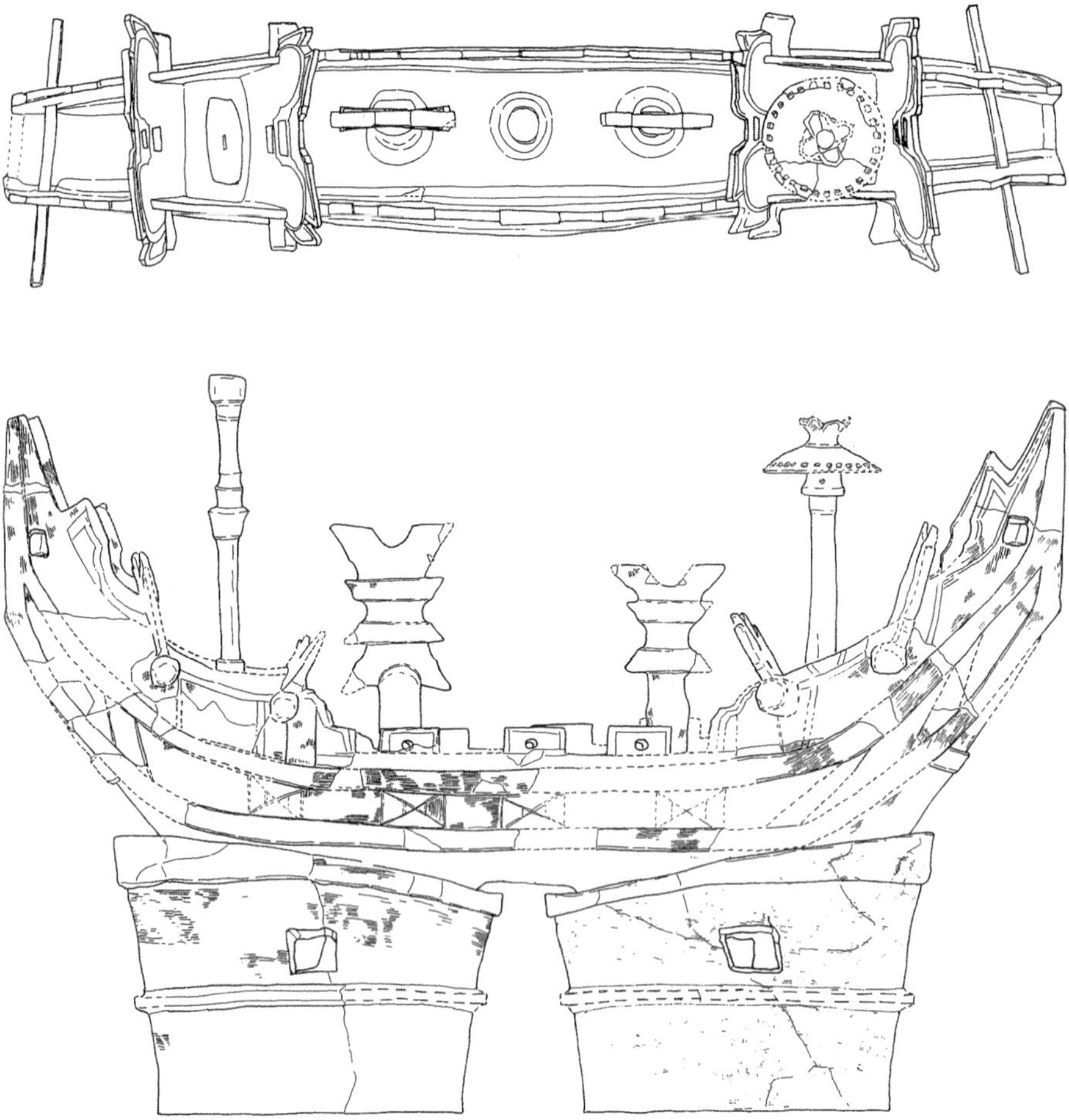

図72　三重県宝塚1号墳出土船形埴輪

おいて、言い換えれば死者との別れの場面において、たいへん重要な役割を担っていたことがわかります。

三〇〇年代末につくられた大阪府長原高廻り二号墳は、河内湖を北に望む現在の大阪市南端部に営まれた小円墳です。発見当時、古墳は地中深くに埋没して、その姿は失われていました。発見された船形埴輪は二股構造のもので、全長一・三メートル、幅〇・二七メートルあります。

二つの船形埴輪の構造から類推すると、実際の船は一〇メートルを超すものと考えられます。

実験航海

こうした船形埴輪を実際に復元して航行実験が何度かおこなわれています。大阪市の長原高廻り二号墳からみつかった二股構造の船形埴輪をもとに復元してつくられた「なみはや」号が、一九八九年に韓国・釜山《プサン》へ約七〇〇キロを航海しました。また、宮崎県西都原古墳群から出土した一体構造の船形埴輪をモデルにしてつくられた「海王」号が、二〇〇六年に熊本県宇土市から大阪市の大阪南港までの約八五〇キロを航海しています。いずれの航海実験も成功しており、一体構造船、二股構造船とともにその航行能力が実証されています。

二種類の準構造船が復元され、実験航海におよんだこと、両船が長距離航海を実現させたことは古墳時代の航海技術に迫るうえで、貴重な資料を提示してくれました。しかし、広島県倉橋島で復元実験された遣唐船（構造船）などの事例にくらべて安定が悪く、喫水線《きっすいせん》が高いため、帆《ほ》を張ると転覆してしまうこともわかりました。交易や外交の実態を語るうえで、運搬容量や搭載人員の問題など、多くの疑問点も浮かんできました。

4　描かれた船

線刻画と壁画の船

古墳時代の船を知る手がかりとして、船形埴輪以外にも、土器や円筒埴輪に描かれた線刻画、古墳の石室に描かれた壁画があります。古墳時代よりもさらに古いものでは、弥生時代の銅鐸や土器に描かれたものもあります。

もっとも有名なものは、古墳時代の初め頃と思われる兵庫県出石《いずし》市の袴狭《はかざ》遺跡でみつかった船団の絵を線刻した木製品でしょう。一六隻の船団が描かれ、舷側板や波よけを付加した準構造船として、写実的に描かれているものです。さらに、大型の母船の周囲に小型船がとり囲む姿から、漁船団や想像画ではなく、当時の組織的航海法が復元できるものと考えられています。

この線刻画が発見された遺跡は袴狭川から日本海に通じる但馬《たじま》の谷あいにあり、外洋船が瀬戸内海のみならず、日本海岸にも展開していたのかもしれません。

ほかにも、大和盆地東南部、オオヤマト古墳群にある二〇〇年代後半に築造されたと考えられる奈良県東殿塚《ひがしとのづか》古墳の円筒埴輪があります。この古墳は、周辺に海があるような場所につくられたものではありません。また、形象埴輪成立以前の古墳とされています。みつかった鰭《ひれ》付き円筒埴輪に描かれた船は、一体構造の船を表現したものと考えられます（図93、二一二ページ参照）。

船体には、屋形《やかた》や蓋《きぬがさ》、旗《はた》などが立てられています。また、船体からのびる七本の櫂《かい》が表現されており、これを片側の漕《こ》ぎ手の数と考えてよいのであれば、合計で一四人もの人で漕ぐような大きな船であったことが想像されます。これらの描かれた船をみていきますと、一体構造の船を表現したものが多数をしめることが指摘できます。

船首船尾が二股に分かれて表現されている場合も多く見られますが、それは、二股構造の船を描いているのではなく、一体構造船の船首と船尾の両舷側を描き分けているためであり、船体を斜め上方からみた絵を描いているものと理解できます。埴輪で表現されているほど忠実に船の表現ができているわけではないと思いますが、これら描かれた船からも多くの情報が得られるのも事実です。

また、九州の壁画古墳には、馬と船を題材にしたものがいくつか知られています。たとえば、五〇〇年代後半に築造された福岡県竹原《たけはら》古墳の奥壁《おくへき》に描かれた黒馬は荒波に浮かぶ船に乗せられ、馬子《まご》が手綱《たづな》をもっています。壁画の解釈については、古い伝説を絵画で示したという説や、被葬者の生前の事跡などを描きとめたという説が知られます。この古墳からは馬具も発見されており、被葬者と馬の特別な関係がうかがえます。馬は古墳時代に朝鮮半島からやってきたと考えられていますが、船に乗せられてやってきたことを示唆するものかもしれません。

船の変遷

これまで、埴輪や絵に表現された船をいくつかみてきましたが、ここで、出土した実際の船から古墳時代の準構造船にいたる日本における船の変遷を簡単にたどってみたいと思います。

縄文時代、発掘調査によっていくつも船がみつかっていますが、いずれも丸太《まるた》を半裁《はんさい》し、中をくりぬいて船としているものです。長さはありますが、幅が非常に狭い丸木舟とよばれるこの船は、さながら小型のカヌーやカヤックといったところでしょうか。この時代の丸木舟は平均すると長さ五～六メートル、幅〇・五～〇・六メートルで、もっとも古い丸木舟は、縄文時代の前期にさかのぼるものが発掘されています。

弥生時代の終わりごろになると、材が大型化し、丸太を半裁し、くりぬいた部材に竪板や舷側板とよばれる部材をとり付けて、丸木舟の上部に蓋《ふた》のない箱のような空間を造り出す船へと変化します。ここに至ってようやく準構造船が登場してきます。この時期の倭国の様子を記した『魏志』倭人伝には、壱岐《いき》・対馬《つしま》を介して、対馬海峡を倭人が往来する様子や、大陸と盛んに外交を展開する様子がうかがえます。

こうした構造の変化が起き、船の容積がふえることによって浮力が増し、それまでとはくらべものにならないほど多くの人が乗れたでしょうし、物資を積載することが可能になったと考えられます。

近年、福岡県前原《まえばる》市の潤地頭給《うるうじとうきゅう》遺跡で、構造のよくわかる弥生時代後期の準構造船がみつかっています。復元すると長さ六メートル、幅〇・八メートルほどになるといいます。前原市は『魏志《ぎし》』倭人伝に記された伊都国《いとこく》のあったところだと推定されています。その周辺に目を向けてみると、壱岐国《いきこく》の中心とされる長崎県原《はる》の辻《つじ》遺跡では環濠集落《かんごうしゅうらく》の一角に船着場の跡と推定される入り江もみつかっています。

さらに、弥生時代から古墳時代へ時代が移り変わるころの、大型の準構造船の船首（舳先）部分が、大阪府の久宝寺《きゅうほうじ》遺跡でみつかっています。刳船の船底材は、幅がおよそ一・二メートルもあり、竪板を立てた巨大な二股構造の船でした。竪板は一・七メートルと人間の背丈ほどもある巨大なもので、全体を復元すると全長一〇メートルを超す船になると考えられます。

久宝寺遺跡や付近の加美《かみ》遺跡では、周溝墓などの棺材に構造船の部材が転用されているものがみつかっています。棺材は断面が湾曲する船底の一部で、舷側板をとり付けるホゾ穴が残されているものもあります。両遺跡は河内湖南岸の微高地部分にあり、河内湖を船で往来する人びとの姿がうかがえます。

このように、発掘調査でみつかった実際の船は、しだいにその船体を巨大化させていったことがみてとれます。

ところで、古墳時代の船には、和船《わぶね》にみられるような船釘《ふなくぎ》やカスガイが使われ、組み立てられた船は今のところ確認されていません。また、釘を打つための釘穴が錐《きり》や鑿《のみ》によってうがたれたものも確認されていないのが現状です。部材を組み付けるのに、樹皮を用いて結わえ付けて船をつくりあげていたようです。

そもそも、日本では、鉄釘やカスガイは死者の亡骸《なきがら》を納める木棺を結合するための道具として最初に使われています。日本における釘やカスガイの出現を、新しい墓制である横穴式石室の受容とからめて理解する考えがあり、朝鮮半島からの伝来を示唆するものでもあります。

五〇〇年代に、鉄釘やカスガイが日本列島の一部の地域で認められるようになり、六〇〇年代以降、日本列島において広範囲に使用されるようになります。また、住居や寺などの大型建物の遺構にともなって発見される鉄釘やカスガイの例は、六〇〇年代以降にみられます。畿内ではこの時期以降の集落から、竪穴住居がほとんどなくなり、掘立柱建物が主流となります。建築部材としての釘やカスガイは仏教文化とともに定着していくようです。

わが国では船釘で板材を密着させる造船技術がいつのころに成立するのかはよくわかっていません。中国では紀元前ころより鉄板やリベットを建築や橋梁《きょうりょう》の部材として使用しており、大型の構造船も古くから発展していました。

ちなみに、エジプトにおいて、有名なスフィンクスの下から太陽信仰による王の喪船《もぶね》、「太陽の船」が発見されています。紀元前二五〇〇年ころにつくられた全長四三メートル、レバノンスギの板材を組み合わせた構造船です。このように世界各地の船の歴史はさまざまですが、四周を海に囲まれたわが国では、大陸や半島より少しおくれて、漸次的に造船技術を進歩させてきたようです。

5　北河内でみつかった準構造船

河内湖の準構造船

近年、大阪府の北河内にある遺跡の発掘調査によって、さまざまな新しい知見が得られています。その一つが、古墳時代に使われていた船の実物資料です。これらの遺跡は河内馬飼関連の遺跡としても注目されており、馬具や製塩土器などが多数確認されています。また、移動式カマドやコシキ、韓《かん》式系《しきけい》土器などもみつかっており、渡来人の移住がうかがえます（**図8、三六ページ参照**）。

みつかった船の部材は、集落内の井戸の井戸枠に転用され、再利用されていました。みつかったのは、船底の部材で、側縁《そくえん》にホゾ穴がいくつか確認できることから、舷側板をとり付けていたことがうかがわれ、準構造船の部材と考えられるものでした。また、一部に舷側板と思われる部材も出土しています。転用された船材は、井戸枠として使用するために接合部分が一部削られてはいますが、ほぼその形を推定できる資料として注目されるものです。

井戸がみつかった遺跡は、いずれも地盤に砂層があり、素掘りのままでは、井戸がすぐに崩れてしまうため井戸枠が必要であり、船としてその役目を終え、廃棄《はいき》された船の部材がちょうど適していたのだろうと考えられます。

まず、蔀屋北遺跡では、四〇〇年代後半から五〇〇年代前半頃の井戸枠に転用された船材が、一二点ほどみつかっています。多くは、準構造船の船底の部材です。幅は、大きいもので一・三メートルほどあり、スギ材が使われています。その特徴は、船底部分がやや平らになり、側面が斜めに立ち上がり、ややつぶれた半円形とでもいえる断面になります。いずれも、一木を半裁し、中をくりぬいて底面をやや平らに成形し造作しています。断面の厚みは、厚いもので一〇センチあります。

船底材の側縁には、ホゾ穴がいくつか観察されます。舷側板との接合部分であり、他の出土例でみる限り、桜の樹皮などを使用して組み付けていたと考えられます。井戸枠に転用される際に、多くは削られてしまっていますが、痕跡がかろうじて観察できるものがあります。また、別の井戸に再利用されていた船首、あるいは船尾部分の部材は、舳先の板材を装着する構造がなく、先端をやや細くするのみで、先端に近い部分までくり込んでいます（図73）。舷側版と思われる板材は船底とほぼ厚みが同じで、幅が〇・二メートル程度の細長いスギ板です。このような板材を重ねて接合したようです。部屋北遺跡では軟弱な地盤に住居が営まれており、掘立柱建物の基礎に木の礎板を敷く特徴があります。柱を沈まないようにする礎石のような役割です。百棟以上におよぶ住居の柱穴には無数の礎板が埋め込まれていたことが判明しています。発見された板材は〇・五メートル四方程度に分断され、もともとの形は不明ですが、船材を含むさまざまな廃材が利用されていたようです。

蔀屋北遺跡集落の一五〇メートルほど北に、讃良郡条里遺跡の集落があります。まだ正式な報告はされていませんが、井戸枠に転用された船底材がみつかっています。

ほかにも、先の二つの遺跡のさらに北にある長保寺《ちょうほじ》遺跡からも出土しています。集落に隣接した大

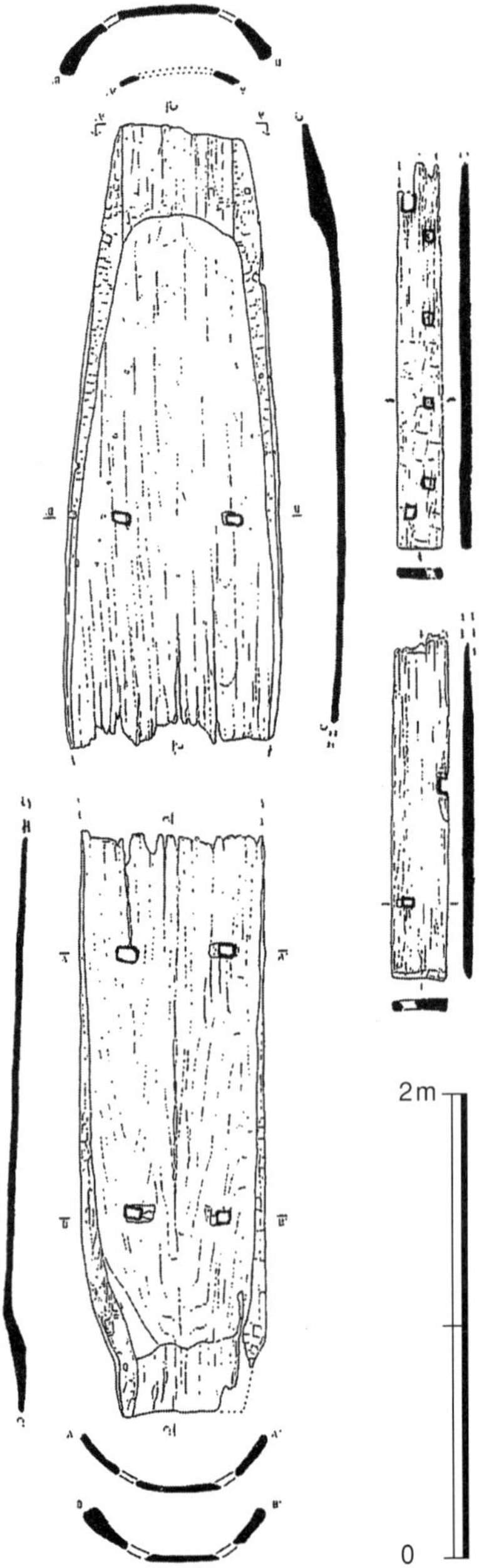

図73　蔀屋北遺跡出土の井戸枠転用の船材

溝のすぐわきから、井戸枠に転用された船底材が四点みつかっています。幅は、大きいもので一・三メートルあり、スギ材が使われています。側縁部にホゾ穴とは別に、内側に段のつくものがみられます。

以上の三遺跡はともに四〇〇年代後半から五〇〇年代前半に隆盛した集落で、居住域のすぐわきにある自然流路から大量の生活遺物がみつかっています。井戸は流路の近くにつくられ、船材は井戸枠に再利用されました。水辺に暮らす人びとが盛んに船を利用していたことが想定できます。

ところで、『日本書紀』には、スサノオノミコトが木を生やし、それぞれの木に役割をもたせたことが記されています。棺にはコウヤマキを用い、建物にはヒノキを、そして船にはスギとクスノキを用いよ、と。そうした記述が正しいのかどうかは別にしても、これらの遺跡でみつかった船材にはスギ材が用いられており、それぞれの用途にあわせて、木材を使い分けていたことがわかります。

三遺跡でみつかっている船材は、どれも船底がややつぶれた半円形になるもので、舷側板は船体の側面につく構造になると考えられます。船底が平らで角で舷側板を接合させる、言い換えれば、舷側板の接合位置が低いと考えられる構造の準構造船とはやや異なる構造の船だといえます。

また、これら三遺跡でみつかった船のなかには、船底材の側縁部先端の内側に段をもつものがみられます。おそらくは舷側板を載せ、固定するための造作、もしくは埴輪にみられるような、船体内を仕切るための板やねじれを防ぐ役割をはたす板材をはめ込むための工夫だと考えられます。こうした特徴がみられるのは、一体構造船と二股構造船という構造状の違いによるものと考えられ、三遺跡でみつかった船はいずれも一体構造の船と想定されます。

これら北河内の遺跡は、いずれも当時存在した河内湖の周縁部に位置しています。その地で大規模な集落が形成され、朝鮮半島に由来するさまざまな渡来系資料が集落内でみつかり、多くの船が廃棄され再利用されている状況をみると、船を主たる交通手段として、朝鮮半島との交流を積極的におこなうことのできる港が周辺にあった可能性が考えられます（図74）。

では、同じ時期の朝鮮半島の船はどういったものだったのでしょうか。実物資料の船はよくわかっていませんが、土器に表現された船をみてみると、わが国での状況と同じく、一体構造と二股構造の船の両方が見られます。北野耕平氏が指摘するように、その形状はよく似ており、四〇〇年代に両者で使用された船には共通する部分が多く、造船技術においても相互交流がみてとれるのではないでしょうか。

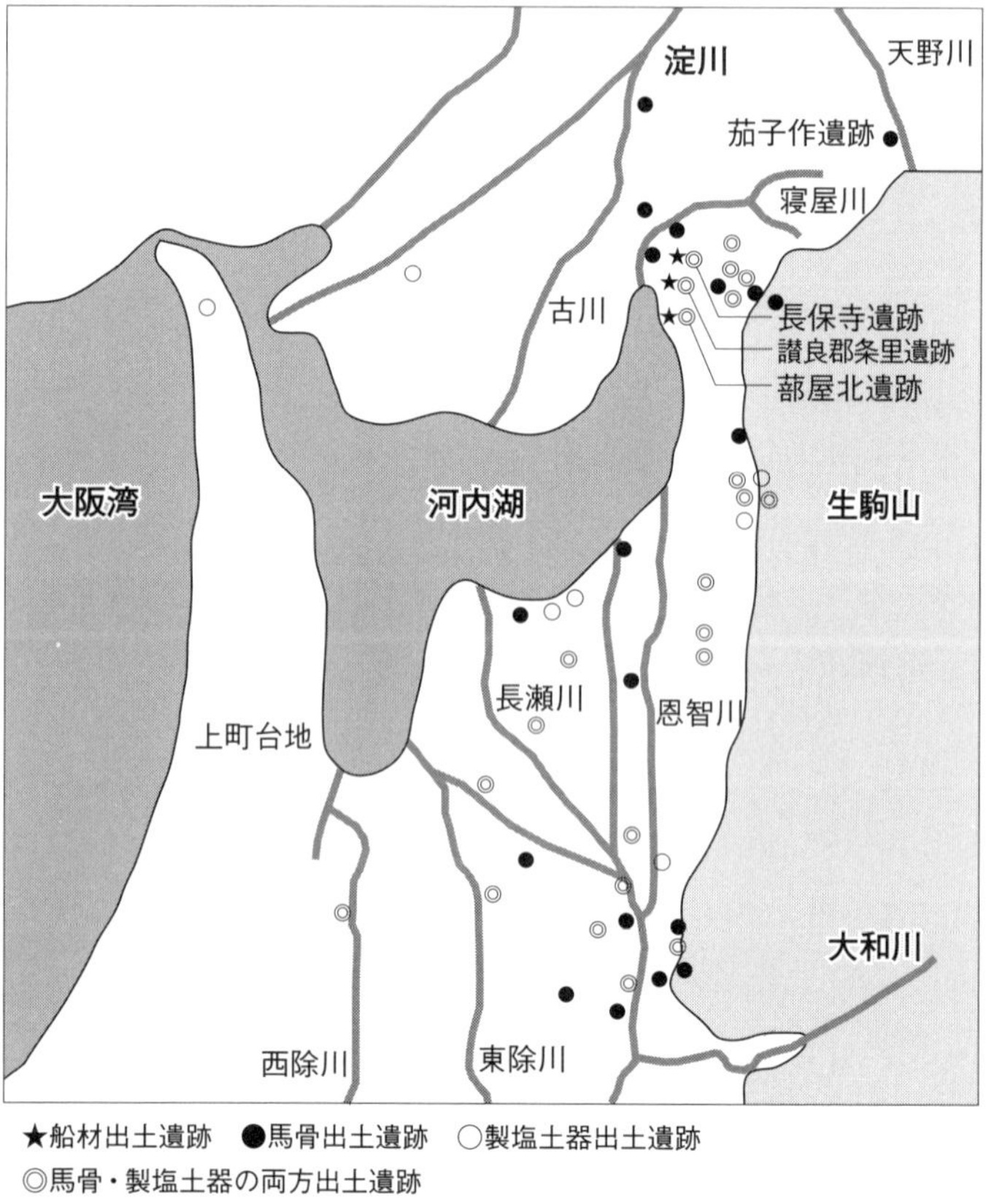

★船材出土遺跡　●馬骨出土遺跡　○製塩土器出土遺跡
◎馬骨・製塩土器の両方出土遺跡

図74　河内湖周辺の船材出土遺跡と馬・製塩土器出土遺跡

朝鮮半島で出土する船形《ふながた》土器によく似たものが、渡来人がやってきて須恵器つくりが最初におこなわれたと考えられる大阪府大庭寺《おおばでら》遺跡でみつかっています。陶邑窯跡群の一角に位置する遺跡です。船形土器には、半島から渡来してきた人びとの思いがこめられていたのでしょうか。

6　よみがえる日韓交流

渡来人の移住

前節に示した蔀屋北遺跡をはじめとする北河内の遺跡の多くで、「U字形板状土製品」とよばれる幅およそ八〇センチ、長さ四〇センチのU字をひっくり返した形の板状の土製品がみつかっています**（図8、三六ページ参照）**。ごく最近まで、その用途がわかりませんでしたが、朝鮮半島の遺跡で使用状況のわかる資料がみつかりました。それは、カマドの焚口《たきぐち》に付けられたものでした。そして、朝鮮半島での出土例では、その分布がおもに百済の領域にみとめられることや、ほかにも鳥足紋《ちょうそくもん》タタキの跡が残る壷など、百済に由来する遺物がいくつか確認されていることから、渡来人の出自に迫ることのできる資料として注目されます。

日本における出土場所は、その九割以上は河内湖周辺の遺跡です。U字形板状土製品が出土する遺跡では韓式系土器もみつかっており、朝鮮半島系渡来人の直接的な移住がうかがわれます。U字形板状土製品は、その形態からいくつかに分類されますが、大ざっぱにみると、外縁が角ばり内外面に格《こう》子叩《したた》きが残るものと、外縁が丸く叩きをナデ消すものとに分けられます。その差は朝鮮半島内の起源地の差に関連するものと考えられるようです。

河内湖周辺でみつかっているU字形板状土製品の多くは、外縁が丸いもので、これは朝鮮半島南西部の栄山江《えいざんこう》流域のものにもっとも類似しており、大阪にやってきた渡来人が栄山江流域に起源をもつ可能性が高いことを示しています。

ただし、朝鮮半島の人たちがこの土製品をたずさえて渡来したわけではなさそうです。河内湖周辺の遺跡から発見されたU字形板状土製品は生駒山西麓の粘土を素材にしており、わが国で焼いてつくったと考えられるからです。生駒山西麓の粘土は焼き物に適した素材で、縄紋・弥生時代にもさかんに土器つくりに使われています。粘土に含まれる角閃石《かくせんせき》や長石《ちょうせき》などの微細な砂粒から土器の産地が特定できるのです。

以上、発掘成果のこまかい分析から、渡来人の痕跡や出自がある程度想定できるようになってきたと思います。

倭国から朝鮮半島へ

近年では逆に、倭国から朝鮮半島へ伝播した文物の分析事例も増加しつつあります。その多くは半島南部の伽耶地域でみつかっていますが、なかには、前方後円墳や埴輪を模倣したものなど、百済の領域にひろがるものも判明しています。

また、継体期に百済をおさめた武寧王《ぶねいおう》の墓が公州《こうしゅう》で発見されています。この墓は中国南朝の影響を強く受けた磚室《せんしつ》づくりで、王が五二三年に葬られたことを示す墓誌や豊富な副葬品が発見されています。それらのなかには、わが国との交流を物語る鏡もみつかっています（図89、二〇六ページ参照）。

注目すべきは黒漆《くろうるし》塗りの棺《ひつぎ》で板材を組み合わせて屋根形に組んだものです（図75）。この棺の樹種を分析した結果、コウヤマキ製であることが判明しました。コウヤマキはわが国の古墳に普遍的におさめられている木棺の樹種ですが、半島では自生していない木です。王のため交流のあった倭国で特別に棺をあつらえたか、または倭国から届けられたものと推測されています。

近年、朝鮮半島においてとても興味深い発見が報告されています。朝鮮半島南部、慶尚南《けいしょうなん》道《どう》昌寧《しょうねい》市の松峴洞《しょうけんどう》古墳群七号墳で、石室内から遺体をおさめる木棺がみつかりました（図76）。時期は四〇〇年代後半から五〇〇年代初めごろと考えられます。みつかった木棺はクスノキ材でできていました。クスノキもまた朝鮮

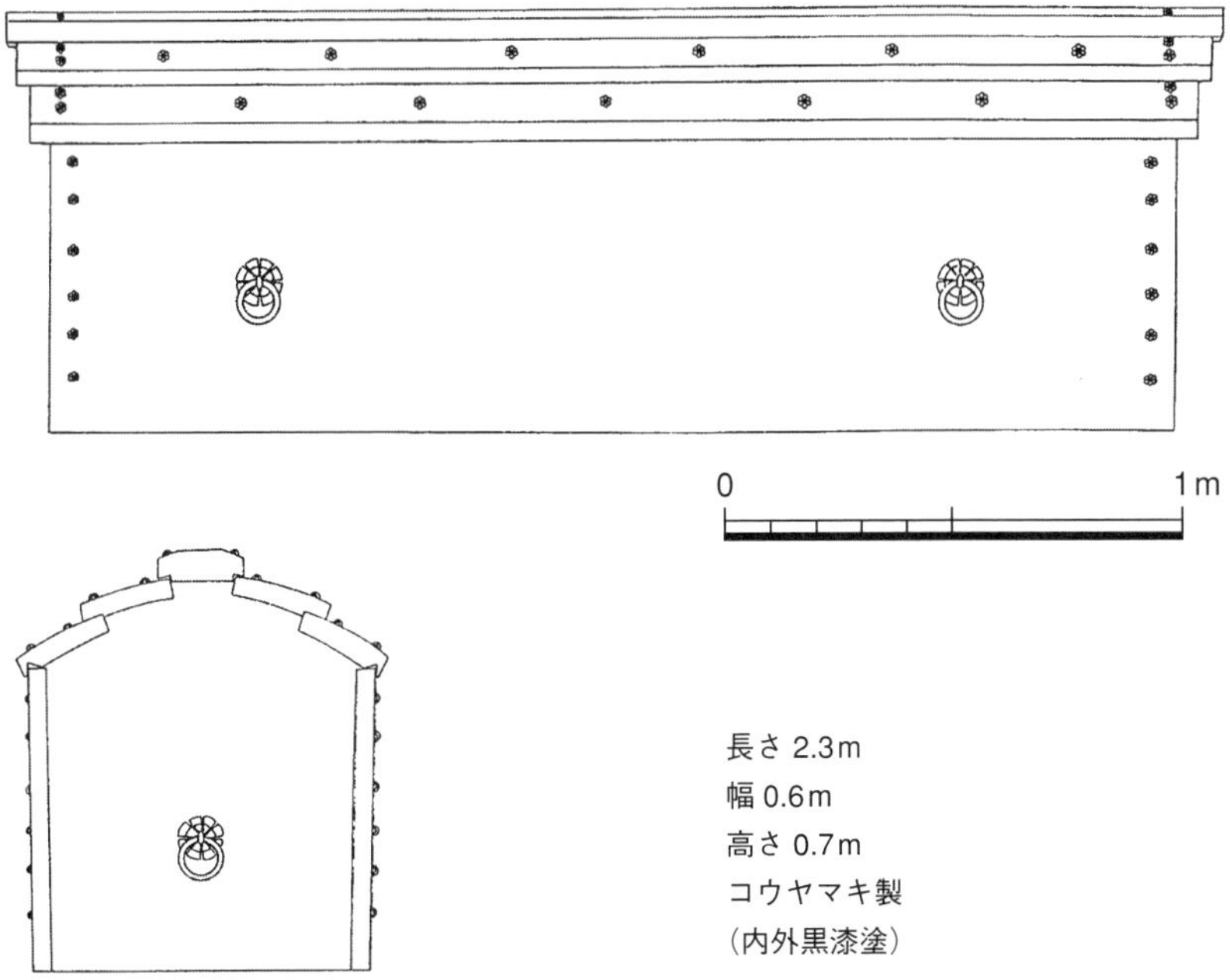

図75　百済武寧王の棺

半島では自生しておらず、中国、台湾、済州島《さいしゅうとう》および日本列島で植生が確認されています。朝鮮半島ではみられない木材でつくられた棺が古墳のなかに納められていることから、別の地域から運ばれてきたと考えられます。

近隣からもたらされたと考えると、昌寧との距離がもっとも近いのが、済州島および日本です。四〇〇年代から五〇〇年代は、朝鮮半島が大きく四つの国にわかれており、昌寧一帯は朝鮮半島南部の伽耶の領域にあったと考えられます。しかし、古墳からは新羅の様相を示す土器が多くみつかっており、この地域一体が新羅の影響を強く受けていたことが考えられます。そうすると、新羅と対立関係にあった百済の領域の済州島からもたらされたとは考えにくく、日本との交流によってもたらされた可能性がきわめて高いといえるのではないでしょうか。

そして、この木棺には、もうひとつ非常に興味

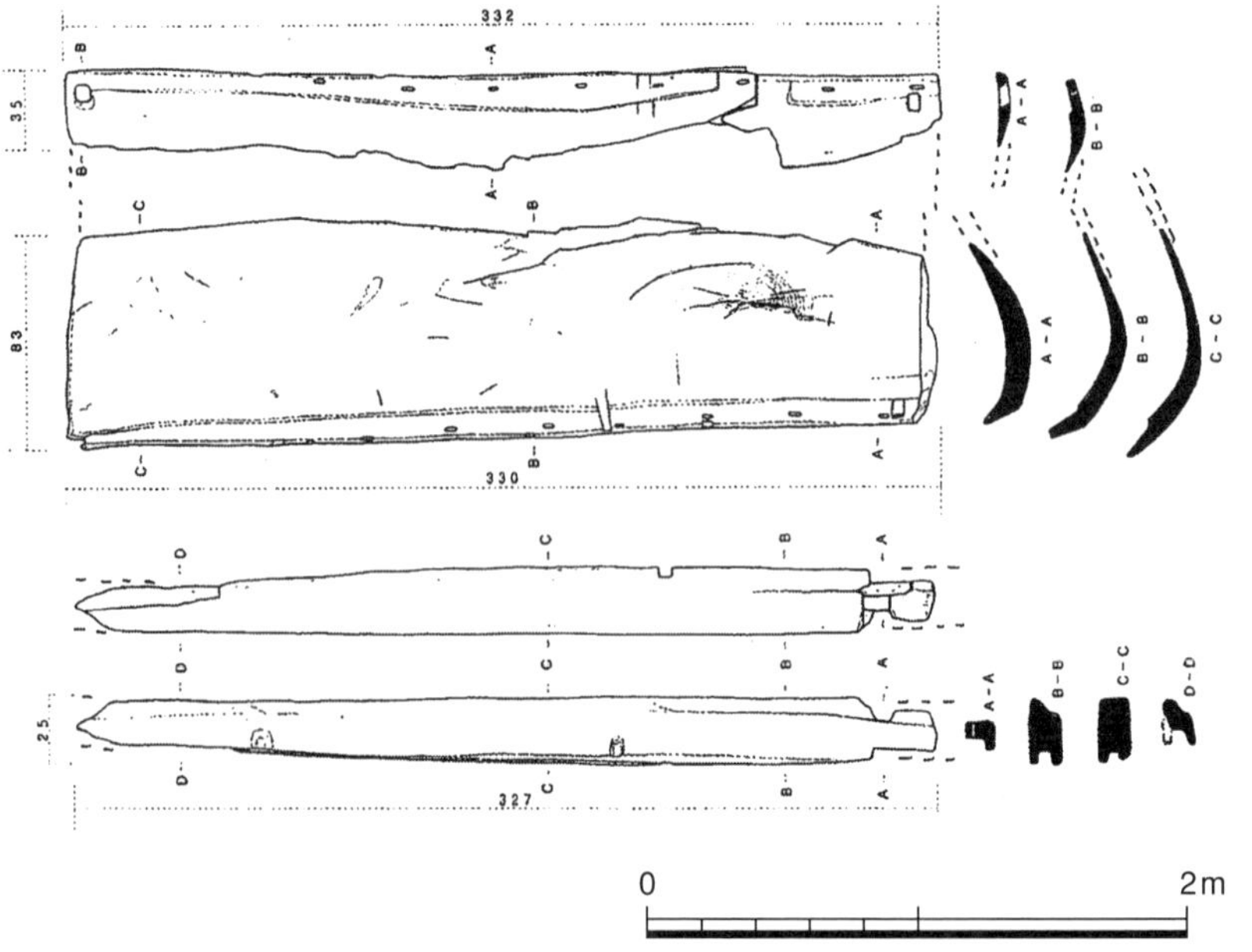

図 76　韓国出土の棺に転用された船材

深い痕跡が確認できます。木棺の側縁部にいくつか小さな穴があり、穴は一定の間隔であけられています。また、その内側には段がみとめられます。一見して、思い当たるものがあるのではないでしょうか。側縁に開けられた穴は、舷側板を接合するホゾ穴と想定でき、底部が平らでやや丸みを帯びたその形は船の船底材そのものです。準構造船の船底材が木棺に転用され再利用されているたいへん興味深い資料です。しかも、それは日本からもたらされた可能性がきわめて高いということで、日本から朝鮮半島へと船を使って交流をしていた様子が見えてくるのではないでしょうか。

参考文献（五〇音順）

一瀬和夫　一九八七「倭人船―久宝寺遺跡出土船材をめぐって」『文化財論叢（上）』横田健一先生古稀記念会
大阪府教育委員会　一九九一『讃良郡条里遺跡発掘調査概要Ⅱ』
大阪府教育委員会文化財保護課　二〇〇四・一一・六「古墳時代の準構造船の部材現地公開資料」
大阪府教育委員会　二〇〇六『讃良郡条里遺跡（蔀屋北遺跡）発掘調査概要Ⅳ』
大阪府教育委員会　二〇〇四『蔀屋北遺跡発掘調査概要Ⅰ』
大阪府教育委員会　二〇〇五『蔀屋北遺跡発掘調査概要Ⅱ』
大阪府教育委員会　二〇〇六『蔀屋北遺跡発掘調査概要Ⅲ』
北野耕平　一九七二「古代の東アジアにおける船舶形態考―日本と韓国出土の船形土製品類の意義」『神戸商船大学紀要第一類文科論集　第二〇号』

国立昌原文化財研究所　二〇〇六「松峴洞古墳群六・七号墳発掘調査概報」学術調査報告第三三輯（原文は韓国語）
權五榮・李亨源　二〇〇六「壁柱（大壁）建物研究のために」『第二回日韓集落研究会共同研究会　日韓集落研究の現況と課題（Ⅱ）』
田中清美　二〇〇四「第六章　摂津・河内の渡来人」『今来才伎―古墳・飛鳥の渡来人』大阪府立近つ飛鳥博物館図録三六
天理市教育委員会　二〇〇〇『西殿塚古墳・東殿塚古墳』
福岡市立歴史資料館　一九八八『古代の船―いま甦る海へのメッセージ』特設展図録
松阪市・松阪市教育委員会　二〇〇三『全国の船形埴輪』松阪市制施行七〇周年記念特別展
松阪市教育委員会　二〇〇五『史跡宝塚古墳』
前原市教育委員会　二〇〇五『潤地頭給遺跡』前原市文化財調査報告書第八九集
横田洋三　二〇〇四「準構造船ノート」『紀要』一七号　財団法人滋賀県文化財保護協会

コラム3

日・中・韓、鏡文化の交流

謎の鏡、国宝「癸未年」銘鏡

和歌山県橋本市の隅田《すだ》八幡宮《はちまんぐう》に江戸時代から伝わる古墳時代の鏡（以下、八幡鏡とよぶ）がある（図15、五一ページ参照）。八幡鏡の出土は明確でないが、付近の古墳から偶然に発見されたものが長らく伝わったと考えられている。

この鏡が注目されたのは、鏡の銘文に「癸未年《きびねん》」という紀年銘があり、鏡背紋様から古墳時代の鏡であることが推定できるところにある。ところが、銘文は明治期以降、さまざまな解釈が加えられてきたが、統一的な決着がつかないまま、今日に至っているのである。

銘文は四七字、

癸未年八月日十大王年男弟王在意柴沙加宮時斯麻念
長寿遣開中費直穢人今州利二人等取白同二百竿所此
鏡

とあり、「癸未年八月十日の大王年のとき、男弟王が意《お》柴沙加《しさか》（忍坂）宮にいる時、斯麻《しま》が長寿することを念じて、開中（河内）の費直《あたい》と穢人《あやひと》の今州利《いますり》の二人等を遣わせて、白同（銅）二百竿（貫）をとって、この鏡をつくった」が大意である（巻頭カラー図版2）。これは昭和の初めに福山敏男《ふくやまとしお》氏が提示した解釈である。

「癸未年」は四四三年説（水野祐氏・小林行雄氏など）と五〇三年説（福山敏男氏・乙益重隆氏など）がある。前者の年号では男弟王は反正《はんぜい》天皇の弟とされる允恭《いんぎょう》天皇で、妻の忍坂大中津姫《おしさかのおおなかつひめ》の宮にいるときという状況である。後者は武烈《ぶれつ》天皇、あるいは仁賢《にんけん》天皇の時代に、男弟（オオド）王である継体天皇が忍坂宮にいるときという状況だ。継体天皇の母、振姫《ふるひめ》は息長《おきなが》氏の一族でその基盤が忍坂であることに整合性がある。

銘文解釈だけでは決着をみない八幡鏡の年代について、

考古学者は二つの方向から研究を進めている。

まず、この鏡が中国鏡を手本に、その紋様をまねて製作された仿製鏡《ぼうせいきょう》という点だ。手本となった鏡の舶載《はくさい》年代が注目できる。これまでに手本となった鏡は全国の中期・後期古墳から一二面確認されている。一二面の鏡は同じ紋様・同じ直径の同型鏡である（本文ではコピー鏡とよぶ）。同型鏡《どうけいきょう》の製作技法はひとつの鏡（原鏡）に粘土（真土《まね》）をおしつけて、鋳型《いがた》を多数製作したものと考えられている（**図77**）。

もうひとつの研究はこの鏡の出土古墳を特定することである。残念ながら鏡が隅田八幡宮に伝来した古記録は江戸時代後期の『紀伊国名所図会』に刀剣・土器などとともに現市内から発見されたことが伝わるのみで、詳細はわからない。しかし、隅田八幡宮は奈良県との境になる紀ノ川中流域に位置し、付近の古墳はそれほど多くない。現在、もっとも有力な推定出土古墳は同市内にあって初期の横穴式石室をもつ陵山《みささぎやま》古墳である（**図78**）。この古墳出土遺物には刀剣・甲冑《かっちゅう》・玉類と須恵器《すえき》・土師器《はじき》などの供献土器がある。さらに、画紋帯神獣鏡《がもんたいしんじゅうきょう》と中世の和鏡の出土が伝えられている。

そのほかの候補として、同じ水系の奈良県五條《ごじょう》市南阿《みなみあ》田大塚山《だおおつかやま》古墳もある。石室側壁は板石を小口積みにし、初期横穴式の名残をとどめる。江戸時代に再利用されており、再利用の陶磁器類に混じって当時の馬具や須恵器などの副葬遺物が発掘されている（**図79**）。

前者、陵山古墳は築造年代が四〇〇年代中ごろから後半で、後者であれば五〇〇年代初頭ころである。ところが、横穴式石室の古墳は第二・第三の柩《ひつぎ》を追葬《ついそう》することが一般的で、築造年代から鏡の副葬年代を限定するには至らない。

神人の歌舞

さて、八幡鏡の手本となった鏡は図像から神人歌舞画《しんじんかぶが》像鏡《ぞうきょう》とよばれている。鏡の図像構成は中央に紐通《ひもとお》し穴の半円形の鈕《ちゅう》があり、その周囲を簡略化された山岳紋《さんがくもん》がめぐる。その外側を四葉紋《しようもん》のある乳《にゅう》が四分割し、各区画に人物を配置する。人物は西王母《せいおうぼ》・東王父《とうおうふ》や仙人などの神人である。

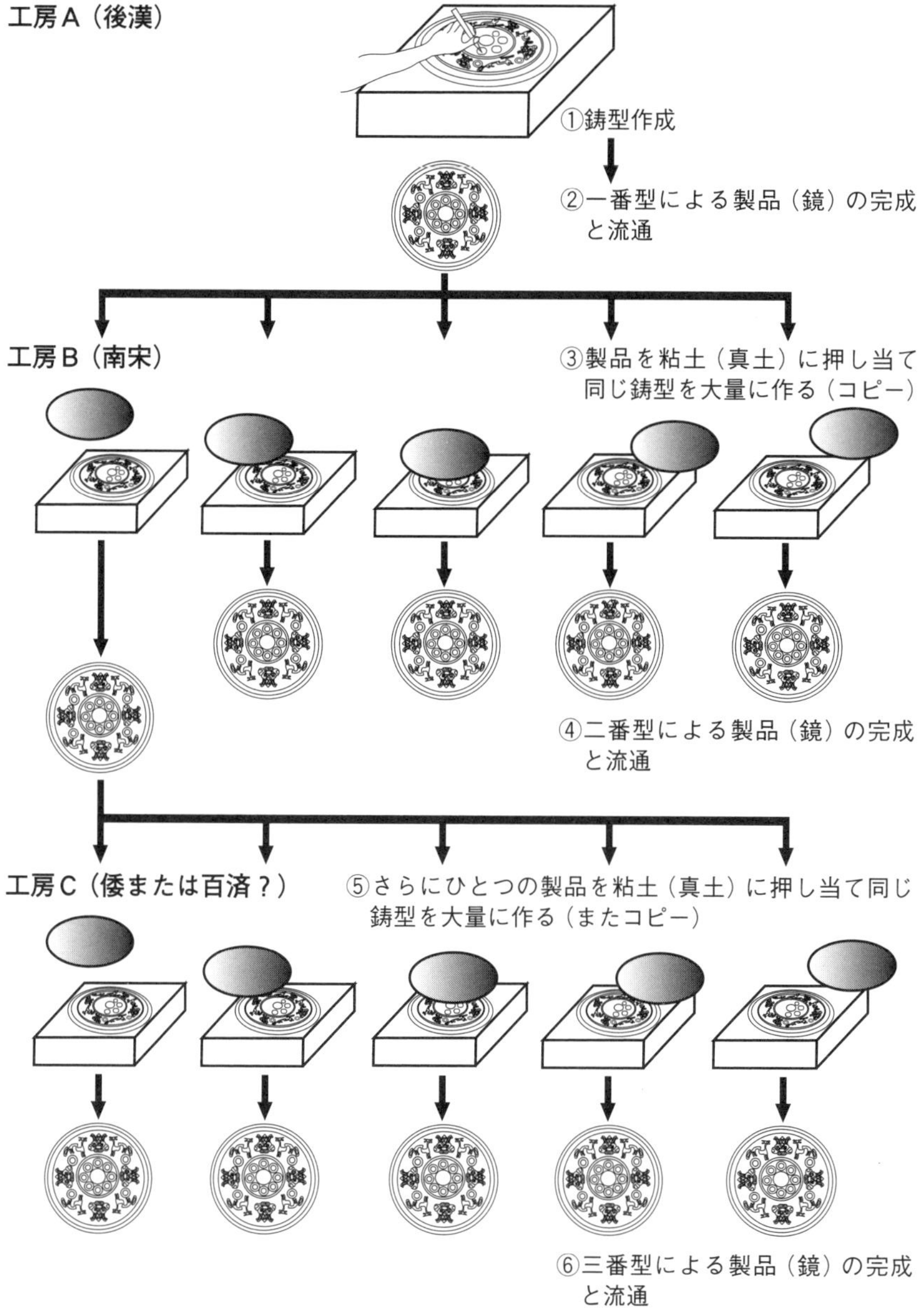
工房A（後漢）
①鋳型作成
②一番型による製品（鏡）の完成と流通
工房B（南宋）
③製品を粘土（真土）に押し当て同じ鋳型を大量に作る（コピー）
④二番型による製品（鏡）の完成と流通
工房C（倭または百済？）
⑤さらにひとつの製品を粘土（真土）に押し当て同じ鋳型を大量に作る（またコピー）
⑥三番型による製品（鏡）の完成と流通

図77　同型鏡の製作過程想定図

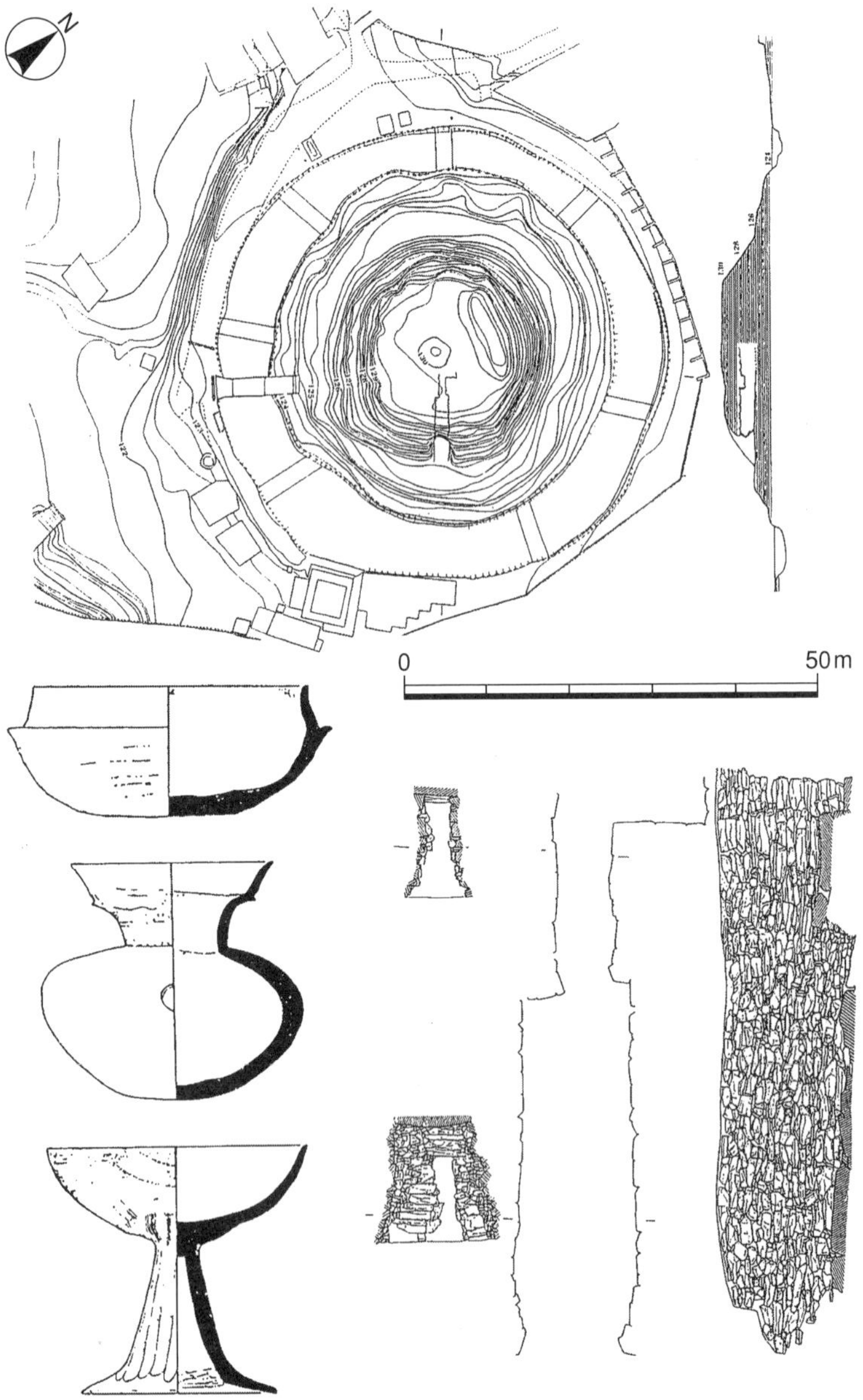

図 78　和歌山県陵山古墳

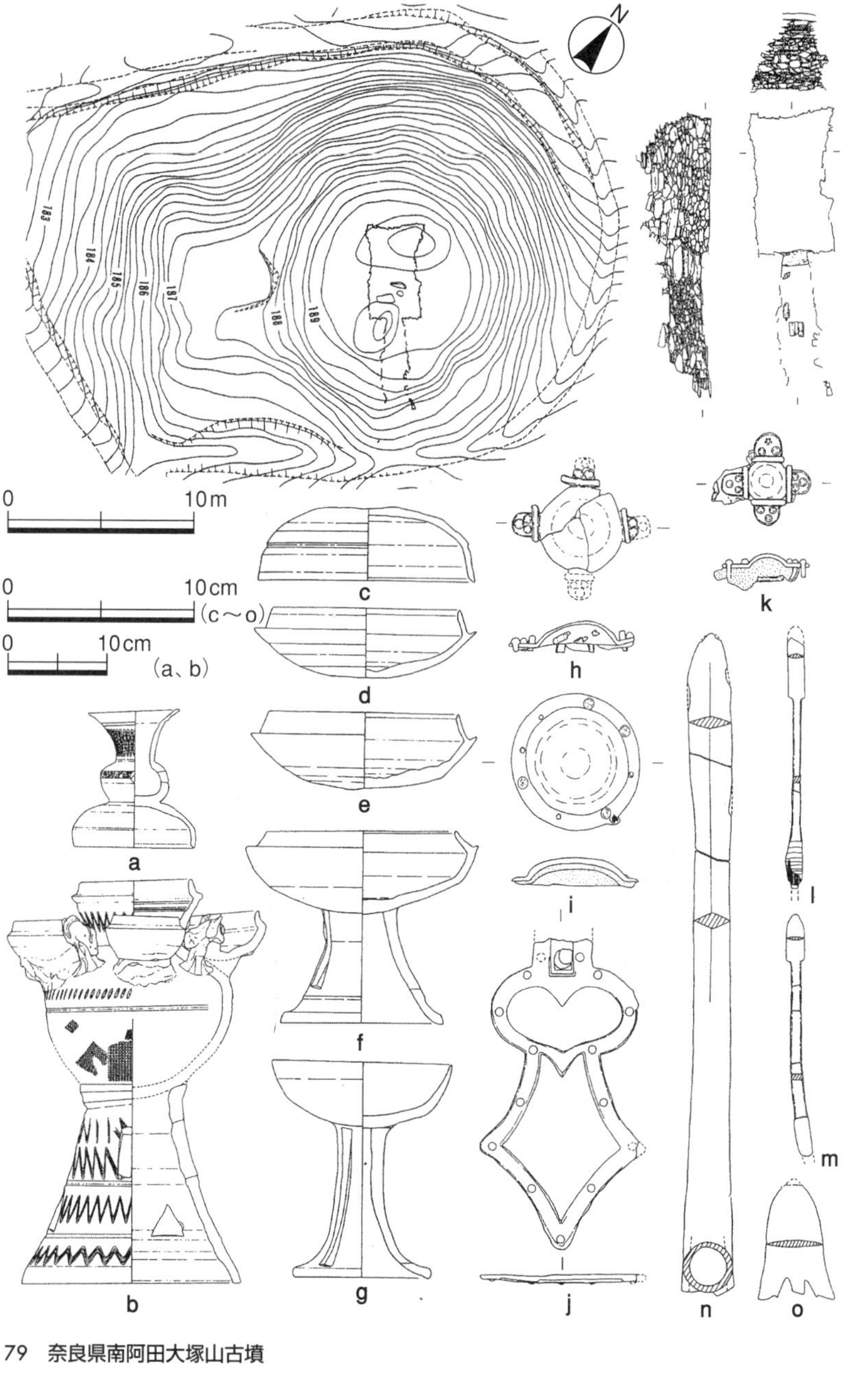

図 79　奈良県南阿田大塚山古墳

鏡の図像が意味するところは、神仙思想による天上世界の一場面であると林巳奈夫《はやしみなお》氏は示している。山岳紋と鈕は、神仙の住む蓬萊山《ほうらいさん》に見立てたものである。四つの区画の一つには西王母と二人の従者、その対極に東王父と二人の従者がいる。もう一つの区画には馬と逃げる人がいるが、これは西王母の天馬を盗み出した東方朔《とうほうさく》だろう。その対極には笛を奏でる羽人《うじん》と逆立ちして踊る羽人、太鼓をたたく仙人がいる。これは天上世界での宴席余興、または歌舞を管轄する役所を表現したものかもしれない。

よく似た図像の神人歌舞画像鏡には琴をひく仙人、七夕《たなばた》の織姫《おりひめ》、酒壷や食器を囲んでの宴会風景、「六博《りくはく》」とよばれる双六《すごろく》に興ずる仙人などが描かれ、天上世界の享楽《きょうらく》・憧憬《どうけい》を想像できる。それは前漢代から庶民が熱心にとりおこなった西王母祭祀の風景を起源にしたという考えを西村俊範《にしむらとしのり》氏は紹介している。

へたくそな紋様の模倣

八幡鏡は手本となった神人歌舞画像鏡を忠実に模倣しようとした。おそらく、手元に鏡をおいて写しとるように鋳型を彫っていったと思われる。両鏡とも直径約二〇センチ、ほぼ同大の大型鏡である。

ところが、そのまま写したために二つの失敗があった。一つは紋様が鋳型に転写されたため、鋳上げると左右逆転したこと。もう一つは割付けなしに少し大きめに図像を刻んだので、すべての人物が空間に入りきらなくなったことである。以上の失敗は鏡つくりを本分とした工房の技術者なら回避できる初歩的な失敗といえよう。つまり製作工人は、はじめて模倣する鏡だったのか、もともと鏡工人ではない鋳物師《いもじ》による製作かである。

工人の実態を知る鍵は、模倣されなかった二つの部分からも推測することができる。まず、外区の銘文帯《めいぶんたい》である。鏡の銘文を模倣する場合、漢文を読み書きする知識の有無が顕著にあらわれる。銘文は五言あるいは七言で韻《いん》を踏んでおり、また、図像に対応する神仙思想の意味が刻まれる。元となった鏡には「上有西王母東王父今居陽……」などが刻まれているが、八幡鏡の銘文にはまったくその模倣がない。そして、本来の銘文帯の位置に半円方形帯を付加し、銘文は外区に刻まれている。その結果、外区の紋様帯は省略されている。
　神人歌舞画像鏡は半円方形帯をともなわない鏡群であり、この付加は別の種類の鏡の模倣と考えられる。その候補は画紋帯仏獣鏡《がもんたいぶつじゅうきょう》だろう。手本となった鏡同様、全国に同型鏡が数多く存在し、それを元にした仿製鏡も数多く存在するからである。したがって、八幡鏡の製作工人は神人歌舞画像鏡の模倣には手馴れていなかったとしても、画紋帯仏獣鏡などの仿製鏡製作にたずさわる鏡工人と推定できるのである。本来、仿製鏡は銘が刻まれない。漢字が普及していないからだ。つまり、工人が鋳型を彫って鋳造するとしても、おそらく鏡銘は漢字をよく知った別人の手によると思われる。それは銘文に「開中（河内）の費直と穢人の今州利の二人等を遣わせて……」からわかる。前者が鏡工人で、後者の渡来の穢人が銘を刻んだのではないだろうか。銘文は鋳型に裏文字で刻まれ、鋳上がりは正字となっている。
　どういう理由で紋様と銘が決定されたのかは不明である。八幡鏡は神人歌舞画像鏡を忠実に模倣しておきながら、画紋帯仏獣鏡からも紋様を抽出した。なおかつ、外縁に中国鏡の銘を逸脱した「癸未年」ではじまる長文、干支による年号を刻むのである。

同型鏡の副葬古墳

　八幡鏡の元となった神人歌舞画像鏡は、現在一二面の同型鏡が確認されている。以下に副葬された古墳をあげる。

東京都亀塚《かめつか》古墳　全長四〇メートル、前方部が短い帆立貝式の古墳で主体部が二基ある。戦後まもなく発掘調査され、鏡は第二主体から出土しており、ほかに鈴釧《すずくしろ》・玉類・刀・馬具が出土している。第一主体からは刀・刀《とう》子《す》・銀製小環《しょうかん》・金銅製飾金具《かざりかなぐ》などが出土している。築造年代は四〇〇年代末〜五〇〇年代初めと推定される。

福井県西塚《にしづか》古墳　全長六七メートルの前方後円墳で、竪穴式石室を主体部にもつ。戦後まもなく発掘され、神人歌舞画像鏡と仿製鏡、玉類・金製耳飾・帯金具《おびかなぐ》・剣・刀・冑《よろい》などがみつかった。築造は四〇〇年代後半としている。

京都府トヅカ古墳　径約二二メートルの円墳で竪穴式

石室を主体部にもつ。出土品は明治の初めに回収されている。神人歌舞画像鏡と神人車馬画像鏡《しんじんしゃばがぞうきょう》、小型の仿製鏡・馬具類・刀である。神人車馬画像鏡は、熊本県江田《えた》船山《ふなやま》古墳出土鏡や伝福岡県京都《みやこ》郡出土鏡と同型関係にある鏡だ。築造は四〇〇年代末だろう。

大阪府郡川西塚《こおりかわにしづか》古墳　全長五四メートルの前方後円墳で、初期の横穴式石室をもつ。出土品は明治の後半に石室破壊にともなって発見され、神人歌舞画像鏡二面と、銀製耳飾・玉類・剣・須恵器などが伝わる。出土須恵器は五〇〇年代初頭のMT15型式であり、築造年代がわかる（**表7**）。

大阪府長持山《ながもちやま》古墳　径約四〇メートルの円墳で、二基の石棺を主体部にもつ。一号棺は竪穴式石室内にあり、阿蘇《あそ》から運ばれた家形石棺である。明治に柩があけられ、石室内から甲冑、棺内から金銅製鞍金具《くらかなぐ》などの馬具・金銅製飾金具・刀・須恵器などが出土している。二号棺の石室は不明で、石棺は古くに盗掘され遺物も不明である。長持山古墳は古市古墳群に所在する市野山古墳（允恭天皇陵古墳）の陪塚《ばいづか》で、築造は四〇〇年代後半とされる。

神人歌舞画像鏡はボストン美術館に所蔵されている。

岡山県朱千駄《しゅせんだ》古墳　全長六五メートルの前方後円墳で、竜山石《たつやまいし》製の長持形石棺をもつ。出土品は明治時代に収集された。神人歌舞画像鏡のほか、多量の勾玉《まがたま》や管玉《くだたま》などの玉類・槍《やり》・蛇行状鉄器《だこうじょうてっき》・多量の朱《しゅ》などである。四〇〇年代末以降と考えられるTK47型式の須恵器が採集されている（**表7**）。

福岡県番塚《ばんづか》古墳　全長五〇メートルの前方後円墳で、初期横穴式石室をもつ。一九五七年に発掘調査され、神人歌舞画像鏡のほか、多量の玉類・武具・馬具・工具・飾金具などが出土し、副葬品は豊富である。

さらに、出土地不明鏡が三面確認されている。そのうち、埼玉県秋山所在古墳出土鏡は古墳が特定できず、鏡の所在も不明で拓本のみが現存している（**図80**）。

以上、八幡鏡の手本となった鏡は全国の中・小古墳から出土しているが、発掘調査による出土は少なく、製作地や流通経路の特定もむずかしい。しかし、大阪河内地域出土鏡が三面あり、「開中（河内）費直」がこれらの鏡を手にとって模倣する機会があったことが推測できる。

期	西暦	型式（陶邑窯）	（陶邑窯）	地方窯	古墳他
I	A.D. 400				
					大阪・百舌鳥陵山古墳
				大阪・一須賀2号窯	
		TK-73			大阪・誉田御廟山古墳
		TK-216		宮城・大蓮寺窯	
			ON-46		大阪・大仙古墳
		TK-208		愛知・東山218号窯	
			MT-84	島根・迫谷2号窯	島根・金崎古墳
		TK-23			
	500		KM-1	島根・高畑窯	
		TK-47			埼玉・稲荷山古墳
				長野・松ノ山窯	
II		MT-15			福岡・岩戸山古墳
		TK-10			
			↑ MT-85 ↓		
					奈良・飛鳥寺
		TK-43			
	600				
		TK-209			
				京都・幡枝窯	
III		TK-217			

表7　陶邑須恵器編年（田辺編年）

そして、これらの鏡が四〇〇年代後半から五〇〇年代初頭につくられた古墳からの出土であることが注目される。厳密には四〇〇年代後半築造の古墳でも、鏡の副葬は第二番目の被葬者など、四〇〇年代末以降にくだると思われ、副葬時期が継体天皇の時代に深くかかわるのである。したがって、模倣がおこなわれた「癸未年」も四四三年と考えるより、五〇三年に即していると考える。

同型鏡群は中国製か？

さらに参考にできる諸例を紹介しよう。詳述した神人歌舞画像鏡のほか、画紋帯環状《がもんたいかんじょう》

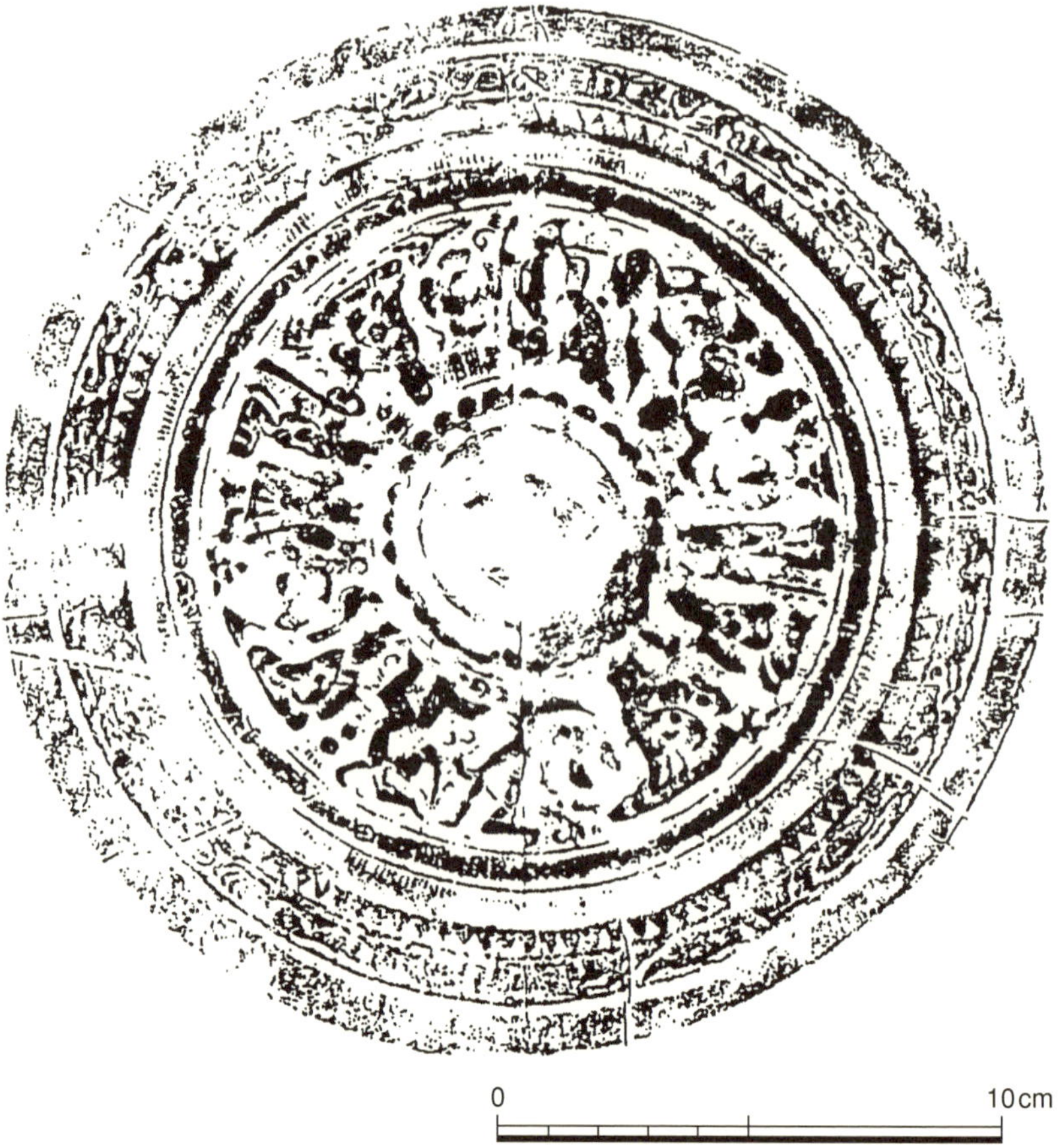

図 80　伝埼玉県秋山古墳群出土の神人歌舞画像鏡

乳神獣鏡《にゅうしんじゅうきょう》・画紋帯同向式神獣鏡《がもんたいどうこうしきしんじゅうきょう》・線彫式《せんぼりしき》獣帯鏡《じゅうたいきょう》などにも同じ紋様・直径の鏡が多数知られる。これらも概して四〇〇年代後半から五〇〇年代初頭の古墳から発見されている。一群の同型鏡群はあわせると一六種、一〇〇面に達する勢いである（**表8**）。

三角縁神獣鏡を除けば、中国鏡の同型鏡は弥生時代や前期古墳の鏡にはみられず、中期・後期の古墳出土に限られる。したがって、それまでの舶載鏡とは入手経路や意味合いが違うことが推測できる。

同型鏡群の入手は、当初朝鮮半島からという考えが示されてきた。たしかに、半島との中間点にある福岡県沖《おき》ノ島《しま》祭祀遺跡からも同型鏡群が発見されている。しかし、画紋帯神獣鏡などは三角縁神獣鏡のつぎの段階に、南朝との交易で直接中国から入手したものと、樋口隆康《ひぐちたかやす》氏は説いた。一九六〇年当時は、熊本県江田船山古墳の鉄刀銘

鏡式名	直径概寸（cm）	出土地域 九州	四国中国	近畿	中部東海北陸	関東	国内で出土地不明	韓国（百済）	伝中国	小計（面）
画紋帯環状乳神獣鏡A	16	2		1		3				6
画紋帯環状乳神獣鏡B	15	5	2	1		1				9
画紋帯環状乳神獣鏡C	21	1		3						4
画紋帯対置式神獣鏡	20	1	1	1			1			4
画紋帯同向式神獣鏡A	20	5	2	10	4	2	3			26
画紋帯同向式神獣鏡B	19				2		1			3
画紋帯同向式神獣鏡C	14					1	1	1		3
神人歌舞画像鏡	20	1	1	4	1	2	3			12
神人車馬画像鏡	22	2		1			1			4
神人龍虎画像鏡	20	1	1	3						5
半肉彫獣帯鏡A	18	6		2	1			1		10
半肉彫獣帯鏡B	23			2		1		1		4
線彫獣帯鏡	18	1		4						5
方格規矩鏡	18	1						1		2
画紋帯仏獣鏡A	21		1		1	1				3
画紋帯仏獣鏡B	24			1	2	1	2		1	7
小計（面）		26	8	33	11	12	12	4	1	107

表8　同型鏡（コピー鏡）の種類と地域別出土数

「□□□鹵大王」を「ミズハワケ大王」と読み、反正天皇にあてる説が有力だった。そして、この古墳には三面の同型鏡が副葬されており、四〇〇年代中ごろには王権が南九州を掌握していたとする見方が可能だったからだ。

ところが、一九八三年に埼玉県稲荷山古墳出土鉄剣の銘文が解明され、大王名は「獲加多支鹵大王」＝「ワカタケル大王」であることがわかると、この古墳などにともなう同型鏡も四七〇年代以降のものであると検討されるようになってきた。

さらに、川西宏幸《かわにしひろゆき》氏は、多くの種類の同型鏡が原鏡から同時期に鋳型を大量につくって製作されたものではなく、コピーを何度か重ね、製作時期に幅があることを詳細な分析で解明された。その結果、鏡の製作地は一ヵ所ではなく、一時期に入手されたものでもないという複雑さが明るみに出たのである。

加えて、車崎正彦《くるまざきまさひこ》氏が指摘するように「癸未年」銘鏡の半円方形帯が画紋帯仏獣鏡からの模倣で、これらの紋様を仿製した鏡は奈良県藤《ふじ》ノ木《き》古墳や平林《ひらばやし》古墳から出土するなど、五〇〇年代後半まで仿製されつづけていることは、五〇三年製作説を支持する有力な要素となった（**図81**）。

ところで、三国時代以降の中国は小国の勃興《ぼっこう》がつづき、社会が不安定となって鏡製作は低迷する。後漢式鏡以来の新たな鏡式はなく、古い鏡を再利用するか原鏡とし、先に示した踏み返し技法による同型鏡で間に合わされた（**図77工房B**）。このような状況は唐式鏡の隆盛までつづくという。なかでも、画像鏡や画紋帯神獣鏡は、華中の長江下流域に多く分布することが知られており、中国南朝との交流でもたらされた可能性が指摘されてきた。それまでの舶載鏡は朝鮮半島を経由してもたらされたと考えられがちであったが、同型鏡の分布が熊本県江田船山古墳・宮崎県持田《もちだ》古墳群など、南九州にも目立ち、半島を経由しないルートも推定されている。

したがって、同型鏡が南朝で製作され、『宋書』倭国伝に記された「倭の五王」による新たな冊封体制を鏡が意味するという意見も依然根強い。四〇〇年代前半から中ごろにかけての交易で鏡がもたらされたとする場合、五〇〇年代にくだる古墳から鏡が発見される理由として、三角縁神獣鏡のように鏡が宝器として一定期間伝世《でんせい》していたと考える必要がある。

ところが最近、韓国公州市の武寧王陵《ぶねいおうりょう》から出土した方《ほう》格規矩鏡《かくきくきょう》が、わが国出土鏡と同型鏡であることが判明した（図89、二〇六ページ参照）。たしかに、武寧王の治めた百済《くだら》も中国南朝と盛んに交易していたので、鏡はわが国と別途の経由で流入した可能性もある。しかし、武寧王陵出土の方格規矩鏡は通常の中国鏡にみられない、漢人

奈良県藤ノ木古墳出土
（径 16 cm）

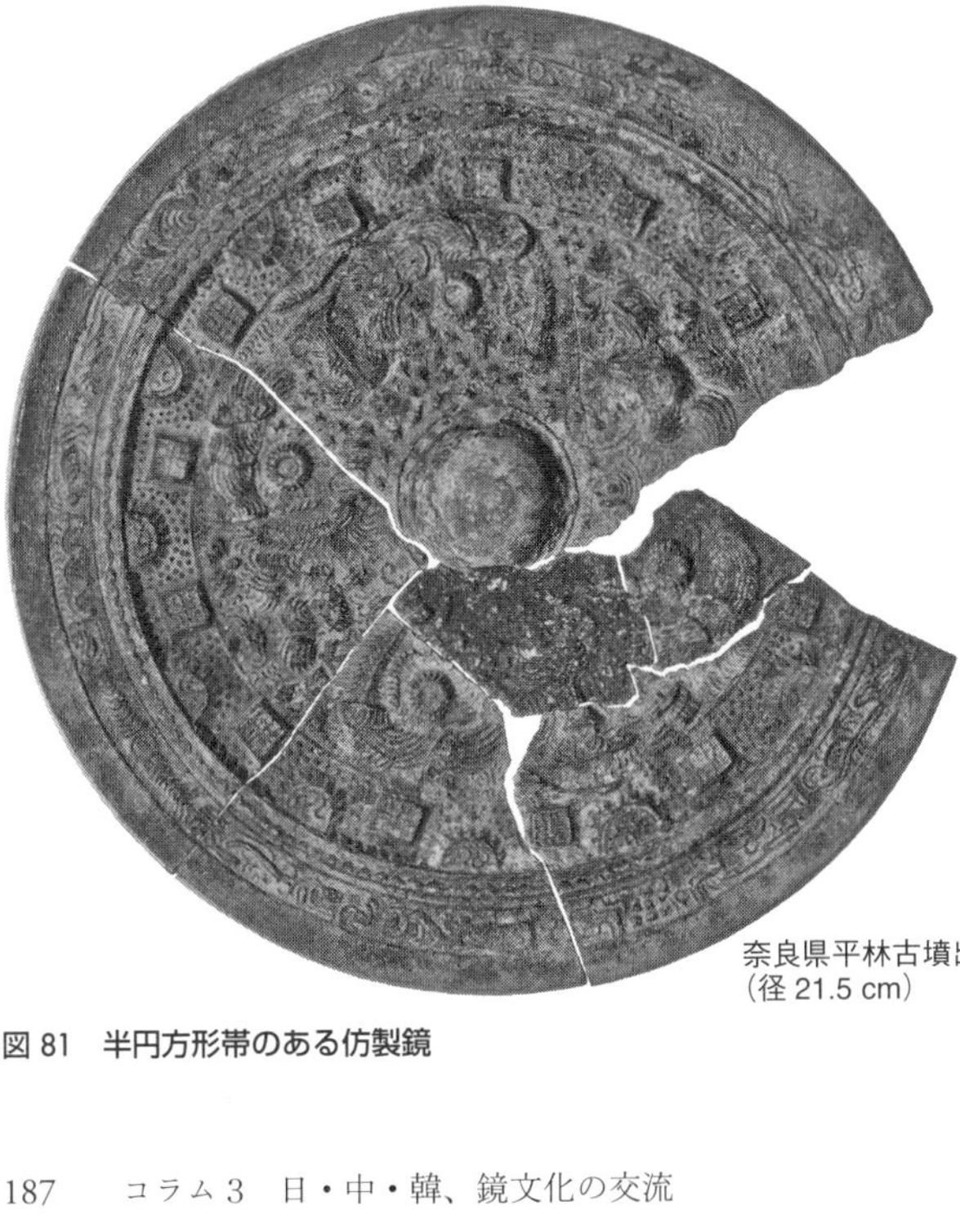

奈良県平林古墳出土
（径 21.5 cm）

図 81　半円方形帯のある仿製鏡

とはちがった人物像が付加されて鋳出されており、中国の原鏡をもとに朝鮮半島で製作された鏡である可能性も指摘されている（図77工房C）。そして、その同型鏡がわが国でも出土したとなれば、同型鏡には半島からわが国にもたらされた一群が存在する可能性が出てきたのである。

近年、四〇〇年代後半から五〇〇年代にかけての半島からの渡来系遺物の実態が明瞭になりつつある。また、半島においても仿製鏡・須恵器・棺材などでわが国からの交易品と思われるものが出てきた。また、前方後円墳や埴輪も韓国で発見されるに至り、文化や文物の交流が予想以上であったことが知られる。

武寧王陵出土鏡は当時の最高権力者の鏡である。したがって、日本・中国・韓国の交流実態に大きな問題を投げかけるものと確信する。さらに「癸未年」銘鏡の年代を五〇三年とすれば、それは武寧王の即位年であり、王の字《あざな》である「斯麻《しま》」による発念で製作されたという銘文は、謎多き「癸未年」銘鏡を説くうえで非常に興味深いものといえよう。

参考文献（五〇音順）

乙益重隆　一九六五「隅田八幡神社画像鏡銘文の一解釈」『考古学研究』一一―四　考古学研究会

川西宏幸　一九九二「同型鏡の諸問題」『古文化談叢』二七　九州古文化研究会

車塚正彦　一九九三「倭鏡の製作者」『季刊考古学』四三　雄山閣

小林行雄　一九六五『古鏡』学生社

奈良県教育委員会　一九八一『南阿田大塚山古墳発掘調査概報』

西村俊範　一九九四『開明堂英華』村上開明堂

橋本市教育委員会　一九七四『陵山古墳発掘調査概報』

樋口隆康　一九六〇「画文帯神獣鏡と古墳文化」『史林』四三―五　京都大学文学部

福山敏男　一九三四「江田発掘大刀及び隅田八幡神社鏡の製作年代について」『考古学雑誌』二四―一　日本考古学会

水野　祐　一九五四「隅田八幡神社蔵鏡銘文の一解釈」『古代』一三　早稲田大学考古学会

（佐々木健太郎）

対談

追検証、今城塚古墳の実像

森田克行・西川寿勝

今城塚古墳の石室と石棺

西川　今回はわたしの進行で質問を中心に、森田さんのご意見をうかがう対談の形をとりたいと思います。

早速ですが、今城塚古墳の石室について、先ほど慎重なお考えをうかがいました。主体部、つまり中心となる埋葬施設ですが、大型の横穴式石室ではなかったということでした。

近畿の大型古墳の変遷をみていきますと、三〇〇年代の前期は竪穴式石室に割竹形木棺（図82a）、四〇〇年代の中期古墳は竪穴式石室に長持形石棺（図82b）、五〇〇年代以降の後期は横穴式石室に家形石棺（図82c）という主体部の変化をみせます。今城塚古墳は中期から後期にかけての過渡期にあたり、はじめて明らかにされた大王墓の埋葬施設ということです。

森田　一〇次調査途上の記者発表では、発見した石室基盤工の規模や使用された石材の破砕痕跡から、大形の石材を使用した大規模な横穴式石室を推定しました。しかし、のちにくわしく調べてみますと、現場には横穴式石室の手がかりとなる大きな石材が見あたらないのです。そこで、持ち去られたとするならば、付近の旧家の庭石などに転用されていないかと思い、聞き取り調査や古記録にもあたってみました。けれども、石材に関する手がかりはみつからなかったのです。ですから、大形の石室

a　前期古墳の埋葬施設（竪穴式石室）

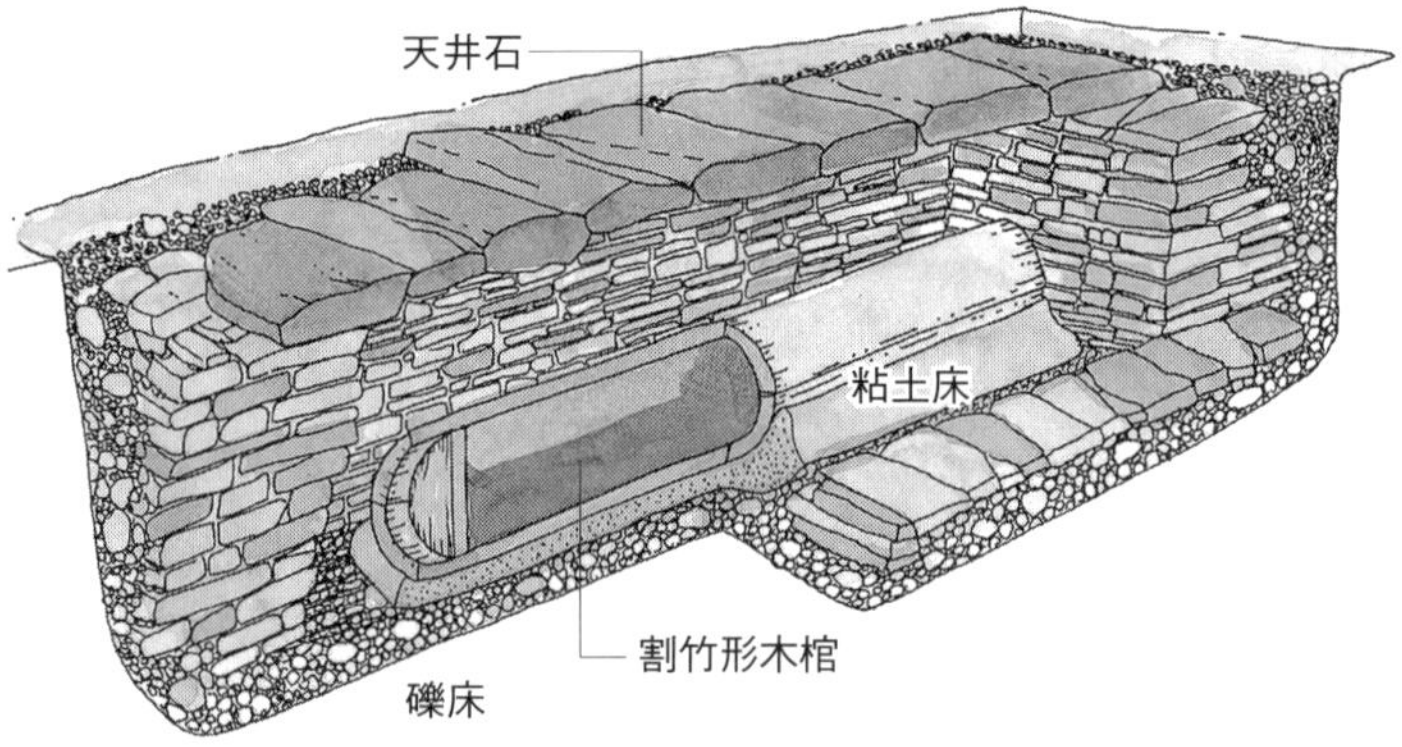

b　中期古墳の埋葬施設（竪穴式石室）

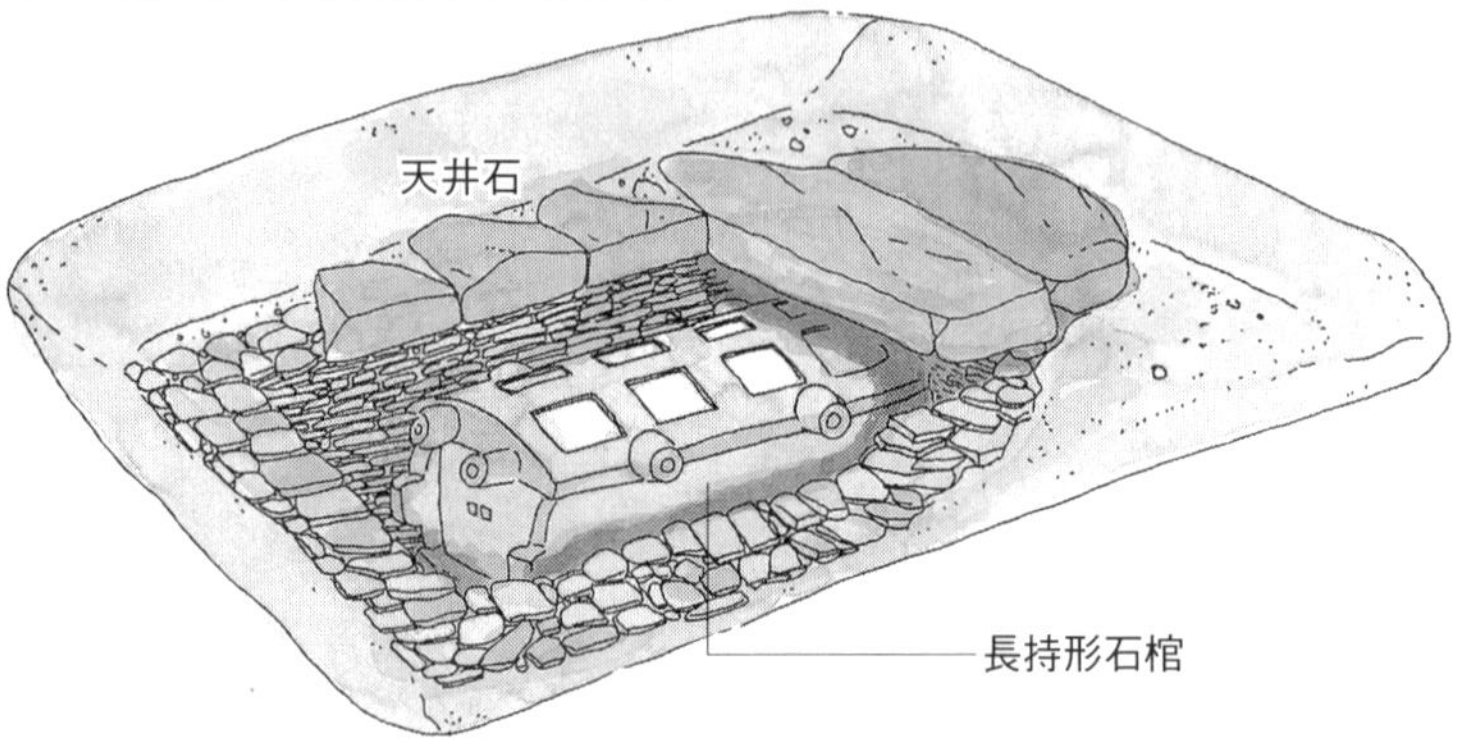

c　後期古墳の埋葬施設（横穴式石室）

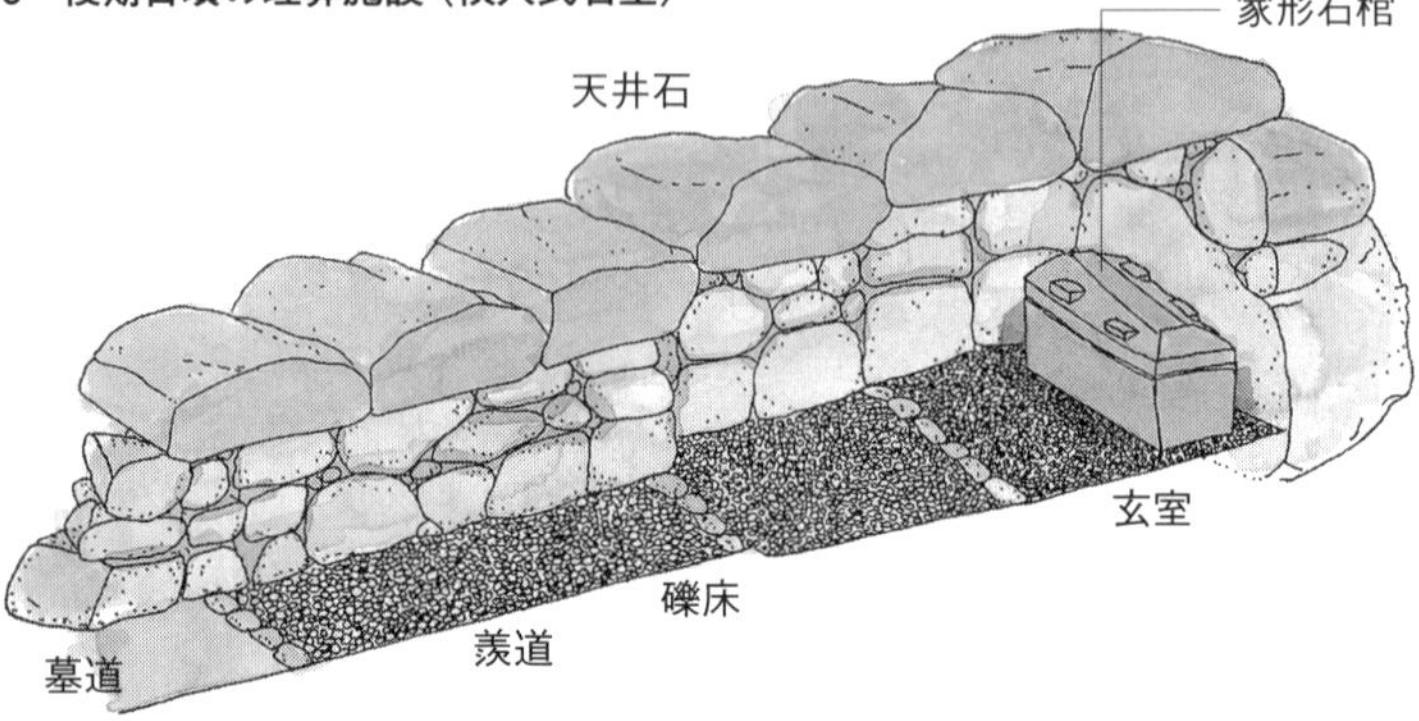

図 82　古墳の埋葬施設

石材は当初から使われていなかったのではないかと考えるようになりました。
そこで参考になる資料が、峯《みね》ヶ《が》塚《つか》古墳の石室構造です（図83）。

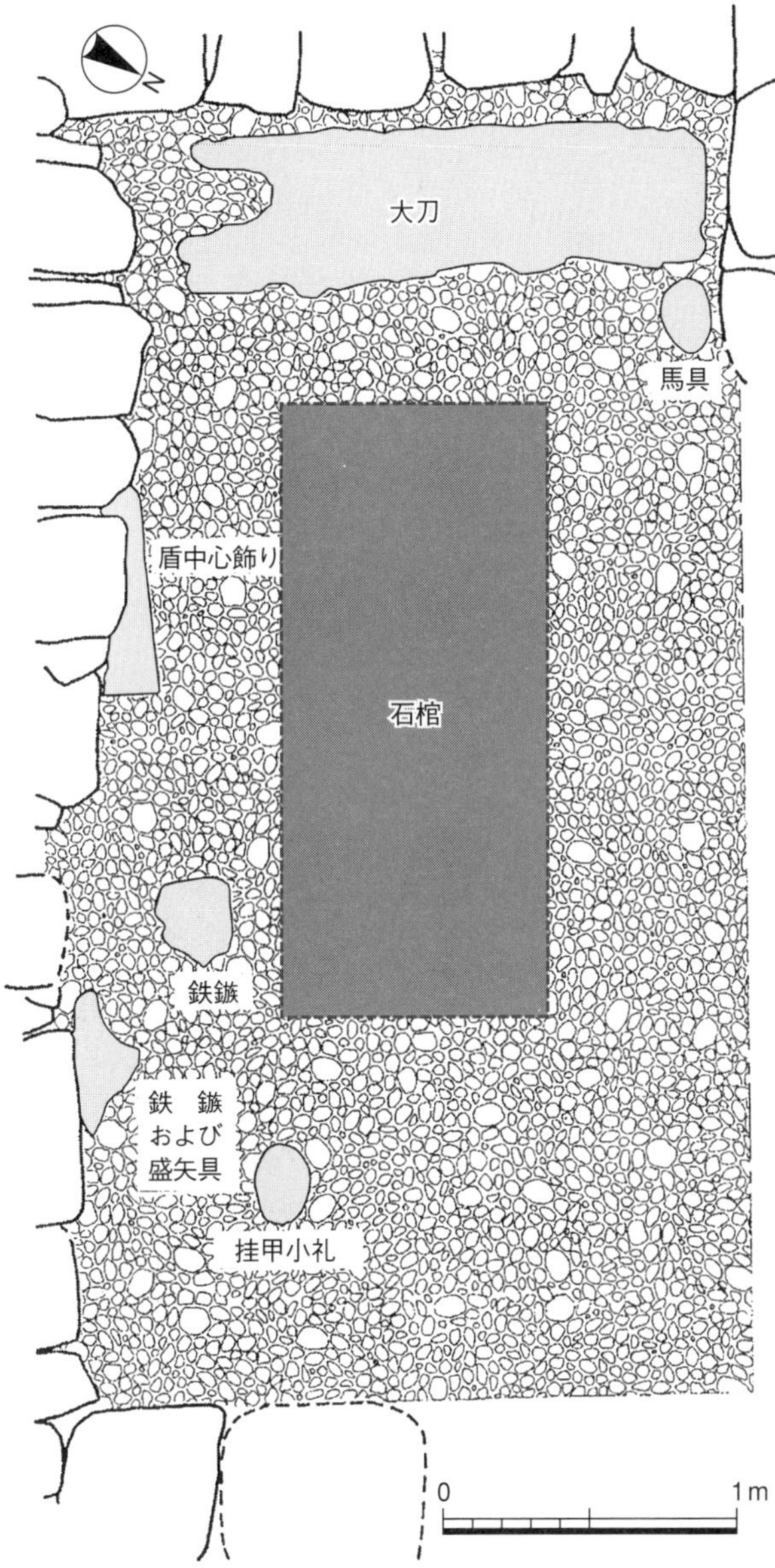

図83　大阪府峯ヶ塚古墳の石室構造

西川　大阪府羽曳野市で一九九二年に調査された五〇〇年代初頭の前方後円墳ですね。水野正好氏の説によると仁賢天皇の陵墓の可能性もあるという古墳です。それは長辺約四メートル、短辺約二メートル、高さ二メートル程度の小形の石室に舟形石棺が中央に納まる構図でした。

森田　峯ヶ塚古墳の被葬者は確定していませんが、今城塚古墳の少し前の時期に築造された二段築成の大形古墳です。今回わかった石室基盤工の外辺の石積みの状況や使用石材の形状が、峯ヶ塚の後円部の中心にあった小形の石材を用いた特殊な横穴式石室の石積みとよく似ていると思いました。ただ峯ヶ塚の石室は、盗掘で天井石などが抜き取られています。それといま一つ関心を寄せているのは、石室の下の墳丘土のなかから多くの石材が顔を出していたことです。

西川　当初、横穴式石室の閉塞石かといわれていたものですね（**図84**）。

森田　峯ヶ塚では墳丘を掘り下げて石室の掘方や基底部まで調査されませんでしたが、今回発見された今城塚の墳丘や石室の構築過程にかかわる遺構については、峯ヶ塚にも共通するのではないかということです。

すなわち、今城塚では後円部の二段目の土盛り後、石材を敷き詰めて大規模に石室基底部の地形作業をしたと想定しています（**図35、九一ページ参照**）。峯ヶ塚の場合、

図 84　峯ヶ塚古墳の後円部に露出した多数の石材

石室下の石材を石敷の遺構と仮定すれば、石敷があったにもかかわらず、その上部の石室はそれほど大きなものではなかった、ということです。

もう一つの考え方としては、それらの石材を、今城塚で確認された墳丘内石積みの一部が露出したものととらえることです。これについては、ただちに結論は出ませんが、今後、慎重に見極めなければならない課題と考えています。

なお今城塚の場合も、大形の石材が石敷きに直接のっていた痕跡は、それほど明白ではありません。ただし二段目、三段目の墳丘の高さを考慮すると、石室の大きさや高さも相当大規模なものが復元できると思います。石棺の存在もわかっています。

西川　なるほど、盛り土上に石室を沈みこまないように構築していく工夫が読みとれるわけですね。そこに三種類もの大きな石棺が納められていたのですか。

森田　そうです。石棺の部材と判定される凝灰岩の石材が阿蘇《あそ》のピンク石、播磨《はりま》の竜山石《たつやまいし》、二上山《にじょうさん》の白石《しろいし》の三種類みつかっています（**図85**）。いずれの石材も砕片となっていて、これまでに数十センチ四方の大きなものから一センチ未満の細片まで、数百点が出土しています。

西川　考古学的にみれば、三種類の石材の石棺があれば、それは同時期ではなく、時期差があったと考えるべきでしょうか。

図85　今城塚古墳出土の三種類の石棺材
左：阿蘇ピンク石、中：竜山石、右：二上山白石。

森田　普通には、そう考えられます。ただし、この時期差について、どれほどの時間差を想定するかという問題は残ります。また逆に、時期差がごく小さくても型式の異なる石棺が埋納された可能性も充分考えられます。

残念ながら発見された石棺の破片は細片が多くて、全体の形まではとてもわかりません。今のところ、蓋石の部材が目立ち、そこから大きさを復元しています。重量は、一棺につき七〜八トンくらいになるだろうと思います。

西川　当時としては最大級の石棺ですね。やはり、最新の形としての家形石棺でしょうか。

森田　このような石棺を、海を越えて遠くから運んでくるということ自体が大王の威厳を広く知らしめるデモンストレーションになっていたと考えます。

余談ですが、三種類の石棺材に越前で産出する笏谷石《しゃくだにいし》が含まれていなかったことが注目されます。越前では大形古墳の石棺材には、笏谷石を使っています。のちの時代になっても、石造物にさかんに利用された良質の凝灰岩です。継体天皇は北陸と関係が深かったという説をよく耳にします。なぜ、その石材が今城塚古墳にないのか不思議です。

西川　継体天皇と北陸との関係を示唆的に示すものですね。

森田　これまでの石棺研究にしたがえば、家形石棺では阿蘇のピンク石がもっとも古く、竜山石と二上山白石がややおくれて出現してくるということです。今城塚古墳の初葬が家形石棺であれば、ピンク石の石棺に継体天皇が安置されたという見方になります。

ただ、この点について、後出すると考えられている播磨の竜山石や二上山白石の家形石棺の石材開発や流通も継体天皇の時代になされたと推定できますので、それらの石棺についても、その初期段階のものと予測しますと、継体天皇の棺とすることも可能です。

西川　非常に興味深いお話です。近畿、とくに大和では古墳時代後期になると横穴式石室を採用した群集墳と、伝統的な木棺直葬の群集墳の二種がみられます。前者は継体天皇に積極的にかかわったグループ、後者は継体天皇とは疎遠だったグループと色分けできるのではという説も示されています。そのことと家形石棺の採用を比較すれば、継体天皇の勢力がより鮮明にできるかもしれません。

いずれにせよ、今城塚古墳では大きな石を運びこむデモンストレーションが三回もあったようです。副葬品の一部がわかっているということですが、そこから時間差などを探れないでしょうか。

森田　石室は一二八八年に盗掘されたという記録（『公衡公記《きんひらこうき》』）が残っています。犯人は京の都で捕まっているのですが、「繼體天皇攝津國嶋上陵」から鏡などがもち出されたというものです。

発掘調査では金銅製の装身具の破片、銀象嵌で龍紋をあしらった大刀の破片、それから赤・青・黄色などのガラス玉と挂甲《けいこう》の部材である鉄小札《てつこざね》などがみつかっています。また、そのほかにも副葬品と考えられる鉄製品の破片も数多くありますが、いずれも細片で、鏃《やじり》などもその一端しかわかりません。

また、玉石がたくさん出ています。石室の床面に敷き詰めていたのかもしれません。淡路《あわじ》島の洲本《すもと》海岸でとれる泉南酸性岩類《せんなんさんせいがんるい》流紋岩《りゅうもんがん》という、卵大の石材がたくさん出土しています。

大王権継承儀礼を示す埴輪祭祀場

西川　王権のデモンストレーションは、埴輪祭祀場にも色濃く見られるわけです。ただし、そこは継体天皇の殯宮《もがりのみや》儀礼《ぎれい》であるということが森田さんのご意見でした。ということは埴輪祭祀場の主催者は誰でしょう。

森田　大王権の継承者ですね。

西川　そうであれば、つぎに即位した安閑天皇ですか。

森田　そうかもしれません。

西川　もしかすれば、欽明天皇はよんでもらえなかったかもしれませんね。しかし、そのような殯宮儀礼の詳細を埴輪工人たちもよく知っている立場にあったということでしょうか。古墳の近くに殯宮があったとは考えられないでしょうか。欽明天皇の場合、『日本書紀』には大阪の古市で殯をした、ということが記されています。

森田　『日本書紀』には、継体の殯宮儀礼が王宮で営まれたのか古墳のかたわらでおこなわれていたのかは明記されていません。わたしは継体天皇が殯宮儀礼を大王権継承儀礼として成立させたと考えており、そのデモンストレーションとして、また継体以後の大王の殯宮儀礼がそれぞれの王宮の一画で執行されることの通例から、磐余玉穂宮で営まれたものと思っています。したがって、殯宮儀礼の執行期間中に、今城塚古墳の埴輪祭祀場の造成と形象埴輪の製作・設置作業が、並行しておこなわれたと考えています。

当然、玉穂宮での殯宮の儀式に深くかかわった、もしくは儀礼の詳細をよく知る立場の人物が埴輪祭祀場のプロデューサーないし指揮官だったと思われます。同じく『日本書紀』によると、継体天皇の崩御から三島に葬られるまでの期間は約一〇カ月です。その間に、後継者がしぼり込まれ、確定していったと考えられます。ただし、もめる場合も多いわけです。亡くなってから、殯期間が二年も三年もつづいた天皇もいます。

西川　『日本書紀』では継体天皇の先代、武烈天皇は崩御から埋葬まで二年かかっていますね。わたしたちは、今城塚古墳の祭祀場にある家形埴輪などを通じて継体天皇の殯宮を垣間見ているわけですね。

森田　祭祀場では、殯宮を区画する四つの柵形埴輪列のうち、柵列3と4には中央に門形埴輪が配置されていました。さらには柵列4だけには、扉までも表現していました。それは、先にお話しした殯宮の各区の役割を設備面にいたるまで、きちんとしかもデリケートに再現したものと考えています。

もともと、前期の前方後円墳では後円部の頂上に方形区画を設け、埴輪祭祀をおこなっています。水野正好氏の説による秘儀です（図86a）。古墳の外から埴輪群の様子はうかがえません。ところが、前期末から中期になりますと、奈良県巣山古墳のように墳丘外に島状の施設をつくり水鳥埴輪などを配置し、あるいは三重県宝塚一号墳のように、くびれ部の両横に付設した造り出しで水祀りにかかわる埴輪を並べるようになります（図86b）。いわゆる顕儀としての埴輪配列です。

さらに、中期後半から後期にかけては、埴輪祭祀場が内堤や外堤にまで設定されるようになり、人物埴輪や動物埴輪などのさまざまな形象埴輪が配列され、より視覚

a　後円部頂上の埴輪の群像

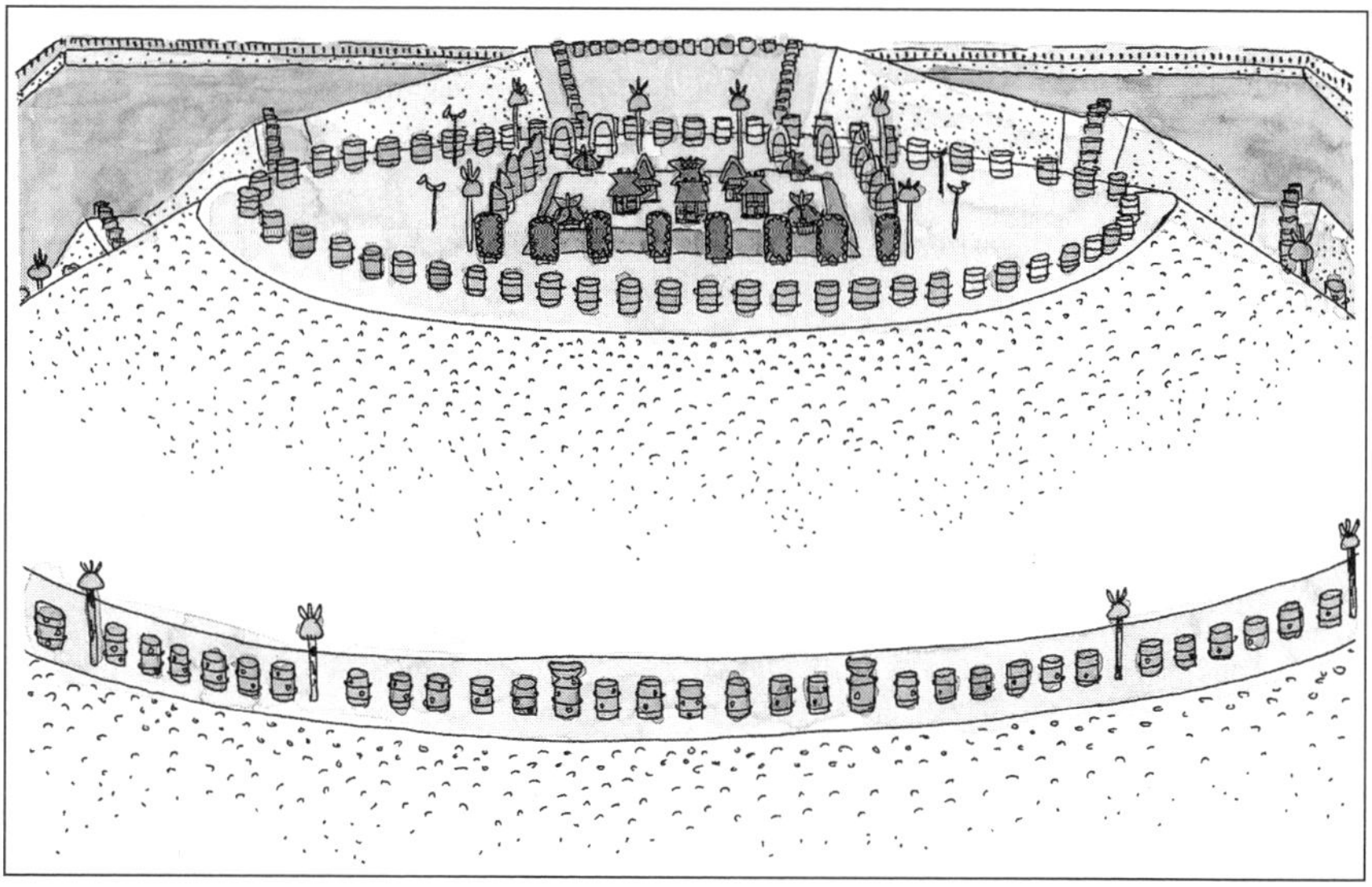

b　造り出しの埴輪群像

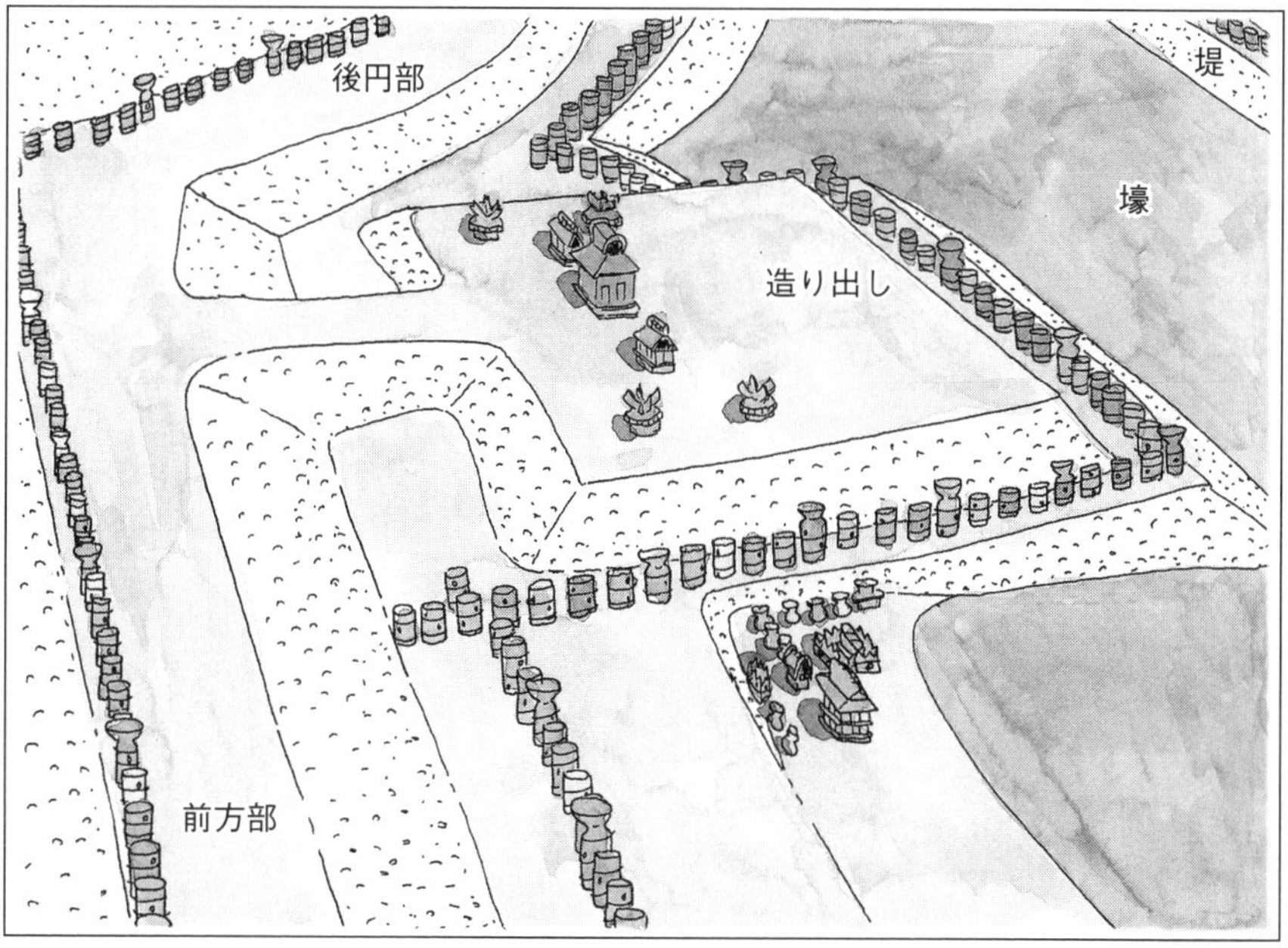

図 86　埴輪群像の変遷

的になっていくわけです。水野説による「埴輪芸能論」の展開です。

そうした埴輪祀りの流れを受けて、大王墓では、おそらく今城塚古墳が最初に内堤張り出し部に埴輪を大規模に並べたものと考えられます。それは継体政権主導により、にぎにぎしい大王位継承儀礼が整備されたことをより鮮明に伝えるためだったのでしょう。

西川　同じ、新池遺跡の埴輪窯からの供給でも、太田茶臼山古墳には人物埴輪は並べられていないのですね。

森田　新池遺跡の埴輪窯から太田茶臼山古墳に供給された形象埴輪は、盾形と蓋形と水鳥（鵜）などです。太田茶臼山の外堤の調査でも円筒埴輪列はみつかっていますが、人物埴輪はなく、祭祀の内容としては、動物のほかには器財や武具などの道具立ての埴輪を中心とした儀礼を創出していたと考えています。

西川　しかし、それくらい重要な埴輪祭祀は継体の大王墓以降、発展しませんね。埴輪を並べること自体、天皇陵では高屋築山古墳《たかやつきやま》（安閑天皇陵古墳）くらいしかみつかっていません。欽明天皇の墓と考えられている見瀬丸《みせまる》山《やま》古墳には埴輪はありませんし。

森田　殯宮儀礼の執行による大王権継承が重要であることが周知され、皆が確認できれば、知らしめる役目は終わり、畿内地域では大量の埴輪を並べて殯宮儀礼を顕彰する意味合いがなくなるということでしょう。

西川　わたしは前方後円墳がつくられるにもかかわらず、祭祀がなくなることに注目しています。大きな異変があったのではないでしょうか。それが、鈴鏡など、鈴付のおかしな道具を巫女がもつようになることに関係するのではないかと思うのですが。

鈴鏡を副葬している古墳の分布と時期からみれば、鈴鏡は四〇〇年代後半に近畿で発生したようなのですが、あまりはやらなかったようです。ところが、継体期になって、爆発的にはやるのです。それも東海から関東、そして九州でもはやります。

森田　水面に波紋が広がってゆく現象、あるいはドーナッツ化現象ですかね。

西川　近畿では祭祀の変質にともなって、巫女が必要でなくなっていくのでしょうか。埴輪工人もです。今回は金属工芸や武具・武器にまで話がおよびませんでしたが、四〇〇年代後半以降に鋳鏡工人や石製品製作工人などがいなくなって、新たに渡来系の複合製作工人集団が編成されたと考えています。飛鳥時代の飛鳥池遺跡のように金銀・鉄・銅・木工・漆工など、なんでもつくれるコンビナートです。継体期の墓から発見される金銅製の馬具にしろ、象嵌の大刀にしろ、複合技術の結晶です。青銅の鋳造だけといった工人は淘汰《とうた》されたのです。

淀川をさかのぼる大形構造船

西川　さて、さらに手のかかった継体天皇のデモンストレーションとして、石棺や玉石が船を使って淀川をさかのぼって運ばれたということです。今回、わたしと森田さんの意見が一致する部分として、継体天皇が淀川水系、とくに船を利用した物流を重視していたという点です。

さきほど埴輪に描かれた船絵も解説していただきました。最近の北河内の遺跡調査でもいくつか実物の船が発見されているのです。船は準構造船とよばれるもので、丸木舟の上に波切り板や側板などを貼り付けて積載量をふやしたものです。遺跡では集落の井戸の枠板に転用された形で発見されます。

これについて、近つ飛鳥博物館の鹿野さんが詳細に検討されているので、少し解説していただければと思います。

鹿野　昨年、近つ飛鳥博物館の特別展で、実際に河内湖周辺で発見されたいろいろな渡来系遺物をとり上げ、蔀屋北《しとみやきた》遺跡から発見された準構造船の実物も展示しました。古墳時代の船については、これまで埴輪や線刻画からしか研究が進んでいなかったのですが、河内の低湿地の調査で、つぎつぎに集落からも発見されるようになりました。発見された船が当時、どのように使われていたのかわかりませんが、十数例におよぶ船材が最終的に井戸に転用されるくらいですから、集落の人たちが日常的に使っていた船もたくさんあったと考えられます。

おもしろいことは、船の資料が朝鮮半島南東部でも発見されていることです。柩《ひつぎ》に転用されていた船の部材ですが、樹種がクスノキでした。この木は当時の半島には自生しておらず、日本列島か、韓国では済州島で伐られたものです。つまり、日本製の船が韓国でも使われていた可能性があったということです（3章参照）。

西川　ありがとうございます。同時代の武寧王《ぶねいおう》の柩もコウヤマキというわが国にしか自生しない樹種だったことが知られています。日本の古墳ではコウヤマキを柩に使うことが基本なのですが、朝鮮半島の王もヤマトブランドの柩をわざわざとり入れたということです。

さて、森田さんの論文のなかに、継体天皇や欽明天皇の外征記録から、兵力を輸送する船舶の実態を数値化する試みがあったと思います。非常に興味深い結果だったと思います。

森田　小説などでは「行間を読む」という見方がありますが、『日本書紀』の行間を読んでみたのです。

半島への外征では、継体天皇二一（五二七）年条に、近江毛野臣《おうみのけなのおみ》は「衆六万」を仕立てて、伽耶地域に進攻してきた新羅の討伐に向かいます。このとき、筑紫君磐井《つくしのきみいわい》の妨害があり、反乱の討伐という形で終わるわけです。

この「衆六万」の輸送については、欽明天皇一五（五五四）年条に百済救援軍の千人の兵員と百頭の馬を四〇隻で運んだという記述が参考にできます。つまり、単純に計算すると一隻あたり二五人と馬二・五頭ですね。この数字を根拠にして、六万の兵力を動かそうとすれば、二四〇〇隻の船が必要です。それだけではありません。兵士の携行する装備の武具・武器や食料、それから馬も搬送しなければなりません。大形の帆船であっても操船スタッフや労働力も半端じゃなかったはずです。

わたしは、これまでみつかっている準構造船の規模では、二五人の兵のほかに、ものを乗せて運ぶことは無理だと思います。といいますのは、かつての復元船「なみはや」の外洋航行もたいへん難儀し、いろいろと手をつくしてなんとか釜山《プサン》に到着したことは皆さんもご存じのことと思います。

二〇〇五年の夏には、九州熊本の宇土《うと》港から大阪港まで石棺を曳航《えいこう》して運ぶための復元船による実験航海がおこなわれました。古代の実験航海としては、さまざまなデータが蓄積され、研究が大いに深化しました。この実験航海で、わたしが注目したのは航行の実態です。

漕ぎ手が一八人、それだけで船は満杯です。しかも大阪までの漕航は、途中で幾度かメンバーチェンジしながらのものでした。無事に入港をはたし、全員真っ黒になり、たくましく日焼けしていましたが、実情は精根がつきフラフラの体でした。まさに石棺を運ぶだけで精いっぱいという感じでした。

もし、漕ぎ手が兵だとしたら、武器・武具も携行していない丸腰です。とても戦いに臨める状態ではなかったでしょう。また、石棺は準構造船に乗せられないので、蓋と身を別々の台船に乗せて、それを曳航するかたちで運んできたわけです。このやり方で物資を船で運ぼうとすれば、すべての船にかならず台船をつけて引っ張ることにもなります。いざ戦争という場面では、兵員のほかに、馬や武器・兵糧などを積み込んで朝鮮半島まで行ったと考えなければなりません。台船やそれを牽引する絵画などの考古資料もまったくないわけで、実際に馬を台船に乗せての朝鮮海峡横断は無論のこと、瀬戸内海の航行もおぼつかないでしょう。

わたしは準構造船では「衆六万」は運べなかったと思っています。このとき、すでに構造船があったのではないでしょうか。ただし、船舶史の研究者や実証主義を標榜する考古学研究者の間では、この時期に構造船は出現していないということになっているのです。

『日本書紀』に記された「衆六万」の数字の根拠はわかりませんが、かりに二四〇〇隻以上の大船団を派遣したのであれば、とても統率できなかったでしょう。つまり、外洋での航海が可能な大型の構造船が存在したと推定してしかるべきなのです。

『宋書』倭国伝の倭王武の記事をみますと、半島から中国南朝（南京方面）への渡海で「良風を失って漕ぎ出せない」というくだりがあります。つまり、帆船での渡海です。しかも、「沖乗り」と申しまして、目視では目的地が見えない航行手法です。朝鮮半島南岸までは壱岐《いき》・対馬《つしま》・半島南岸と目視で方向を定めることができますが、そこから西は前も後ろも海だけで方向が定まらなくなってしまうのです。羅針盤《らしんばん》がない時代ですので、積荷の容量も考えると大型の構造船がなければ、とても中国大陸には行けなかったと考えられます。これらの一連のことについては、最近の資料を踏まえ再論していますので、興味のある方はそちらをお読みください（「今城塚古墳と筑紫津」『大王の棺を運ぶ実験航海』石棺文化研究会、二〇〇七）。

西川　簡単に説明すれば、下半分が丸木舟である準構造船に対し、船底から板材を張り合わせたものがお話にあった構造船です（**図71、一五六ページ参照**）。のちに、竜骨《りゅうこつ》とよばれる芯材に板を張り付けた本格的な大型船も登場します。構造船は板材の継ぎ目から水漏れしないように密着させる方法で浮力を保ちますから、高度な技術が必要です。

準構造船は丸太の浮力に助けられ浮かびます。船底の大きさが丸太の太さに規制されるので、大型船はつくれません。

森田さん、具体的には遣唐使の帆船の起源が古墳時代にさかのぼるということでしょうか。

森田　六五三（白雉四）年に派遣された第二次の遣唐使は、一二〇人乗りと一二一人乗りの二艘の大型帆船だったということが記録されています。ほかにも七六一（天平宝字五）年に計画された新羅《しらぎ》討伐軍は兵士四万七〇〇人、子弟二〇二人、漕手一万七三六〇人を三九四艘で搬送するものでした。この時代には一艘あたりの乗員が一四八人の大型船があったということです。

飛鳥・奈良時代の構造船でさえ、考古学的にはまったく手がかりがつかめていないのですが、存在していたことは間違いないと思います。継体天皇の時代に構造船で軍団が半島に渡った、あるいは磐井の乱を鎮圧した物部《もののべ》麁鹿火《あらかい》の率いる軍も構造船の大部隊だったという考えをわたしは以前からもっているわけです。

淀川沿いには左岸にも右岸にも多数の津があり、継体王権の主力部隊が運行できる帆船の船団が常時停泊していた港にもなっていたという推定です。たしかに、難波《なにわ》や紀伊《きい》にも良港はあったのですが、指揮艦などの中枢部隊は、大型船が出入りできる淀川で編成されたのでしょう。だから、近江毛野臣が司令官だったのです。

それから、『日本書紀』によると、半島での近江毛野臣は失政により信頼を失い、継体天皇に召還され、途中対馬で亡くなります。遺骸は葬送の船に乗せられて戻ってくるのですが、まず、枚方まで帰ってくることが記されています。そこに奥さんが迎えに来るわけです。なぜなら、そこに外洋船が停泊できる港があり、そこで喫水《きっすい》の浅い川船への乗り換え、あるいは陸路をとったのかはわかりませんが、いずれにしても故郷の近江を目指したものと思われます。

枚方で彼の奥さんは歌を詠んでいます。その歌には「若子《わくご》」とあります（二三二ページ参照）。若い将軍だったようです。

西川　準構造船から構造船への発展が、いつの段階だったのか興味がもたれるところです。たしかに、大きな石棺を準構造船で九州から運搬すること自体、無理があると思います。中期古墳の長持形石棺は巨大なものでも組み合わせ式で、ばらして運ぶことが可能です。ところが、後期古墳にはくりぬきの家形石棺が納められています（図87）。

森田　石棺について補足します。阿蘇のピンク石は高《たか》木《ぎ》恭二《きょうじ》氏の研究で近畿では大和・河内、それから近江に二つの資料が確認されています（図88）。大和・河内の

a　長持形石棺（蓋、側石、小口石、底石）　　b　家形石棺（蓋、身）

図87　組み合わせ式の長持形石棺とくりぬき式の家形石棺

石棺例は四〇〇年代後半から五〇〇年代初頭の舟形石棺ないし家形石棺であることがわかっています。そして、近江の例は野洲《やす》市甲山《かぶとやま》古墳・円山《まるやま》古墳で、米原《まいばら》市山津《やまつ》照《てる》神社古墳の石棺もそうだといわれています。いずれも五〇〇年代前半のものです。

琵琶湖・淀川水系のピンク石製石棺は、今回の今城塚古墳の例をあわせ、いずれも継体天皇の時代に運び込まれたものだとわかります。遠く九州から運び込まれた巨大な家形石棺に継体天皇の亡骸が納められたとすれば、意義深いことです。ただし、同様のことは、白石にも竜山石の石棺にも、言いうることです。なぜならば、古代においては、産地が遠い、近いという問題は日数という手間に置き換えれば、単に技術的な差にすぎないということもできます。すぐに結論は出ませんが、やはり政治的な背景、歴史的な意義を有することが肝心なのでしょう。

西川　峯ヶ塚古墳の石棺も阿蘇の舟形石棺でしたね。それから、記紀によれば、応神天皇や仁徳天皇の記事には住吉津《すみのえのつ》がよく出てきますが、その後の記事では住吉津

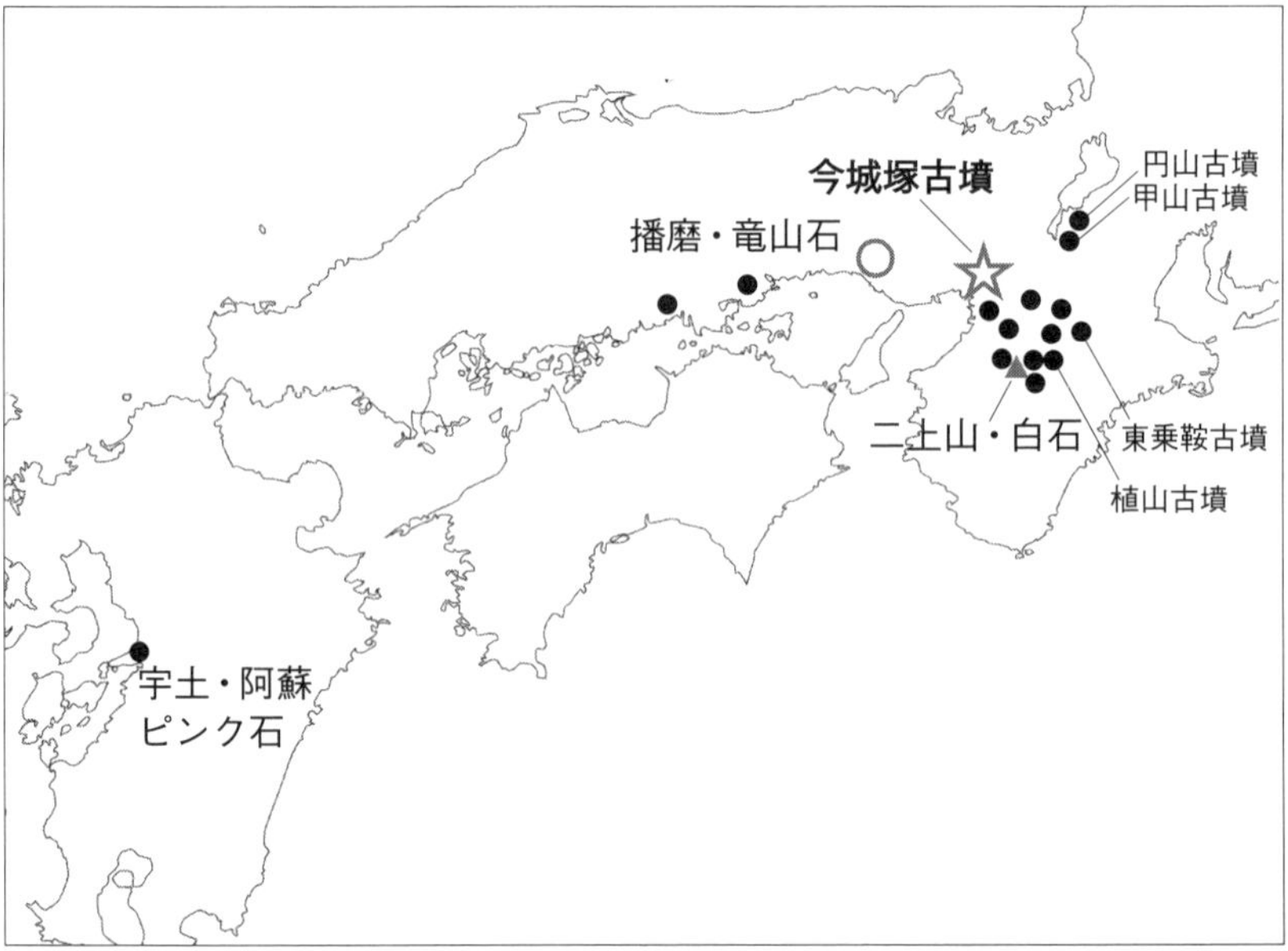

図 88　石棺材の産地と阿蘇ピンク石製石棺の分布

はほとんど見られなくなり、難波津《なにわつ》の記事が増加します。このころに港の整備・開発が進むのだろうと推測する説もあるのですが、その理由は大型の構造船を停泊させるためかもしれません。

コピー鏡の流通

西川　つぎに、半島や中国への交流に関連して、舶載《はくさい》鏡《きょう》の研究成果も見のがすことができません。先ほどわたしが「癸未年《きびねん》」銘鏡《めいきょう》について、その元となる同型鏡（コピー鏡）の出土例がふえ、朝鮮半島出土鏡を含め、一〇〇面近くにのぼることを紹介しました（五三ページ参照）。これらは旧来、中国南朝から倭の五王が下賜されたものとされてきましたが、出土古墳の年代にずれが指摘されています。また、コピー鏡自体、同じ鋳型で一時につくられたものではなく、製作の時間幅もわかっています。

これについて、鏡をこまかく分析している奈良大学大学院の佐々木さん（現御所市教育委員会）が会場にみえていますので解説をお願いします。

佐々木　西川さんがコピー鏡とよびかえた鏡は、一般に同型鏡というものです。ひとつの原鏡をもとにして、そこに粘土を押し当てていくつもの鏡をつくることができるわけです。コピーするともとの鏡より縮んだり、紋様が不鮮明になるという特徴があり、原鏡と区別できます。

かつて、樋口隆康《ひぐちたかやす》氏が南九州の古墳からの出土もあり、これまでの北九州から半島経由の交流ではなく、中国南朝との直接交易でもたらされた鏡と位置づけました。ところが、川西宏幸《かわにしひろゆき》氏の分析でコピーのコピーやそのまたコピーの鏡もあることがわかり、製作は一時や一ヵ所ではないと確定しました。さらに、百済の武寧王陵出土の方格規矩鏡のように、朝鮮半島で図像を付加して鋳込まれた鏡と同じ紋様の鏡も、わが国にあることがわかり、半島との交流でコピー鏡の流通を見直すことができるようになったのです（図89）。

コピー鏡の流通時期自体は明確にはできていません。倭の五王の時代としても最終段階の武、つまり、雄略天皇の時期でしょう。むしろ、流通の中心は継体天皇の時代だったことが出土古墳から確かめられるようになってきたということです（一七五ページ、コラム参照）。

西川　コピー鏡のなかには伝大仙古墳（仁徳陵古墳）出土という資料があり、ボストン美術館に保管され、注目されていたわけです。つまり、倭の五王のいちばん栄えた時期の鏡であるということです。しかし、その伝えは信憑性に欠けます。さらに、埼玉県稲荷山古墳の一面や熊本県江田船山古墳の三面など、コピー鏡が出土する古い古墳があります。これらの古墳は、雄略期から継体期の遺物をともなう墓ということが確認できているわけです。

今城塚古墳の副葬品はよくわからないのですが、一二八八年の古文書に盗掘された鏡の伝えを森田さんが紹介

図 89　列島出土の方格規矩鏡（上）と同型の武寧王陵出土方格規矩鏡（下）

されました。そこで、にわかにコピー鏡と継体天皇、それから朝鮮半島との交流が評価できるようになったと思います。

淀川と鵜飼の重要性

西川　継体天皇の宮と陵墓について、核心部分の議論を深めたいと思います。

森田　その前に少しだけ申し上げたいことがあります。今日、はじめて西川さんの「水上封鎖」の話を聞きました。おもしろい考えですが、わたしは大和川が水上交通として大きな機能をはたしていたのか疑問に思っています。

大和川は大阪府と奈良県の境にある「亀の瀬」で航行不能な浅瀬になります。記録では、人や貨物が舟を乗り継いで、かろうじて行き来できるようになるのは近世初頭の秀頼の時代、片桐且元《かたぎりかつもと》が浚渫《しゅんせつ》して以降です。古代では、むしろ河内と大和を結ぶ陸路が発達しています。その理由は水上交通がうまく機能しなかったからです。つまり、大和への水上交通の主要路は淀川・木津川水系だと考えています（森田克行「三島古墳群の成立―古代淀川水運の一断章―」『三島古墳群の成立』高槻市立しろあと歴史館、二〇〇六）。

淀川水系では高槻市の安満宮山《あまみややま》古墳から青龍三年鏡をはじめ、わたしが原初鏡として分類している最古相の三角縁神獣鏡やその原鏡と考えている試作鏡（森田克行「「銅鏡百枚」考」『東アジアの古代文化』99号、大和書房、一九九九）など、邪馬台国時代の銅鏡が出てきます（図90）。しかし、河内にはこの時期にさかのぼる舶載の三角縁神獣鏡を副葬する古墳がみつかっていません。

邪馬台国を大和盆地東南部にあったと考える立場からすると、その時代に外交ルートとして開けていたのは、交野市の森古墳群や山城町の椿井大塚山《つばいおおつかやま》古墳などが分布する木津川・淀川水系だったと思います（図91）。邪馬台国時代、水運の要、外交ルートの喉元にある安満宮山古墳の被葬者はたいへん重要視されたと思います。それはのちのヤマト王権の時代になっても変わらず、継体天皇の時代にはとくに重視されたのでしょう。

継体天皇の宮は、河内の樟葉にはじまって、山背の筒城、そして弟国に移ります。墓は摂津の三島です。これらの事象はかなり野放図に映りますが、それはのちの律令時代の国名を冠してよぶためであり、これを淀川・木津川水系の両岸地域と読みかえれば、同じ水系の右岸と左岸の差だけです。つまり、継体天皇は淀川・木津川水系の右岸・左岸を基盤に政権を打ち立てて、その機能・役割を最大限に活用できる人物だったということです。

その機能・役割とは、大きな港をつくって、水運だけでなく王権直属の外征軍も直接送り出せるところに大きな利点があるからでしょう。大和川にはその機能が低く、大和川を使って、ヤマト王権自身が直接差配する軍事・外交はできないというのが、わたしのひとつの結論です。

それと関連して重要になるのが古代、それも古墳時代や飛鳥時代の鵜飼です。畿内の鵜飼はお話ししましたとおり、史料には吉野川にしか残っていません。おそらく、神武天皇の伝説にかかわって、吉野川流域の習俗にもとづいてあと付けされたものでしょう。

じつは、『隋書』倭国伝に世界最古とされる鵜飼の話が載っています。倭国の風習の記録のなかに「鵜の首に

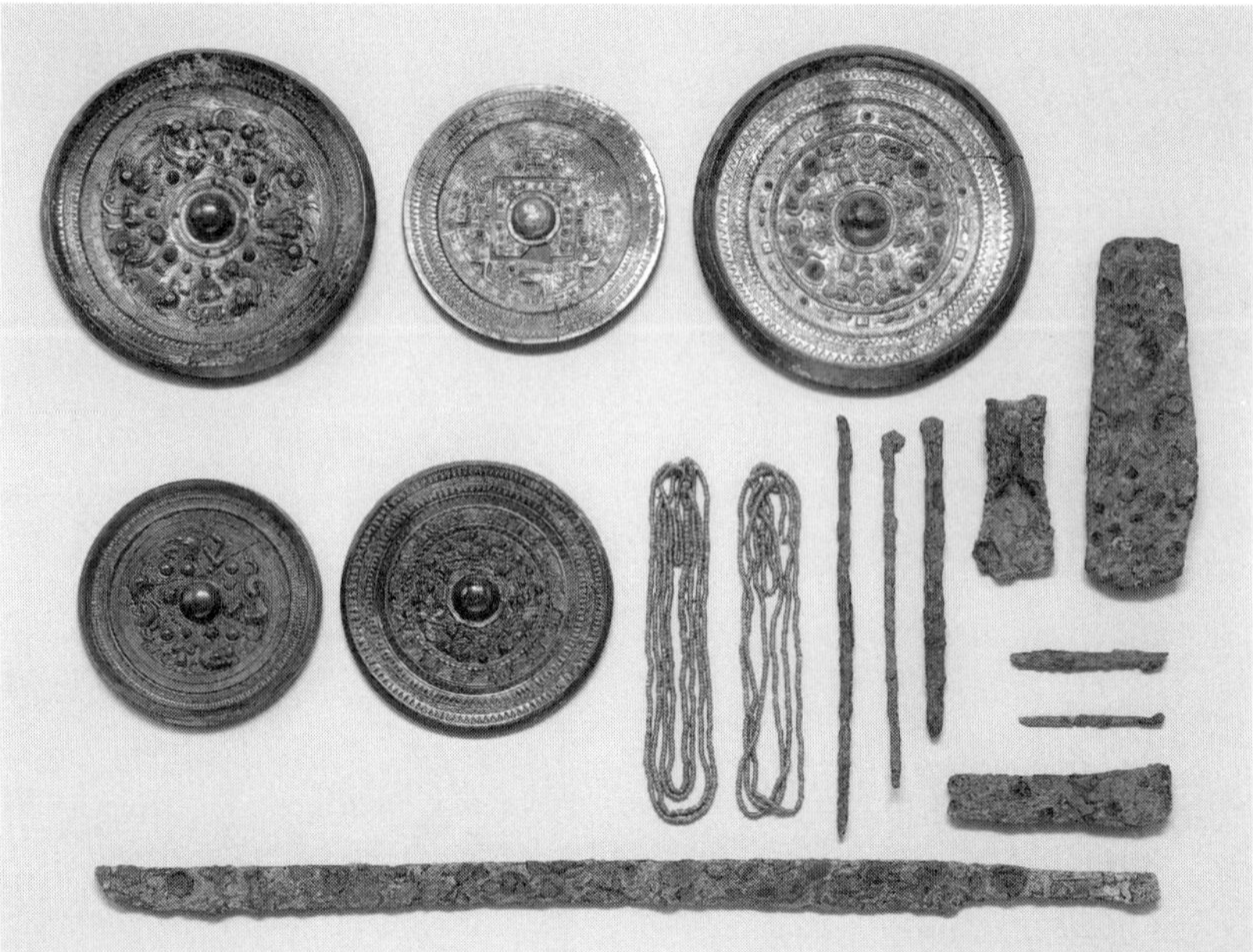

図 90　高槻市安満宮山古墳の副葬遺物

環をつけて、一日に百余匹の魚をとっている」とあるのが、それです。『隋書』の鵜飼記事は、六〇〇（開皇二〇）年に派遣されてきた倭国の遣使が王宮で所司を介して天子に報告したなかにあり、ことさら報告したその背景には、鵜飼をたんなる生業や風物詩というだけでなく、大和王権が鵜飼儀礼を公的な祭祀としてとらえていたからだと思います。

　六〇七（大業三）年に倭国から再び遣使がやってきますが、『日本書紀』によれば、その翌年、送使である裴世清《はいせいせい》は難波津の新たな館で歓待され、その後、飛鳥の小墾田宮《おわりだのみや》に入ったとされています。難波から小墾田宮に至るルートについて、『日本書紀』はなにも記しておりませんが、わたしは淀川・木津川を経て、奈良坂越えの陸路で南下、海石榴市《つばいち》での歓迎式典ののち王宮に至ったとみています。もしかしたら、裴世清は淀川で鵜飼を公式行事として見学した可能性すら考えています。

　時はあたかも八月三日（旧暦）です。淀川の鵜飼が埴輪などの考古資料で検証されることを踏まえると、あながち荒唐無稽とも思われませんし、平安時代の宇治川・

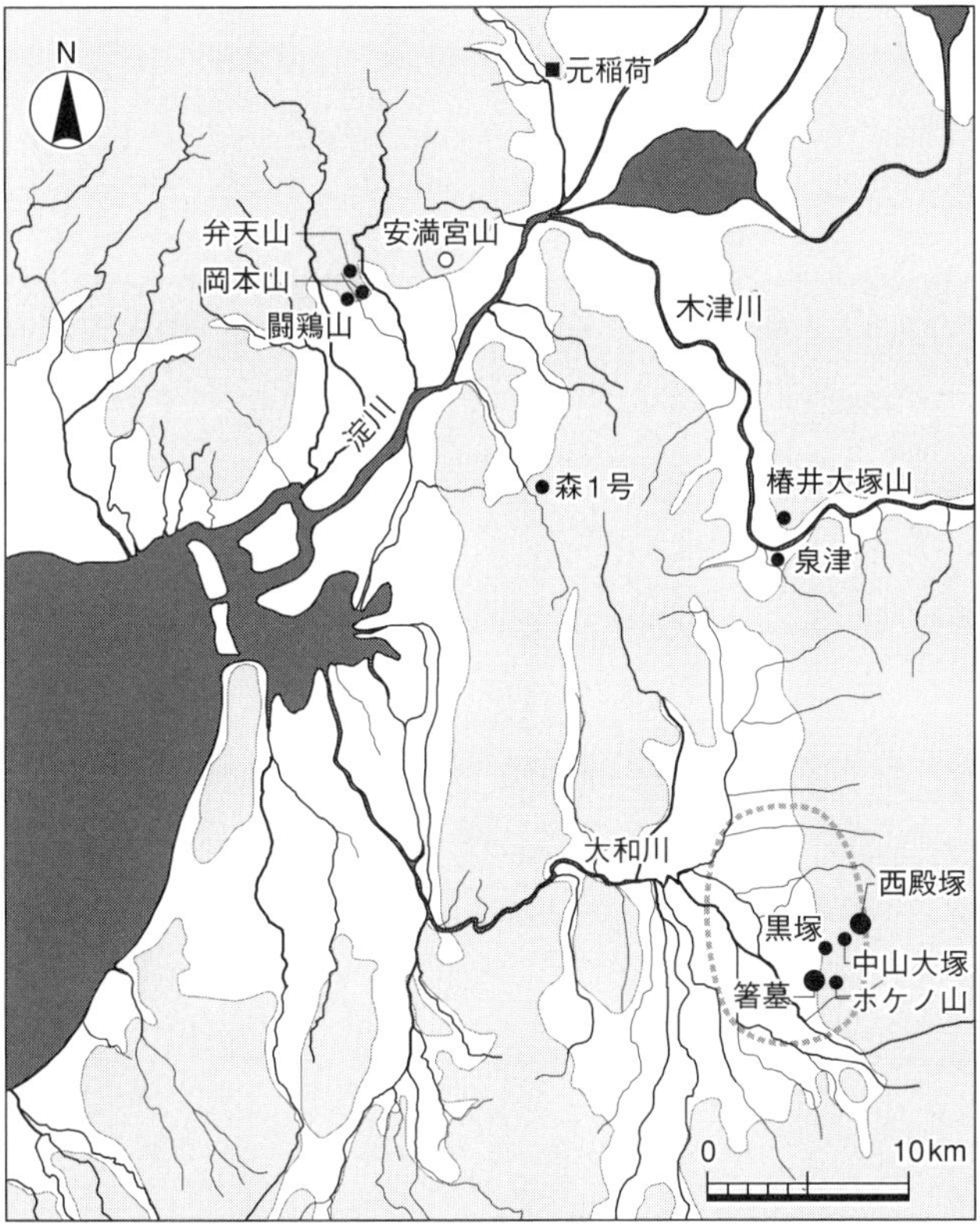

図 91　主要な出現期古墳と淀川・木津川水系（………… 邪馬台国推定地）

桂川の宮廷鵜飼も、古墳時代以来の淀川での鵜飼があってこその行事なのでしょう。

古代の鵜飼でいまひとつ指摘しておきたいのは、鵜の扱い方です。長良川などでおこなわれている観光鵜飼の大半はつなぎ鵜飼といって、頸紐とは別に手縄を結びつけてあやつります（図92）。つなぎ鵜飼は鵜が逃げないようにしているのではなく、急流で鵜が流されて手元に戻ってこられなくなるのを防ぐための便法として発生したと考えられます。

本来、流れがゆるやかな場所での鵜飼いは放ち鵜飼です。たとえば、現在の揚子江でおこなわれている鵜飼は鵜の胴体に縄を結びつけていません。列島での古代の鵜飼も、先に埴輪でみたように頸紐は認められますが、手縄の表現がなく、基本的には放ち鵜飼と考えられます。そうすると、鵜が逃げてしまうとの懸念が生じますが、実際には、きちっと餌付けされており、また片側の風切り羽根が切りとられているので、飛び去ることはないそうです。

このようにもともと自然界を飛翔し、ただ餌を獲るた

図92　現代のつなぎ鵜飼（宇治川、2006年6月24日）

めに潜水する鵜をいかに飼いならし、思うがままに魚を捕らせるかという、ただこの一点が鵜飼漁にとっては、じつに大事なことです。それが前提となって、鵜飼の儀礼が成立します。とくに古代にあっては、その鵜飼集団を組織化し配下におさめることは、大王の徳を示すことにほかならないのです。鷹も鵜も同列に飼いならされ、それが規律正しく儀式のなかで表現されていたのでしょう。さらにはその儀礼を埴輪群に写しとり、古墳で再現するということをみると、いかに鵜飼や鷹飼の儀礼が重視されていたかがわかります。

古代における鵜飼と鷹飼の儀礼が同列という意味では、「鵜の目、鷹の目」ということとわざに代弁させることができます。獲物を水中で狙いをつける目と空中で狙い澄ます目を同格として扱っています。どちらも眼孔鋭いハンターなのです。

水上封鎖はあったか？

西川　たしかに、淀川流域には「鳥飼《とりかい》（摂津《せっつ》市）」・「鵜殿《うどの》（高槻《たかつき》市）」・「宇山《うやま》（枚方《ひらかた》市）」などの地名も残っています。埴輪にも示されている猪飼《しかい》い・馬飼いなど、動物を飼いならすことが王権にとって、重要な儀式に結びつくことがよくわかります。

ところで、大和川についてです。たしかに、淀川の水量とくらべて、大和川の水運はくらべものにならなかったと思います。大和川は下流域で川筋がわかれ、水量も多くありません。大和川が大阪に注ぐところ、そこに「船橋」という地名が残っています。淀川にある枚方の「船橋」と共通する意味だろうと思います。この付近に古代は「古市《ふるいち》」や「恵我市《えがのいち》」などの市がたっていたことは、物流輸送の推定では重視できると思っています。

陸路も重要です。ただし、古代の道路については飛鳥や奈良の都が基点になってのびているので、それ以前の状況を同一視できるものではありません（図93）。飛鳥が交通の要衝に発展して、それ以前の陸路をそのまま整備していったとは思えません。加えて、記紀は古墳時代の交通路をほとんど伝えません。つまり、現状で陸路の発展は飛鳥時代以降とも考えられるのです。

さらに近年、重要な発掘がありました。四〇〇年代に

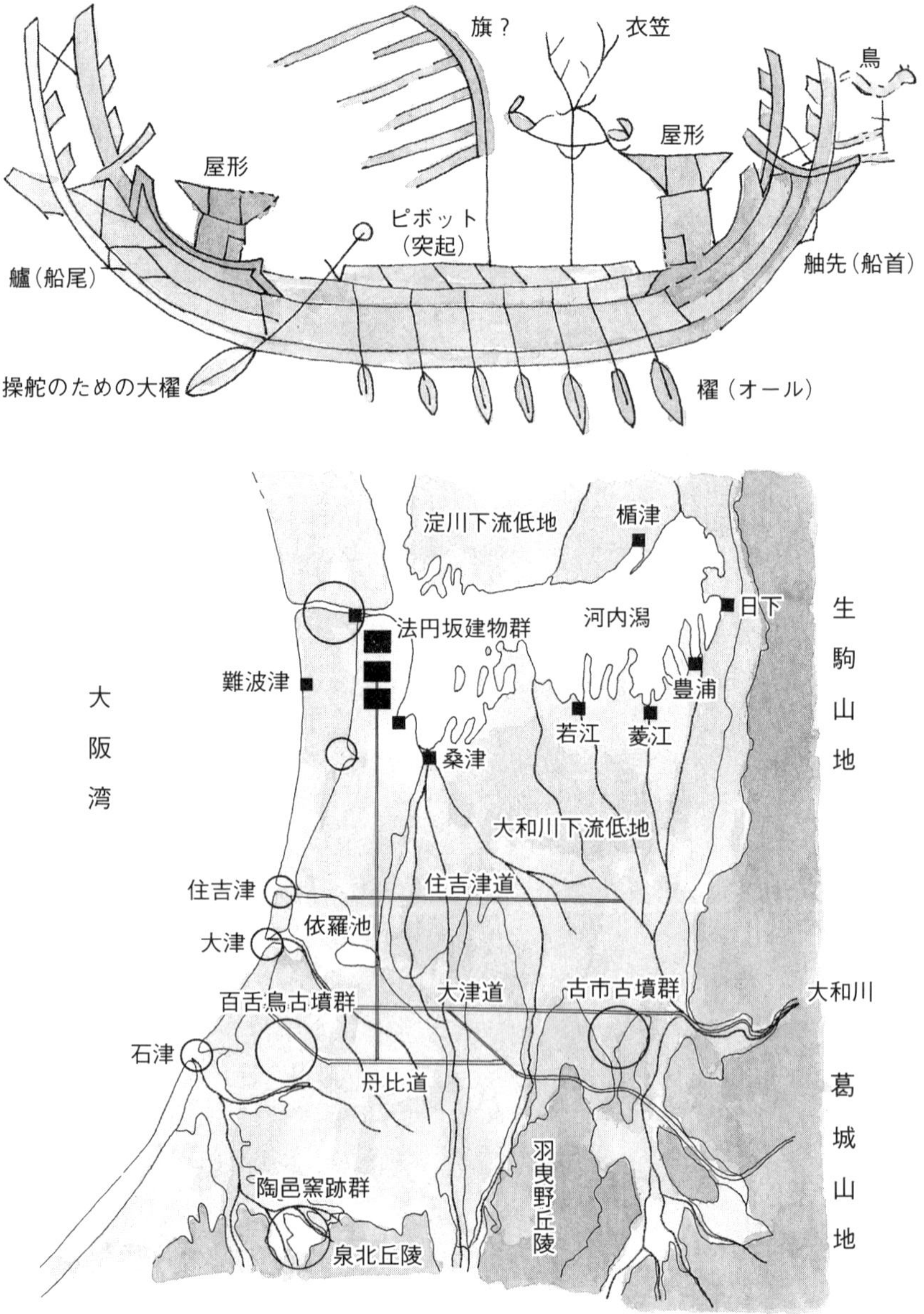

図 93　奈良県東殿塚古墳の埴輪に刻まれた準構造船（上）と飛鳥時代以後の河内から大和への交通路（下）

さかのぼるのですが、中流域の馬見《うまみ》古墳群の巣山《すやま》古墳の濠の中から大きな船の舳先《へさき》や舷側板《げんそくばん》が発見されました（図94）。表面の装飾から葬送儀礼に使われた、あるいは柩を運んだとも考えられています。『隋書』倭国伝にも記されている船葬ですね。このような船が大和川流域から発見されたことはその運航を推測できるものだと信じています。

森田　たしかに古墳の濠から船がみつかりましたね。でも、あれは葬送用の喪船で、別の枠組みのなかで考えてもよいと思っています。と申しますのは、あのように柩を運ぶ程度の小さな船は当然あってもかまわない。船を浮かべて岸から人が綱で引っ張ることも可能でしょう。

問題は物資がどれだけ運べるかです。淀川・木津川は、五世紀中頃の上人《しょうにん》ヶ平《がひら》5号墳（木津川市）出土埴輪の帆船絵が示すように、大型船がかなり上流までさかのぼることができます。一例をあげると、藤原京や平城京建設の木材は近江の田上山《たなかみやま》から伐り出されて、宇治川・木津川の水運を利用して筏《いかだ》流しをし、泉津《いずみのつ》（木津）で陸揚げします。そして奈良坂を越え、平城京や藤原京まで一

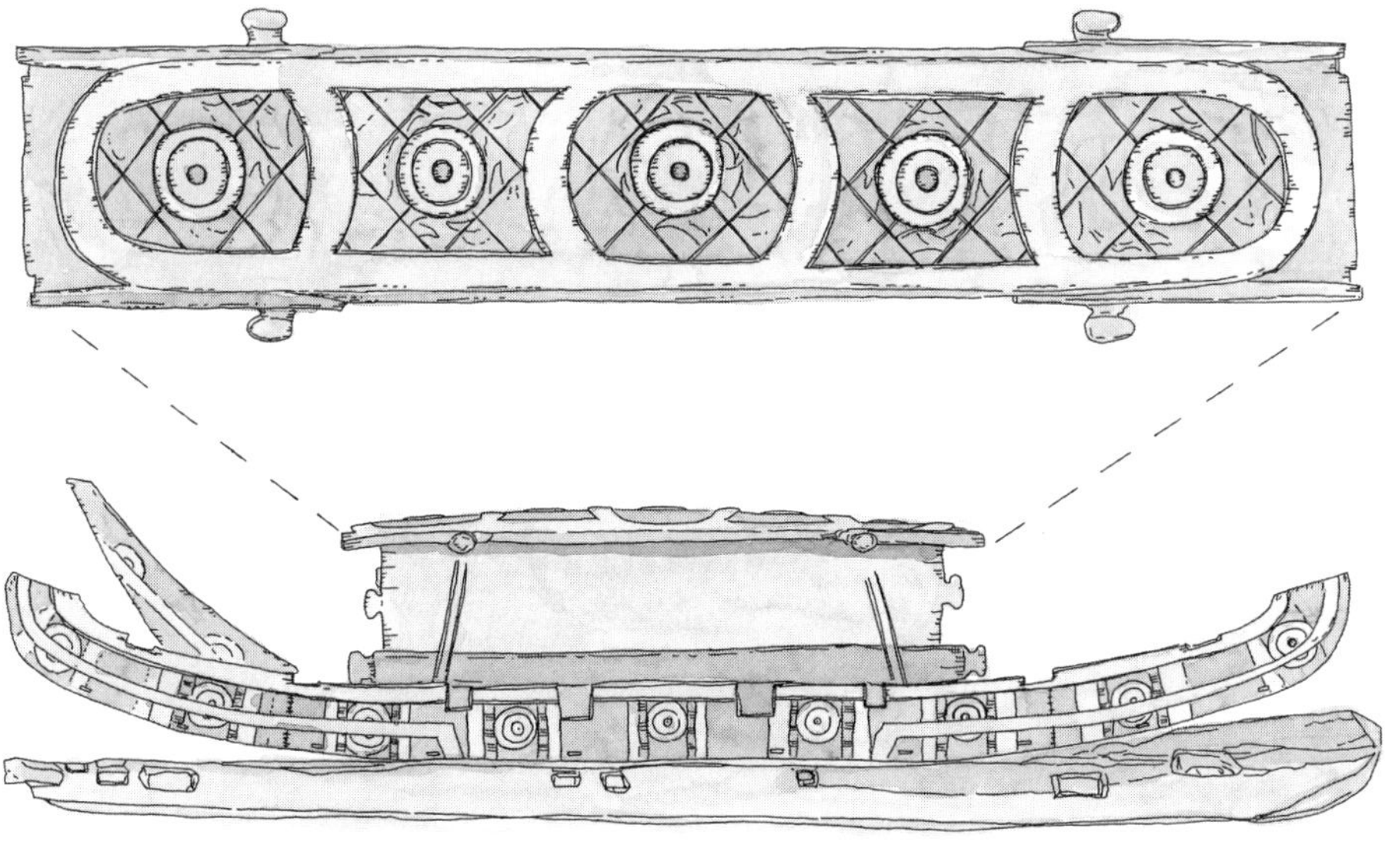

図94　奈良県巣山古墳出土の喪船（河上邦彦氏による復元案）

気に運んでいるのです。それは木津川の流れがおだやかなことと、上流の笠置あたりまで、瀬がまったくないこと、さらには、奈良坂の峠の比高差がきわめて小さいことからできたことです。とうてい大和川の水運でできることではありませんし、もちろん二上山の峠越えなどはおぼつかないことです。今は、たまたま木材の筏流しの話ですが、木津川経由の大形船による物流のメリットは大きく、それは淀川の水運も含めて、古墳時代にも通じることだと考えています。この淀川・木津川の水運については、先にお話ししましたように、軍事面、外交面でも大きな役割をはたしており、ヤマト王権の重要な大動脈であることは疑いないものです。

西川　大阪では泉北丘陵で大量の須恵器を古墳時代から奈良時代にわたって焼いているのですが、とても陸路だけでは運びきれないと思うのです。ただし、付近には石津川《いしづがわ》などの小さな川しかありません（図93）。須恵器の場合、小型船で川を下り、大津《おおつ》の港（大阪府泉大津市）から全国的に流通させたと考えます。

わたしは陶邑窯跡《すえむらかまあと》群の北側、堺市美原区の平尾《ひらお》遺跡で飛鳥時代の官衙《かんが》を発掘し、やはり、井戸枠にされた準構造船の部材をみつけました。狭山池から北上する小さな川、東除《ひがしよけ》川で使われたものだと考えます。その下流の太井《たい》遺跡で、先ほど船のコメントをいただいた鹿野さんも同時代の準構造船の部材を掘りあてています。小さな川でも盛んに船が使われていたのですね。

大和への物流については、さまざまな視点でとらえなおすべきでしょう。陸路についても、今回多くを示せませんでしたが、東側からの陸路や尾張の海路についても検討できると思っています。これは、継体天皇の王妃の出自が色濃く物語っています。

いずれにしても、戦闘状態だったという記録が残されていないので、継体天皇はゆるやかに大和を締めつけていたと思います。緊張状態は数年しかつづかなかったでしょう。しかし、継体天皇が大和に入るまでに、二〇年かかった。大和では、さまざまな変化が起こったはずです。

森田　さきほども申しましたように、水運機能の小さい大和川は封鎖する意味がありませんし、逆に淀川は継体王権にとっては、活用してこそ港湾機能の存在意義があるわけです。いずれにしても、継体期における水上封鎖については、わたしは認めるものではありません。

西川　やがて高槻で盛大に継体天皇の没年のイベントがあったときには、水上封鎖論を大きく展開できるようになりたいと思っています。

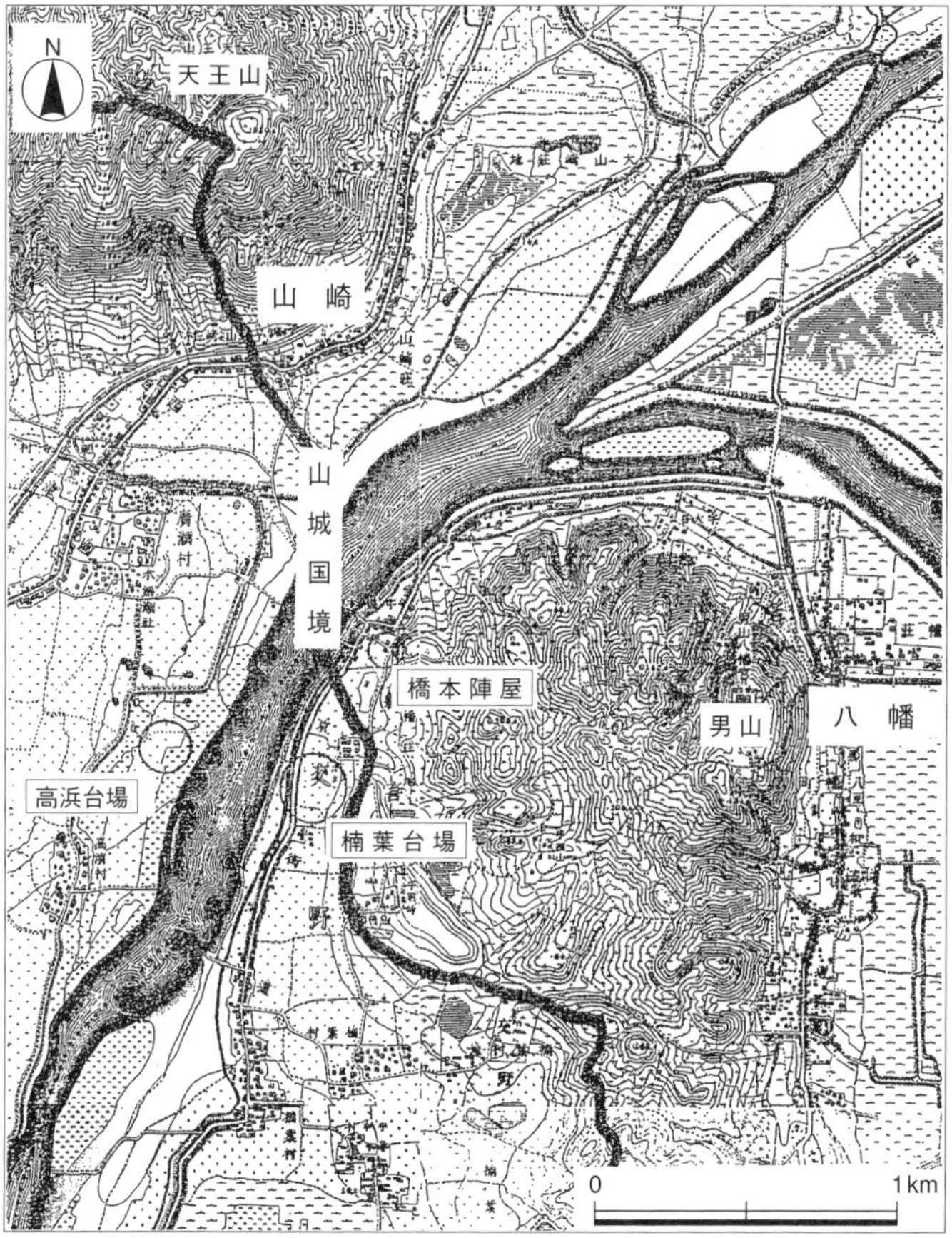

図95　外洋船遡上を阻止する砲台設置の樟葉の関門

〈追記・西川〉

対談の終了後、会場でさまざまなご質問やご教示をいただきました。

また、「樟葉で水上封鎖の痕跡が発見され、枚方市教育委員会が発掘の準備をしている」という腰を抜かしそうになる情報もいただきました。後に、現地を訪れたところ、幕末の淀川に黒船が遡上してくることを阻止するため、南岸と北岸に砲台を設置し、南岸の関門・砲台が樟葉にあったということでした（**図95**）。

この「樟葉関門」は台場・大砲

陣地の大半が京阪電車の敷設で削られていたものの、古絵図が発見され、付近の航空写真と照合したところ、防塁と濠などの形状が水田畦畔に明瞭に復元できたというものでした。河岸に設置された台場としては唯一のものです。京都と天皇を守る防衛陣地として構築されたものです。攘夷派による設置ではなく、京都守護職会津藩による設置であることから、京都への出入りを管理する関所・関門の機能が大きかったともいいます。ロシアのプチャーチン船が大阪湾の天保山沖まで進入、「大阪海防」が叫ばれた一八五四（嘉永七）年ころに計画が始まり、一八六四（元治元）年ころに完成したといいます。

いずれにせよ、「樟葉関門」の存在は、幕末期の淀川にそこまで大型外洋船が入航できた可能性を示す遺構であり、樟葉の地が水上封鎖や戦略上の適地であったことを実証するものです。

ちなみに、北岸の「高浜砲台」を津藩藤堂家、南岸の「樟葉砲台」を小浜藩酒井家が防衛していたとき、鳥羽伏見の戦いがありました。この戦いで幕府軍は総崩れになり、両砲台は官軍によって京都から攻められるという予期せぬ事態となりました。

下流に向けて布陣された砲台は背後からの攻勢で、「高浜砲台」が早々と官軍に降伏したと記録されています。そして、「樟葉関門」も陥落、幕府軍は大阪に退却し、鳥羽伏見の戦いは勝敗が決したということです。

〈付記・森田〉

西川氏の追記に関連して、いささかの付記を認《したた》めておきます。そもそも楠葉台場は『会津藩庁記録　六』の「道中見聞書」に「河州交野郡楠葉村領并摂州島上郡上牧村外貳ヶ村領へ掛り關門御修築相成候ニ付（下略）」と記された二つの関門のうち、楠葉に設置された台場をさします。

「河州交野郡楠葉付関門絵図一分計」を検討した馬部隆弘氏（枚方市教育委員会）によれば、松平容保の建議により会津藩が勝海舟を総裁として一八六四～六五（元治元～慶応元）年にかけて設置した西洋式の台場とされています。この楠葉台場については、淀川を遡上する艦船を砲撃するための河川台場とみられていましたが、台場

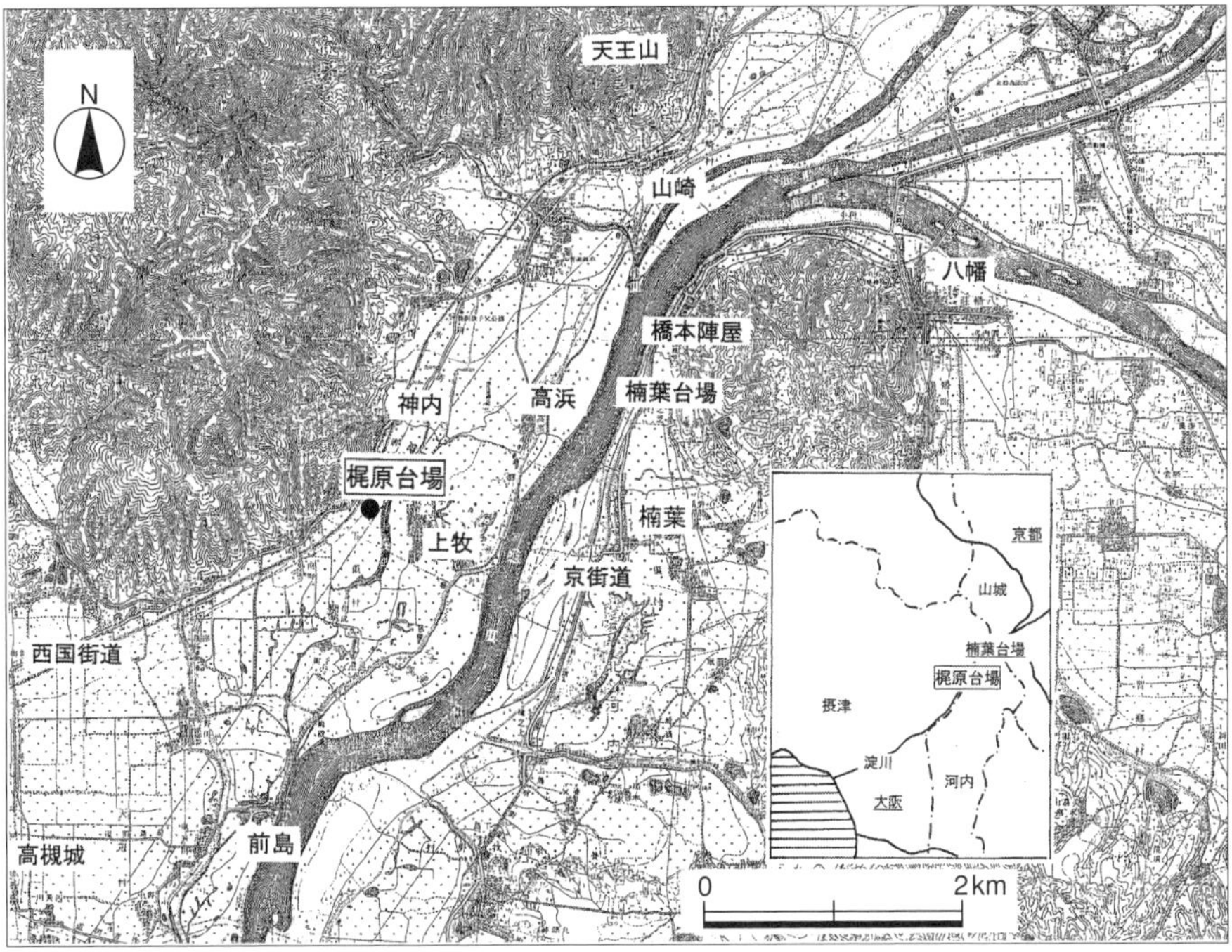

図 96　梶原台場と楠葉台場

内部に京街道を引き込んだ関門機能の高い施設であり、南に向けて構えられた三門の砲台は淀川の川筋を狙うというよりは、左岸の堤防上に設定された京街道に照準を定めていたものと考えられます。

馬部氏はまた楠葉台場の設置について、そもそも一八六二（文久二）年の「癸亥記」（『七年史』一）にある朝廷の攘夷政策として計画された淀川台場構想にある八幡と山崎の二つの関門のなかの八幡関門の部分を、会津藩が実行に移す段階で楠葉の地に設営したものと考え、およそ朝廷の台場構想を下敷きに、その構想の流れに沿うかのような形をとりながら、実質的には長州勢に対する関門として設置されたものと結論づけられているとされています。したがうべき見解でしょう。

一方の島上郡上牧村に設置された関門については、中西裕樹氏（高槻市立しろあと歴史館）が『神内炮台図（摂州島上郡万所山壘壁關門　野堡之圖）』の絵図を検証し、幕末期の高槻城の緊迫したありさまを垣間みせる『慶応三卯年十二月　籠城之節被仰出並ニ御手配書之写』にある「梶原邨関門」そのものと考定されました。くわしくは氏の論考にゆずるとして、淀川の川筋から西へ約一キロ隔たった高槻市梶原の地には、いまも「関問跡」の小字がのこり、地籍図からは旧河川の痕跡である「内ヶ池」を濠にした約二〇〇メートル四方の区画が絵図どおりによみとれます。

この「梶原邨関門」すなわち小稿での梶原台場（**図96**）は、すぐ横を通る西国街道を「新規往還道筋」としてつけ替えて台場内部に引き込み、南面に設置された二門の主砲はその道筋にねらいを定めているのです。その発想は、まさに京街道をにらんだ楠葉台場の構築理念と軌を一にするものであり、梶原台場も、けっして淀川筋に向けての配置になっていないことが明らかです。そして「癸亥記」に八幡の関門と並記された山崎の関門こそ、一八六五（慶応元）年に梶原の地に具現化された梶原台場であったのでしょう。

淀川両岸に設置された楠葉台場と梶原台場は、どちらも街道筋をにらんだ砲台の配置に示されるように、攘夷派の入京を阻止するべく街道封鎖を目的とした実質上の関門であり、西川氏がいわれるような、プチャーチンらが率いる外国船（艦船）の淀川遡上を想定した水上封鎖を目的として設置したとは考えられません。おそらく外国艦船の淀川遡上は風聞にすぎず、実際には幕末期の淀川の水深はきわめて浅く、大形艦船の遡航は事実上不可能だったと思われます。なお高浜台場については、現地に台場の痕跡もなく、逸話としてのこる楠葉台場との砲撃戦の実態も、梶原台場を守っていた津藩藤堂家の史料の分析をさらに進めるなど、再考するべき段階にあるようです。

馬部隆弘　二〇〇七「京都守護職会津藩の京都防衛構想と楠葉台場」『ヒストリア』二〇六
中西裕樹　二〇〇八「梶原台場の復元と幕末の城郭」『城館史料学』6　城館史料学会（近刊）

年表
『日本書紀』による継体天皇の時代

	男大迹《おおど》大王は彦太尊《ひこふとのみこと》ともよばれる。誉田《ほむた》大王（応神天皇）五世の孫で、彦主人《ひこうし》王の子である。母の振媛《ふるひめ》は、活目入彦五十狭茅《いくめいりびこいさち》大王（垂仁天皇）七世の孫である。 彦主人王は振媛が容姿端麗な美人と聞き、近江国高嶋郡三尾の別邸から使いを遣わし、越前国坂井郡三国より迎え、召し入れて妃とした。そして、男大迹王が生まれた。 男大迹王が幼いときに、父の彦主人王が亡くなった。母の振媛は嘆いて「私は今、遠く故郷を離れています。これではどうして安らかに親に孝養をつくすことができましょう。私は高向《たかむく》（福井県坂井郡）に帰り、親の面倒をみながら、この子を育てたい」と男大迹王をつれて越前国へ帰った。 成人した男大迹王は人を愛し、賢人を敬い、心が広く豊かであった。
武烈八年（五〇六）	**一二月八日**　小泊瀬稚鷦鷯《おはつせのわかさざき》大王（武烈天皇）は治世八年冬一二月八日に五七歳で崩じた。天皇には皇子も皇女もなく、跡継ぎは絶えてしまった。 **一二月二一日**　大伴金村大連《おおとものかなむらおおむらじ》が「まさに今、跡継ぎが絶えてしまった。天下の人びとはどこに心を寄せればよいのであろう。古くから今にいたるまで天下のわざわいは、こういうことからおきている。今、足仲彦《たらしなかつひこ》大王（仲哀天皇）の五世の孫である倭彦《やまとひこ》王が丹波国桑田郡においでになる。兵士をやって輿《みこし》を守らせ、お迎えして大王となっていただこうと思うがどうか」と皆にはかった。 大臣《おおおみ》、大連らは皆、大伴金村に従い、倭彦王を迎え奉ることになった。ところが、倭彦王は迎えにやってきた兵士をはるかに見て恐れ、顔色を失い、山中に逃げて行方をくらましてしまった。

継体元年（五〇七）

一月四日　男大迹大王の治世がはじまる元年の春一月四日、大伴金村は、また大王を迎えることを企てて「男大迹王は情け深く、親孝行で皇位を継がれるのにふさわしい方であると聞く。ねんごろにおすすめして皇統を栄えさせようではないか」とはかった。

物部麁鹿火《もののべのあらかい》大連も巨勢男人《こせのおひと》大臣も「御子孫を調べ選んでみると、たしかに男大迹王がいちばん優れているようだ。是が非でも男大迹王に天下を治めていただこう」と賛成した。

一月六日　大伴金村らが君命を受けた印の旗を持ち、輿をととのえ三国に向かった。兵士が囲み守り、容儀いかめしく先払いして到着すると、男大迹王はゆったりといつものように床几にかけていた。侍臣を整列させ、すでに天子の風格であった。

節《しるし》を持った使いたちはこれを見て、男大迹王に命をささげて忠誠を尽くそうと思った。けれども男大迹王は心の中で疑いを抱き、すぐには承知しなかった。

このとき、男大迹王がたまたま見知っていた河内馬飼首荒籠《かわちのうまかいのおびとあらこ》が使いを送り、大臣・大連らが迎えようとしている本意をくわしく伝えた。使いは二日三晩泊まって、ついに男大迹王は三国を発つことになった。

男大迹王は「よかった、荒籠よ。もしお前が使いを送って知らせてくれることがなければ、私は天下の笑い者になるところだった。世に「貴賤を論ずることなく、ただその心だけを重んずべきである」という伝えは、思うに荒籠よ、そちのような者のことをいうのであろう」と言い、皇位についたのち、あつく荒籠を寵愛した。

一月一二日　男大迹王は河内国交野郡の樟葉宮《くすはのみや》に入った。

二月四日　大伴金村大連はひざまずき、天子の璽符《みしるし》の鏡と剣をたてまつって拝礼した。しかし男大迹王は「民をわが子として国を治めることは重大な仕事である。自分は天子としての才能もなく力もおよばない。どうかよく考えて真の賢者を選んでほしい」と辞退した。

大伴金村は地に伏してさらに願い出た。男大迹王も西に向かって三度、南に向かって二度辞譲の礼を繰り返した。

大伴金村は「私が考えますに、大王は人民をわが子のように思って国を治められるのに、もっともふさわしい方です。私たちが国家を思い、はかったことは、けっしていいかげんなものではありません。どうか人びとの願いをお聞き入れください」と言って即位をすすめた。男大迹王は「大臣、大連、将相《まえつきみ》、諸臣のすべてが私を推すのであれば、私も背くわけにはいかない」と言って、天子の璽符を受けて即位した。そして大伴金村は大連《おおむらじ》、巨勢男人は大臣《おおおみ》、物部麁鹿火は大連と今までの職位のままに任じた。

二月一〇日　大伴金村大連が「古来の王が世を治めるのに、世継ぎがいなければ安らかに治まりません。また睦まじい皇妃がいないと、よい子孫を得ることができないと聞いております。白髪武広国押稚日本根子《しらかのたけひろくにおしわかやまとねこ》大王（清寧天皇）は、御子がなかったため、私の祖父の大伴室屋《むろや》大連に命じて三種の白髪部《しらかべ》（白髪部舎人《とねり》・白髪部供膳《かしわで》・白髪部靫負《ゆげい》）を置かせ、みずからの名をのちの世に残そうとされました。いたましいことではありませんか。どうか手白香皇女《たしらかのひめみこ》を召して皇后とし、神祇伯《かむつかさのかみ》らを遣わして、天神地祇をお祀りして天皇の御子が得られるよう祈り、人民の望みにこたえてください」と申し上げたところ、大王は「よろしい。そちの言うとおりにしよう」と応じた。

三月一日　大王は詔《みことのり》して「天の神、地の神を祀るには神主がなくてはならず、また天下を治めるには君主がなくてはならない。天は人民を生み元首を立てて人民を助け養わせ、その生をまっとうさせる。大連はわたしに子のないことを心配し、国家のために世々忠誠を尽くしている。けっして我が世のことだけではない。礼儀を整えて手白香皇女をお迎えせよ」と仰せられた。

三月五日　手白香皇女をたてて皇后とし、後宮に関することをおさめさせた。やがて一人の男子が生まれた。これが天国排開広庭尊《あめくにおしはらきひろにわのみこと》である。この男子が皇后の嫡子（欽明天皇）である。まだ、幼かったため、二人の兄（安閑天皇・宣化天皇）が先に国政をとった後、天下を治めた。

三月九日　大王は詔して「男が耕作をしないと、天下はそのために飢えることがあり、女が糸をつむがないと天下は凍えることがある。だから大王はみずから耕作して農業をすすめ、后妃はみずから養蚕をして桑を与える時期を誤らないようにする。まして百官から万人にいたるまで、農と桑を怠っては富み栄えることはできない。役人たちは天下に告げて、私の思うところを人びとに知らせるように」と仰せられた。

三月一四日　八人の妃を召し入れた。元から妃の尾張連草香《おわりのむらじくさか》の娘で目子媛《めのこのひめ》はまたの名を色部《しこぶ》といい、二人の男児を生んだ。一人目を勾大兄《まがりのおおえ》皇子といい、これが後の広国排武金《ひろくにおしたけかな》日《ひ》大王＝安閑天皇である。二人目を檜隈《ひのくまの》

継体元年（五〇七）

高田《たかた》皇子といい、これがのちの武小広国排盾《たけおひろくにおしたて》大王＝宣化天皇である。次の妃、三尾角折君《みおのつのおりのきみ》の妹の稚子《わかこ》媛は、大郎《おおいらつこ》皇子と出雲《いづも》皇女を生んだ。次に坂田大跨《さかたのおおまた》王の娘の広媛は三人の女児を生み、一人目を神前《かむさき》皇女といい、二人目を茨田《まった》皇女といい、三人目を馬来田《うまくた》皇女という。次に息長真手《おきながのまて》王の娘の麻績娘子《おみのいらつめ》は、荳角《ささげ》皇女を生んだ。この皇女は、のちに伊勢神宮の斎王となった。次に、茨田連小望《まったのむらじおもち》の娘の関《せき》媛は三人の女児を生み、一人目を茨田大娘《まったのおおいらつめ》皇女、二人目を白坂活日姫《しらさかいくひひめ》皇女、三人目を小野稚郎《おののわかいらつめ》皇女、またの名を長石《ながいわ》姫という。次に、三尾君堅槭《みおのきみかたひ》の娘の倭《やまと》媛は二男二女を生み、一人目を大娘子《おおいらつめ》皇女、二人目を椀子《まろこ》皇子といい三国公《みくにのきみ》の先祖である。三人目を耳《みみ》皇子、四人目を赤姫皇女という。次に、和珥臣《わにのおみ》河内の娘の荑《はえ》媛は一男二女を生み、一人目を稚綾姫《わかやひめ》皇女、二人目を円娘《つぶらのいらつめ》皇女、三人目を厚《あつ》皇子という。次に根王《ねのおおきみ》の娘の広媛は二男を生んだ。一人目を兎《うさぎ》皇子といい、これは酒人公《さかひとのきみ》の先祖である。二人目を中《なかつ》皇子といい、これは坂田公《さかたのきみ》の先祖である。

この年、太歳の丁亥《ひのとい》。

——（書紀作者注）八人の妃を同時に後宮に入れることは前例がないわけではない。おそらく一四日に入れたということは、即位してよい日を占い選んで、はじめて後宮を定めたので記録したのだろう。

継体二年（五〇八）

一〇月三日　小泊瀬稚鷦鷯《おはつせのわかさざき》大王（武烈天皇）を傍丘磐杯丘陵《かたおかのいわつきのおかのみささぎ》（奈良県北葛城郡志津美村）に葬った。

一二月　南の海の済州島に住む耽羅《たんら》人がはじめて百済国に使いを送った。

継体三年（五〇九）

二月　使いを百済に遣わした。『百済本記』には、久羅麻致支弥《くらまちきみ》が日本から来たとあるが、くわしくはわからない。

任那の日本の村々に住む百済の人民で、逃亡してきた者・戸籍のなくなった者は三世・四世までさかのぼって調べ、百済に送り返し、戸籍をつけさせた。

継体五年（五一一）

一〇月　都を山背《やましろ》の筒城《つつき》にうつした。

継体六年（五一二）

四月六日　穂積臣押山《ほづみのおみおしやま》を百済へ遣わすために、筑紫国の馬四〇匹を賜わった。

一二月　百済が使いを送り、調（貢物）をたてまつった。百済は別に文をたてまつり、任那国の上哆唎《おこしたり》・下哆《あろした》唎《り》・娑陀《さだ》・牟婁《むろ》の四県がほしいと大王に願った。そのとき、哆唎国守《たりのくにのみこともち》、穂積臣押山が「この四県は百済に連なり、日本とは遠く隔たっています。百済とこれらの地は朝夕に通いやすく、鶏犬の声もどちらのものか聞き分けにくいほどです。いま、百済に賜わって同国とすれば、保全のためにこれにすぐるものはないと思われます。しかし、百済に合併しても、後世の安全は保証しにくく、まして百済と切り離しておいたのでは、何年ももたないと思います」と奏上した。

大伴金村大連もこの意見に賛成した。物部麁鹿火大連が大王の勅を伝える使いとなり、まさに難波《なにわ》の館に出向き、百済の使いに勅を伝えようというとき、大連の妻は「住吉大神は、海の彼方の金銀の国である高麗・百済・新羅・任那などを、まだ皇后の胎中におられた誉田大王（応神天皇）に授けられました。そこで息長《おきなが》足《たらし》姫皇后（神功皇后）は大臣の武内宿禰《たけしうちのすくね》とともに、国ごとに官家《みやけ》を設け、海外でのわが国の守りとされ、長くつづいてきた由来があります。もし、これを割《さ》いて他国に与えたら、元の領域と違ってきます。そうなれば、後世に長く非難を受けることになるでしょう」とかたくいさめていった。

物部麁鹿火が「言いたいことはわかるし、理にかなっているが、それでは勅命にそむくことになろう」と言うと、妻は「病気と申し上げて勅をお受けしなければどうでしょう」とすすめた。

物部麁鹿火は「わかった。お前がそこまで言うのなら……」と、妻のいましめに従った。

そこで大王はあらためて、別の人物を勅使として、賜物《たまいもの》といっしょに勅を伝えさせ任那の四県を百済に与えた。勾大兄皇子は事情があって、任那の割譲についてかかわることができず、後にこのことを知った。驚いて、「誉田大王以来、官家を置いてきた国を軽々しく隣国の言うままに与えてよいものだろうか」とこれを止めようとして、日鷹吉士《ひたかのきし》を遣わして、あらためて百済の使いに伝えさせた。しかし、百済の使者は「皇子の父の大王が事情をお考えになり、勅を賜ったことは、もう過去のことでございます。子である皇子が、ど

継体六年（五一二）

うして天皇の勅にそむいてみだりに改めてよいものでしょうか。これはきっと偽りでありましょう。たとえ本当だとしても、大王の勅のほうが皇子のそれより重きものでありましょう」と反論した。世間では「大伴大連と哆唎国守《たりのくにのみこともち》の穂積臣押山とは百済から賄賂をとっている」と噂していた。

継体七年（五一三）

六月　百済は姐弥文貴《さみもんくい》将軍と州利即爾《つりそに》将軍を遣わして、穂積臣押山にそえて五経博士の段楊爾《だんように》をたてまつった。また、別に「伴跛国《はへ》が百済の己汶《こもん》という領土を奪いました。どうか天恩によって、元どおりに返還するようお計らい頂きますようお願いします」と奏上した。

八月二六日　百済の太子、淳陀《じゅんだ》が崩じた。

九月　勾大兄皇子は、春日山田《かすがのやまだ》皇女を迎えられた。月の夜に思わず夜明けまで清らかに語り合った。歌を作ろうとすると雅な心が、すっと言葉に表れ、口ずさんで詠った。

「八嶋国《やしまくに》　妻枕《ま》きかねて　春日《はるひ》の　春日《かすが》の国に　麗《くわ》し女《め》を　有りと聞きて　宜《よろ》し女を　有りと聞きて　真木さく　檜《ひ》の板戸を　押し開き　我入り坐《ま》し　脚取《あとと》り　衣裔取《つまどり》して　枕取り　衣裔取りして　妹が手を　我に纏《ま》かしめ　我が手をば　妹に纏かしめ　真柝葛《まさきづら》　たたき交はり　鹿《しし》くしろ　熟睡《うまい》寝し間に　庭つ鳥　鶏《かけ》は鳴くなり　野つ鳥　雉《きぎし》は響《とよ》む　愛《は》しけくも　いまだ言はずて　明けにけり我妹《わぎも》」

（八州の国で妻を娶りかねて、春日国に美しい女がいると聞いて、良い女がいると聞いて、りっぱな檜の板戸を押し開いて、私がおはいりになり、女の脚の衣をとり、頭の衣をとり、妻の手を自分の体に巻きつかせ、自分の手を妻に巻きつかせ、ツタカツラのように交じり合って熟睡した間に、鶏の鳴くのが聞こえ、野の鳥の雉は鳴きたてる。可愛いともまだいわぬ間に、夜は明けてしまった。わが妻よ）

妃が答えて詠った。

「隠国《こもりく》の　泊瀬《はつせ》の川ゆ　流れ来る　竹の　い組竹節竹《くみだけよだけ》　本辺《もとへ》をば　琴に作り　末辺《すえへ》をば　笛に作り　吹き鳴す　御諸《みもろ》が上に　登り立ち　我がみせば　つのさはふ　磐余《いわれ》の池の　水下《みなした》ふ　魚も　上に出て歎《なげ》く　やすみしし　我が大君の　帯《お》ばせる　細紋《ささら》の御帯《みおび》の　結び垂れ　誰やし人も　上に出て嘆く」

（初瀬川を流れてくる、竹の組み合わさっている節竹。その根元の太い方を琴に作り、末の細い方を笛に作り、吹き鳴らす御諸山の上に、登り立って私が眺めると、磐余の池の中の魚も、水面に出て嘆いています。

わが大君が締めておいでになる、細かい模様の御帯を結び垂《た》れ、誰《たれ》もが顔に出して、お別れを嘆いています）

一一月五日　百済の姐弥文貴《さみもんくい》将軍が、朝廷に新羅の汶得至《もんとくち》、安羅《あら》の辛已奚《しんいけい》と賁巴委佐《ほんはわさ》、伴跛《はへ》の既殿奚《こでんけい》、竹汶《ちくもん》至《ち》らを召して連れてきて、詔をうけ賜わった。百済に己汶《こもん》と滞沙《たさ》を賜わった。

この月、伴跛国が戢支《しうき》を遣わして、珍宝を献上し、己汶の地を願ったがかなえられなかった。

一二月八日　大王は詔して「私は皇位を継いで宗廟《そうびょう》を保つことを責とし、いつもつつしみ深くしている。このところ天下は安静で、国内は平穏であり、豊年がつづき国を富ませている。ありがたいことだ。勾大兄皇子は私の心をよく八方に示してくれ、わが教化を万国に照らし、倭国は平和で名声は天下に誇っている。秋津洲は赫々《かくかく》として誉れも高い。宝とすべきは賢人であり、善行はもっとも楽しいことである。聖化はこれによって遠くにおよび、大きな功業はこれによって長く栄える。まことに勾大兄皇太子の力である。おまえは皇太子の位にあって、私を助け恵みを施し、私のいたらぬ所を補ってくれよ」と仰せられた。

継体八年（五一四）

一月　皇太子の妃の春日山田皇女が朝なかなか起きてこず、いつものようではなかった。皇太子は変に思って部屋に入ってみると、妃は床に伏して涙を流し、なげき苦しんで堪えられない様子であった。皇太子は「今朝ひどく泣くのは何かの恨みでもあるのか」とたずねると、妃は「ほかのことではありません。ただ私が悲しむのは、空飛ぶ鳥も自分の子を守るために梢に巣をつくり、地にはう虫も我が子を守るために、土の中に穴を掘り、その守りを厚くします。まして人間たるもの、どうして考えないでおれましょう。跡継ぎのない恨みは皇太子に向けられます。私の名も子のないことによって絶えてしまうでしょう」とこたえた。皇太子は心を痛め、大王に奏上した。

大王は「皇太子よ。お前の妃の言葉は理にかなっている。どうしてつまらぬ事だといって慰めもせずにいられよう。佐保に屯倉《みやけ》を設けて、妃の名を万世に残すようにしよう」とおおせられた。

三月　伴跛《はへ》国は城を子呑《しとん》と帯沙に築いて、満奚《まんけい》と結び、のろし台、武器庫を設け、倭国との戦いに備えた。また、城を爾列比《にれひ》と麻須比《ますひ》に築いて、麻且奚《ましょけい》・推封《すいふ》につながるようにした。軍兵や兵器を集めて新羅を攻めた。子女を捕らえて村を略奪した。賊の襲ったところは、なにも残らなかった。暴虐をほしいままにし、民を悩まし、多くの人を殺害したさまは、くわしく記せないほどであった。

継体九年（五一五）

二月四日　百済の使者文貴将軍らが帰国を希望したため、詔して物部連をそえて帰らせた。

――（書紀作者註）百済本記には物部至至連《ちち》と記されている。

この月に沙都嶋《さとのしま》では噂によると、伴跛国の人は倭国に恨みを抱き、よからぬことをたくらみ、力を頼みに無道の限りを尽くしているという。そこで物部連は水軍五百を率いて、ただちに帯沙江《たさのえ》に赴き、文貴将軍は新羅から百済に入った。

四月　物部連が帯沙江に留まって六日目に、伴跛国は軍をおこして攻めてきた。衣類をはぎ取り、持ち物を奪い、すべての帷幕《きぬまく》を焼いた。物部連らは恐れ、命からがら汶慕羅《もんもら》まで逃げた。

――（書紀作者注）汶慕羅は島の名前。

継体一〇年（五一六）

五月　百済は前部木刕不麻甲背《ぜんほうもくらふまこうはい》を遣わして、物部連らを己汶に迎えてねぎらい、引き連れて国に入った。百済の群臣らは、それぞれ国の産物に加えて着物や布帛、斧鉄（鉄鋌《てってい》）などを朝廷に積み上げ、ねんごろに慰問し、賜物も少なくなかった。

九月　百済は州利即次《つりそし》将軍を遣わして物部連に従わせ来朝し、己汶の地を賜わったことを感謝した。別に五経博士の漢高安茂《あやのこうあんも》をたてまつって、博士段楊爾《だんようじ》に替えたいと願い出たので、願いのまま交代させた。

九月一四日　百済は灼莫古《やくまくこ》将軍、倭国人の科野阿比多《しなのあひた》を遣わして、高麗の使の安定《あんてい》らに付き添わせ来朝し、好《よしみ》を結んだ。

継体一二年（五一八）

三月九日　都を山背国乙訓《おとくに》にうつした（弟国宮）。

継体一七年（五二三）

五月　百済の武寧王（四六二～五二三）が薨じた。

継体一八年（五二四）

一月　百済の太子明が即位し、聖明王（？～五五四）となった。

継体二〇年（五二六）

九月一三日　都をうつして大和の磐余《いわれ》の玉穂《たまほ》に置いた。

——（書紀作者注）ある本には七年とある。

継体二一年（五二七）

六月三日　近江の毛野臣《けなのおみ》が、兵六万を率いて任那に行き、新羅に破られた南加羅《ありひしのから》、喙己呑《とくことん》を奪還し、再び任那と併合しようとした。

このとき筑紫国造磐井《いわい》がひそかに反逆を企てていた。磐井はぐずぐずと年を過ごし、事の困難さを恐れて隙をうかがっていた。新羅がこれを知ってこっそり磐井に賄賂を送り、毛野臣の軍を妨害するようすすめた。そこで磐井は肥前・肥後・豊前・豊後などをおさえ、職務を果たせぬようにし、外は海路を遮断し、高句麗・百済・新羅・任那などの国が貢物を運ぶ船をあざむき奪い、内は任那に遣わされた毛野臣の軍をさえぎり、毛野臣に無礼なことを言いたてた。

「今、お前は朝廷の使者になっているが、昔は仲間として肩や肘をすりあわせ、同じ釜の飯を食った仲だ。使者になったからといって、お前に俺を従わせることなどできるものか」。そして、戦って従わず、気勢盛んであった。毛野臣は前進をはばまれ、途中で留まってしまった。

大王は大伴大連金村、物部大連麁鹿火《あらかい》、巨勢大臣男人らに「筑紫の磐井が反乱して、西の国をわが物としている。誰か将軍の適任者はあるか」とたずねられた。

大伴金村は「正直で勇に富み、兵事に精通しているのは、いま麁鹿火の右に出る者はありません」とお答えすると、大王は「それがよい」と仰せられた。

八月一日　「物部麁鹿火よ。磐井がそむいている。お前が行って討ってまいれ」と詔した。

物部麁鹿火は「磐井は西の果てのずる賢い奴です。山河の険阻なのを頼りに、恭順を忘れ、乱をおこしたものです。道徳に背き、驕慢でうぬぼれています。私の家系は先祖から今日まで、大王のために戦ってきました。人民を苦しみから救うことに、昔も今も変わりはありません。ただ天の助けを得ることは、私が常に重んずるところです。慎んで詔を受け磐井を討ちましょう」と申し上げた。大王は「良将は出陣にあたっては将士をめぐみ、思いやりをかける。そして、攻める勢いは怒濤や疾風のようである。大将は兵士の死命を制し、国家の存亡を支配する。つつしんで天誅を加えよ」と詔し、印綬を麁鹿火に授けて「長門より東は私が治めよう。筑紫より西はお前が統治し、賞罰も思いのままにおこなえ。いちいち報告せずともよい」と仰せになった。

継体二二年（五二八）

一一月一一日　大将軍物部麁鹿火は、敵の首領磐井と筑紫の御井郡《みいのこおり》で戦った。両軍の旗や鼓が相対し、軍勢のあげる塵埃は入り乱れ、互いに勝機をつかもうと必死に戦って譲らなかった。そして、ついに麁鹿火は磐井を斬り、反乱を完全に鎮圧した。

一二月　筑紫君葛子《くずこ》は父である磐井の罪に連座して誅《つみ》せられることを恐れて、糟屋《かすや》の屯倉を献上して死罪を免れることを請うた。

継体二三年（五二九）

三月　百済王は下哆唎国　守《あるしたりのくにのみこともち》穂積押山臣《ほづみのおしやまのおみ》に「日本への朝貢の使者がいつも海中の岬を離れるとき、風波に苦しみ、船荷をぬらし、ひどい状態になってしまいます。そこで加羅の国の多沙津《たさのつ》を、わが国の朝貢の航路としていただきたいと思います」と語り、押山臣はこれを伝え奏上した。この月に、物部伊勢連父根《ちちね》、吉沙老《きしのおきな》らを遣わして、多沙津を百済王に賜わった。このとき加羅王が勅使に「この津は官家が置かれて以来、私が朝貢の時の寄港地としているところです。たやすく隣国に与えられては困ります。はじめに定められた境界の侵犯でございます」と抗議した。勅使の父根らは、その場で百済に加羅の多沙津を賜わるのはむずかしいと思って、大島に引き返したので、これとは別に録史《ふびと》（記録官）を遣わし、ついに百済に多沙津を賜わった。このため加羅は新羅と結び、倭国を恨んで事を構えた。加羅王は新羅王の娘を娶って子をもうけた。新羅ははじめ娘を送るとき、百人の供をつけた。これを加羅の各県に分散し、新羅の衣冠を着けさせた。加羅の阿利斯等《ありしと》は自国の服制を無視したことに怒り、使者を遣わし女たちを送り返した。新羅王は面目を失って王女を召還しようとして「先に求婚されたから私もこれを許したのだ。こうなったうえは、王女を返してもらおう」と言った。しかし、加羅の己富利知伽《こほりちか》は「夫婦としてめあわせておいて、今さらどうして仲を割くことができようか。子供もあり、これを捨ててどこに行けるものか」と応じた。ついに新羅は刀伽《とか》、古跛《こへ》、布那牟羅《ふなむら》の三つの城をとり、また北の境の五つの城もとった。この月に、近江毛野臣を使者として安羅《あら》に遣わした。詔して新羅に、南加羅《ありひしのから》、喙己呑《とくことん》を再建させようとした。百済は将軍君尹貴《いくさのきみいんくい》、麻那甲背《まなこうはい》、麻鹵《まろ》らを遣わして安羅に行って、詔を聴かせた。新羅は隣国の官家を破ったことを恐れて、上級の者を遣わさず、夫智那麻礼《ぶちなまれ》、奚那麻礼《けなまれ》ら下級の者を遣わし、安羅に行って詔を聴かせた。

安羅は新しく高堂《たかどの》を建て、勅使をそこに上らせ、国主はその後ろから階を昇った。国内の大臣でもともに昇殿したのは一、二人だけで百済の使者の将軍らは堂の下であった。数カ月にわたり、再三殿上の謀議はおこなわれたが、将軍らは常に庭におかれたことを恨んだ。

四月七日　任那王の己能末多干岐《このまたかんき》が来朝し、大伴金村にいった。

——（注）己能末多干岐は阿利斯等のことであろうとある。また任那と加羅は同じ。

「海外の諸国に誉田大王（応神天皇）が官家を置かれてから、元の国王にその土地を任せ、統治させられたのはまことに道理にあったことです。いま新羅は、はじめに決めて与えられた境界を無視して、たびたび領土を侵害しております。どうかお願いします。わが国をお助けください」。大伴金村は乞われるまま、これを奏上した。

この月、使いを遣わして己能末多干岐を任那に送らせた。同時に任那にいる毛野臣に詔して「任那王の奏上するところをよく問いただし、任那と新羅が互いに疑いあっているのを和解させるように」と仰せられた。そこで毛野臣は熊川《くまなれ》に宿って、新羅と百済両国の王を呼んだ。新羅の王の佐利遅《さりじ》は久遅布礼《くじふれ》を遣わし、百済は恩率弥騰利《おんそつみどり》を遣わして、毛野臣のところに赴かせ自分たちは行かなかった。毛野臣はこのことに大いに怒り「小さな者が大きな者に仕えるのは自然の道である。どうして二国の王がみずから出向いて大王の詔を受けようとせず、軽臣を遣わしたのか。もうお前たちの王がみずから来て詔を聞こうとしても自分は伝えない。必ず追い返すと思え」といった。

久遅布礼と恩率弥騰利は恐れを抱いて帰り、それぞれの王に伝えた。

継体二三年（五二九）

これによって新羅は、あらためて大臣の上臣《まかりだろ》伊吒夫礼智干岐《いしぶれちかんき》を遣わして兵三千を率いて来て詔を聞きたいといった。毛野臣ははるかに武備を整えた兵数千のあるのを見て、熊川から任那の己吒己利《こしこり》の城に入った。伊吒夫礼智干岐は多々羅《たたら》の原に宿ったが、礼をつくして来ることをせず、待つこと三ヵ月におよび、たびたび勅を聞きたいといったが、毛野臣はついに伝えなかった。伊吒夫礼智干岐が率いた兵卒は村落で食を乞うた。伊吒夫礼智干岐は毛野臣の従者の河内馬飼首御狩《かわちのうまかいのおびとみかり》のところに立ち寄った。御狩は他人の門に隠れ、物を乞う者が立ち去るのを待って、拳を握って遠くから殴るまねをした。兵卒はこれに気づき「謹んで三ヵ月も待ち、勅旨を聞こうと望んだが、やはり伝えようとしない。勅旨を聴く使を煩わすのは、だまして上臣（大臣）を殺そうとしているのだ」とその様子をつぶさに上臣に述べた。上臣は金官《きんかん》・背伐《へだつ》・安多《あた》・委陀《わだ》の四つの村でかすめ取り、人びとを率いて本国に帰った。人は「多々羅ら四つの村がかすめられたのは毛野臣の失敗であった」といった。

――（書紀作者注）四つの村は多々羅、須那羅、和多、費智であるともいう。

九月　巨勢男人大臣が薨じた。

継体二四年（五三〇）

二月一日　大王は詔して「神日本磐余彦《かんやまといわれひこ》大王（神武天皇）、御間城入彦五十瓊殖《みまきいりひこいにえ》大王（崇神天皇）以来、代々博識の臣たちに助けられながら国の政治はおこなわれてきた。道臣《みちのおみ》命が意見を述べ、これを用いて神日本磐余彦大王は隆盛を誇られた。大彦命が計画をたて、御間城入彦五十瓊殖大王はそれを用いて隆盛を誇られた。皇位を継いだ者として中興の功をたてようとするならば、どうしても賢明な人びとの知恵に頼らねばならない。小泊瀬稚鷦鷯《おはつせのわかさざき》大王（武烈天皇）が天下を治められてより、幸いにも長い太平のために人民はだんだん眠ったようになり、政治のよくない部分も改めようともしなくなった。ただ、しかるべき人が他の人の協力を得て、現れるのを待つだけである。有能多才の者は、少々の短所もとがめない。私が帝位を嗣いで二四年、国家社会を安泰ならしめるならば、よく助けになっているものと見ることができる。密かに恐れるのは人民がこれに慣れてしまい、おごりなく、土地も肥え五穀豊穣であり、天下太平である。密かに恐れるのは人民がこれに慣れてしまい、おごりの気持ちをおこすことである。廉節の士を選び、徳化を流布し、すぐれた官人を登用することは、古来むずかしいとされている。我が身に思いを致し慎まなければならない」と仰せられた。

九月　任那の使いが「毛野臣は久斯牟羅《くしむら》に住居をつくり、滞留二年、政務も怠っています。日本人と任那人の間に生まれた子供の帰属の争いについても、裁定の能力もありません。毛野臣は好んで誓湯《うけいゆ》を設け、「本当のことを言う者は爛《ただ》れないが、うそを言う者はきっと爛れる」と言って、湯の中に手を入れさせ、湯につけられて爛れ死ぬ者も多く、また吉備韓子那多利《きびのからこなたり》、斯希利《しふり》を殺したりと、常に人民を悩まし、少しも融和するところがありません」と奏上した。

大王はその行状を聞き、人を遣わして毛野臣を召したが、毛野臣は来ようとはせず、ひそかに河内母樹馬飼首御狩《かわちのおものきのうまかいのおびとみかり》を京に送り「私はまだ勅命を果たさぬのに、京に戻ったならば、期待して送り出されながら、むなしく帰ることになり面目がありません。どうか任務を果たして参内し、謝罪申し上げるのをお待ちください」と奏上させた。

奏上の使いを送った後、毛野臣は「調吉士《つきのきし》は大王の使いである。もし私よりも先に帰り、実状を奏上すれば、私の罪科はきっと重くなるだろう」と思い、調吉士を遣わして、兵を率いさせ伊斯枳牟羅《いしきむら》城を守らせた。

阿利斯等《ありしと》は毛野臣が小さくつまらぬことばかりして、任那復興の約束を実行しないことを知り、しきりに帰京をすすめたが、やはり帰還することを聞き入れなかった。

阿利斯等は毛野臣の行状をすっかり知って離反の気持ちをおこした。久礼斯己母《くれしこも》を新羅に送り兵を請わせた。また奴須久利《ぬすくり》を百済に使いさせ、兵を請わせた。毛野臣は百済の兵の来るのを背郡《へこおり》に迎え討った。傷つき死ぬ者は半ばに達した。百済は奴須久利を捕虜にして、手かせ足かせ首くさりをつけて、新羅軍とともに城を囲んだ。阿利斯等を責め罵って「毛野臣を出せ」といった。

毛野臣は城に入って防備をかためたので、容易に捕虜にはできなかった。このため二つの国は足止めされ一カ月になり、城を築き上げて帰ったが、これを久礼牟羅城《くれむらのさし》という。帰るときに道すがら、騰利枳牟羅《とりきむら》、布那《ふな》牟羅《むら》、牟雌枳牟羅《むしきむら》、阿夫羅《あぶら》、久知波多枳《くちはたき》の五つの城を奪った。

一〇月　調吉士は任那から大和に到着し、「毛野臣は人となりが傲慢でねじけており、政治に習熟しておりません。和解することを知らず加羅をかき乱してしまいました。自分勝手にあれこれ考えて、外患を防ぐことをしません」と奏上した。そこで目頬子《めずらこ》を遣わして毛野臣を召した。

この年、毛野臣は召されて対馬に至り、病にあって死んだ。葬送の舟は、河の筋を上って近江についた。そ

継体二四年（五三〇）

の妻が歌った。

「枚方《ひらかた》ゆ　笛吹上《のぼ》る　近江のや　毛野の若子《わくご》い　笛吹上る」

（枚方を通って笛を吹きながら淀川を上る。近江の毛野の若殿が笛を吹いて淀川を上る）

目頬子がはじめて任那に着いたとき、そこにいた郎党どもが歌を贈った。

「韓国を　如何に言うことぞ　目頬子来る　むかさくる　壱岐の渡りを　目頬子来る」

（韓国にどんなことを言おうとして、目頬子が来たのだろう。遠く離れている壱岐の海路を、わざわざ目頬子がやってきた）

継体二五年（五三一）

二月　大王は病が重くなった。

二月七日　大王は磐余の玉穂宮で崩御した。時に八二歳であった。

一二月五日　藍野陵（摂津国三島郡藍野）に葬った。

――（書紀作者注）ある本によると、天皇は治世二八年に崩御したとされている。それを治世二五年崩御としたのは、『百済本記』によって記事を書いたためである。本記には「治世二五年三月、進軍して安羅に至り、乞乇城《こっとくのさし》を造った。この月、高麗はその王、安を弑《ころ》した。また聞くところによると、日本の天皇および皇太子、皇子皆死んでしまった」と。これにしたがうと辛亥の年は治世二五年にあたる。後世、調べ考える人が明らかにするだろう。

（西川寿勝）

挿図出典

巻頭図版

1　上　今城塚古墳内堤の埴輪祭祀場　下　埴輪祭祀場三区の巫女や楽人の埴輪の出土状態：高槻市教育委員会
2　国宝「癸未年」銘鏡：隅田八幡神社蔵

本文図版

図1　淀川と継体天皇の宮・今城塚古墳：西川・片岡作図
図2　埋葬された馬：大阪府教育委員会
図3　第二京阪自動車道予定地の大規模調査：西川・片岡作図
図4　応神天皇五世孫の継体天皇：西川・片岡作図
図5　上私部遺跡出土の新羅土器、韓国出土の新羅土器：大阪府文化財センター（二〇〇七）『上私部遺跡』Ⅱ、韓国文化財普及協会編（一九七五）『天馬塚』、朝鮮総督府（一九二七）『梁山夫婦塚と其遺物』より
図6　蔀屋北遺跡の集落と大溝：大阪府教育委員会（二〇〇五・二〇〇七）『蔀屋北遺跡発掘調査概報』Ⅱ・Ⅵより
図7　蔀屋北遺跡出土の製塩土器：大阪府教育委員会所蔵、大阪府立近つ飛鳥博物館（二〇〇四）『今来才伎』より
図8　蔀屋北遺跡出土馬具と渡来系遺物：大阪府教育委員会（二〇〇五・二〇〇七）『蔀屋北遺跡発掘調査概報』Ⅱ・Ⅵより
図9　大和平野への物流と三水系：西川・片岡作図
図10　石山合戦における信長の水上封鎖：西川作図、江戸時代の絵図より
図11　ペリーの水上封鎖計画：西川・片岡作図
図12　百舌鳥古墳群の消長：西川・片岡作図
図13　奈良県最大の古墳、見瀬丸山古墳：西川・片岡作図、福尾正彦「畝傍陵墓参考地石室内現況調査報告」（一九九四）『書陵

部紀要』45　宮内庁より

図14　前方後円墳の設計規格：西川・片岡作図

図15　国宝「癸未年」銘鏡と元になった舶載鏡
「癸未年」銘鏡：隅田八幡神社蔵
亀塚古墳出土人物歌舞画像鏡：東京国立博物館蔵
Image:TNM Image Archive　Source: http: // TnmArchives.jp/
図像：西川・片岡作図

図16　今城塚古墳の埴輪群像：西川・片岡作図

図17　日置荘西町遺跡埴輪窯出土円筒埴輪のハスの線刻：堺市教育委員会（一九九一）『堺市文化財調査報告書第五二集』より
蓮の図：大阪府教育委員会（一九九七）『大阪誕生』古墳時代編より

図18　海あがりの須恵器：個人蔵・西川撮影

図19　鈴鏡：a　明治大学考古学博物館（一九八八）『鏡』、b　袋井市（一九八三）『袋井市史』、c兵庫県（一九九二）『兵庫県史』、d　守山市教育委員会（一九六三）『守山の古墳』より

図20　鈴鏡をつけた巫女形埴輪：西川・片岡作図、埼玉県教育委員会（一九八一）『稲荷山古墳』より

図21　各地の鈴鏡：岡田一広（二〇〇三）「鈴鏡の画期」『富山大学考古学研究室論集　蜃気楼』秋山進午先生古稀紀念論集刊行会より

図22　襷をかけ鈴鏡をもつ巫女埴輪：西川・片岡作図、高橋克壽（一九九六）『埴輪の世紀』講談社より

図23　鈴鏡出土古墳分布図：西川・片岡作図、岡田一広（二〇〇三）「鈴鏡の画期」『富山大学考古学研究室論集　蜃気楼』秋山進午先生古稀紀念論集刊行会より

図24　奈良県新沢一一五号墳の出土遺物：奈良県立橿原考古学研究所編（一九八一）『新沢千塚古墳群』より
鈴鏡：奈良県立橿原考古学研究所附属博物館蔵

図25　和歌山県大谷古墳の出土遺物：京都大学考古学研究室（一九五九）『大谷古墳』より

図26　群馬県八幡観音塚古墳と出土遺物：高崎市教育委員会（一九八九）『東アジアと古代東国』より
図27　大刀につけられた帯金具の魚佩と鈴：羽曳野市教育委員会（二〇〇二）『史跡古市古墳群峯ヶ塚古墳後円部発掘調査報告書』より
図28　今城塚古墳：高槻市教育委員会
図29　武人埴輪：高槻市教育委員会
図30　発掘された今城塚古墳：高槻市教育委員会（二〇〇八）『史跡・今城塚古墳―平成一八年度・第一〇次規模確認調査―』より
図31　伏見地震による地すべりの跡：高槻市教育委員会
　前方部墳丘の地すべり地形：高槻市立しろあと歴史館（二〇〇四）『発掘された埴輪群と今城塚古墳』より
図32　後円部一段目テラスと二段目裾部の葺石：高槻市教育委員会
図33　墳丘盛土内の排水施設：高槻市教育委員会
図34　滑落状態で発見された後円部の石室基盤工の石敷き遺構と周囲の石積み：高槻市教育委員会
図35　今城塚古墳後円部石室基盤工の復元想定図：西川作図
図36　今城塚古墳後円部断面図：西川作図、高槻市教育委員会（二〇〇一）『高槻市文化財年報』より
図37　内堤の円筒埴輪列と張り出し部埴輪祭祀場の埴輪群出土状況：高槻市教育委員会
図38　高床式の家形埴輪：高槻市教育委員会
図39　片流れ屋根の家形埴輪：高槻市教育委員会
図40　柵形埴輪と門形埴輪：高槻市教育委員会
図41　動物埴輪　牛・鶏・水鳥：高槻市教育委員会
図42　人物埴輪　巫女：高槻市教育委員会
図43　人物埴輪　力士・楽人の坐像・男性の頭部：高槻市教育委員会
図44　器財埴輪　盾・大刀・器台：高槻市教育委員会
図45　埴輪祭祀場の形象埴輪群出土状況模式図：高槻市立しろあと歴史館（二〇〇四）『発掘された埴輪群と今城塚古墳』より

図46　群馬県保渡田八幡塚古墳の埴輪群出土状況模式図：1　水野正好（一九七七）「埴輪の世界」『日本原始美術大系』講談社より、2　群馬県教育委員会（二〇〇〇）『保渡田八幡塚古墳』より
図47　三区から出土した動物の脚に五指の表現のある奇妙な埴輪：高槻市教育委員会
図48　猿の埴輪：西川・片岡作図、「重要文化財」編纂委員会編（一九八一）『新指定重要文化財』10　毎日新聞社より
図49　跪礼の埴輪：森田作図、茨城県不二内古墳出土埴輪　小林行雄（一九七四）『埴輪』より、茨城県青木出土埴輪　高橋克寿（一九九六）『埴輪の世紀』講談社より
図50　殯宮の概念図：森田作図、和田萃（一九六九）「殯の基礎的考察」『史林』52―5および『日本書紀』より
図51　今城塚古墳の殯宮儀礼の内容と埴輪祭祀場の配列復元：森田作図
図52　祭祀場一区の埴輪群像：西川・片岡作図
図53　祭祀場二・三区の埴輪群像：西川・片岡作図
図54　祭祀場四区の埴輪群像：西川・片岡作図
図55　造り出し部などにおける「水のカミ祀り」を表現する埴輪：松阪市教育委員会
図56　筑紫津神社周辺および筑紫津推定地：国土地理院　二万五千分の一地形図「高槻」「吹田」「淀」
図57　今城塚古墳出土の円筒埴輪の船絵：西川・片岡作図、今城塚古墳採集資料および高槻市教育委員会（一九九三）『新池』より
図58　家形埴輪の軒に刻まれた泳ぐ魚をついばむ鵜：高槻市教育委員会
図59　江田船山古墳出土の「ワカタケル大王」銘鉄刀に銀象嵌された魚と鵜：西川・片岡作図、奈良県立橿原考古学研究所附属博物館（二〇〇三）『馬と馬具の考古学』より
図60　岡山県長船町国府出土の須恵器装飾付壷：梅原末治（一九六四）「鵜飼を表した子持台附須恵器」『考古学雑誌』50―1より
図61　保渡田八幡塚古墳内堤出土の鵜の埴輪、太田茶臼山古墳外堤出土の鵜の埴輪：森田克行（二〇〇八）「新・埴輪芸能論」『埴輪群像の考古学』青木書店より
図62　復元された寝屋川市太秦高塚古墳：西川撮影
図63　特殊器台から円筒埴輪の成立へ：大阪府立弥生文化博物館（一九九二）『激動の三世紀』より

図64　西殿塚古墳と出土埴輪：福尾正彦（一九九一）「衾田陵の墳丘調査」『書陵部紀要』42　宮内庁より
図65　佐紀陵山古墳墳頂部の埴輪祭祀場と出土埴輪：石田茂輔（一九六七）「日葉酢媛命御陵の資料について」『書陵部紀要』19　宮内庁より
図66　古墳内堤の埴輪祭祀場：大阪府立近つ飛鳥博物館（二〇〇六）『応神大王の時代』より
図67　誉田御廟山古墳内濠出土の水鳥埴輪：羽曳野市（一九九四）『羽曳野市史』3より
図68　昼神車塚古墳出土の猪形埴輪と犬形埴輪：高槻市（一九七七）『高槻市史』1より
図69　岩戸山古墳の別区石人・石馬列：森貞次郎（一九七〇）『岩戸山古墳』中央公論美術出版より
図70　人物埴輪の出現と終焉：西川・片岡作図
図71　準構造船の二種類と構造船模式図：西川・片岡作図
図72　三重県宝塚一号墳出土船形埴輪：松阪市教育委員会編（二〇〇一）『松阪宝塚一号墳調査概報』学生社より
図73　蔀屋北遺跡出土の井戸枠転用の船材：大阪府教育委員会（二〇〇五）『蔀屋北遺跡発掘調査概要』Ⅱより
図74　河内湖周辺の船材出土遺跡と馬・製塩土器出土遺跡：西川・片岡作図、大阪府立近つ飛鳥博物館（二〇〇六）『河内湖周辺に定着した渡来人』より
図75　百済武寧王の棺：伊武柄（一九七七）「武寧王陵の木棺」『百済研究』6より
図76　韓国出土の棺に転用された船材：国立昌原文化財研究所（二〇〇六）『松峴洞古墳群六・七号墳発掘調査概報』より
図77　同型鏡の製作過程想定図：西川・片岡作図
図78　和歌山県陵山古墳：橋本市教育委員会（一九七四）『陵山古墳発掘調査概報』より
図79　奈良県南阿田大塚山古墳：奈良県教育委員会（一九八一）『南阿田大塚山古墳発掘調査概報』より
図80　伝埼玉県秋山古墳群出土の神人歌舞画像鏡：菅谷浩之（一九八四）『北武蔵における古式古墳の成立』児玉町教育委員会より
図81　半円方形帯のある仿製鏡
藤ノ木古墳出土鏡：国〈文化庁〉保管、写真提供　奈良県立橿原考古学研究所附属博物館
平林古墳出土鏡：奈良県立橿原考古学研究所附属博物館蔵

図82　古墳の埋葬施設：西川・片岡作図
図83　大阪府峯ヶ塚古墳の石室構造：羽曳野市教育委員会（二〇〇二）『史跡古市古墳群峯ヶ塚古墳後円部発掘調査報告書』より
図84　峯ヶ塚古墳の後円部に露出した多数の石材：羽曳野市教育委員会
図85　今城塚古墳出土の三種類の石棺材：高槻市教育委員会
図86　埴輪群像の変遷：西川・片岡作図、a　高橋美久二氏の中期古墳復元案を参考に作製、b　三重県宝塚一号墳を参考に作製
図87　組み合わせ式の長持形石棺とくりぬき式の家形石棺：西川・片岡作図
図88　石棺材の産地と阿蘇ピンク石製石棺の分布：森田作図、高木恭二（一九九七）「石棺の移動は何を物語るか」『新視点日本の歴史』２の図に加筆
図89　列島出土の方格規矩鏡と同型の武寧王陵出土方格規矩鏡：上　森下章司（二〇〇四）「古鏡の拓本資料」『古文化談叢』五一　九州古文化研究会より、下　金元龍（一九七九）『武寧王陵』近藤出版社より
図90　高槻市安満宮山古墳の副葬遺物：国〈文化庁〉保管、写真提供　高槻市教育委員会
図91　主要な出現期古墳と淀川・木津川水系：森田克行（二〇〇六）「三島古墳群の成立―古代淀川水運の一断章」『三島古墳群の成立』高槻市立しろあと歴史館より
図92　現代のつなぎ鵜飼：森田撮影
図93　奈良県東殿塚古墳の埴輪に刻まれた準構造船と飛鳥時代以後の河内から大和への交通路：水野正好他（二〇〇六）『三角縁神獣鏡・邪馬台国・倭国』新泉社より
図94　奈良県巣山古墳出土の喪船（河上邦彦氏による復元案）：西川・片岡作図、広陵町教育委員会（二〇〇五）『巣山古墳（五次調査）出土木製品』パンフレットより
図95　外洋船遡上を阻止する砲台設置の樟葉の関門：馬場隆弘（二〇〇七）「京都守護職会津藩の京都防衛構想と楠葉台場」『ヒストリア』２０６　大阪歴史学会より
図96　梶原台場と楠葉台場：中西裕樹（二〇〇八）「梶原台場の復元と幕末の城郭」『城館史料学』６の付図に加筆

表1　三王朝交替説：西川・片岡作表
表2　二王朝並立説：西川・片岡作表
表3　『日本書紀』を中心とした継体天皇関連年表：西川作表
表4　継体天皇の后妃とその出自：西川・片岡作表
表5　古代の資料による獣類の出現比率：森田作表
表6　円筒埴輪編年（川西編年）：川西宏幸（一九七八）「円筒埴輪総論」『考古学雑誌』64―2より
表7　陶邑須恵器編年（田辺編年）：田辺昭三（一九八一）『須恵器大成』角川書店より
表8　同型鏡の種類と地域別出土数：佐々木作表、川西宏幸（二〇〇四）『同型鏡とワカタケル』同成社より

あとがき

二〇〇七年は、継体天皇が即位して一五〇〇年の節目を迎えた年です。

本書に収録された森田克行先生、西川寿勝先生の講演と対談は、NHK大阪文化センターで二〇〇七年九月二九日に「古代史シンポジウム・継体天皇即位一五〇〇年」と題しておこなわれたものです。当日は、数多くの受講者の方々とともに白熱した議論が展開されました。

この継体天皇をめぐる各地でおこなわれたイベントにかぎらず、昨今の歴史・古代史ブームが幅広く、そして内容も深化しつづけていることをあらためて実感しました。

文化庁の「文化力」、大阪府の「大阪力」などに代表されるように、こうした文化活動は年々盛況になり、すそ野も広がりつづけていると私達は考えており、地域の文化発展に微力ながらお手伝いしようと心がけております。

今回、大阪の行政で生涯学習の推進を実践しながら、考古学研究の第一線で活躍されている二人の専門家にご協力いただけたことは、まさに「大阪力」の表れでもあります。

今後も、私達は弥生時代・古墳時代・飛鳥時代など、歴史遺産に関するさらなる講演・シンポジウムを検討していきたいと思います。本書を機会に私達の活動をご理解いただき、NHK文化センターへ足をお運びくださることを心より期待するしだいです。

NHK大阪文化センター　部長　首藤和彦

執筆者紹介（執筆順）

西川寿勝（にしかわ・としかつ）
1965年大阪府生まれ。大阪府教育委員会文化財保護課　考古学技師。
おもな著作『三角縁神獣鏡と卑弥呼の鏡』学生社、『考古学と暦年代』ミネルヴァ書房（編著）、『三角縁神獣鏡・邪馬台国・倭国』新泉社（共著）など。

森田克行（もりた・かつゆき）
1950年大阪府生まれ。高槻市教育委員会地域教育室参事兼文化財課長兼市立しろあと歴史館館長。
おもな著作『継体天皇と今城塚古墳』吉川弘文館（共著）、『邪馬台国と安満宮山古墳』吉川弘文館（共著）、『今城塚と三島古墳群』同成社など。

鹿野　塁（しかの・るい）
1976年岐阜県生まれ。大阪府立近つ飛鳥博物館　学芸員。
おもな著作『河内湖周辺に定着した渡来人』大阪府立近つ飛鳥博物館（共著）など。

佐々木健太郎（ささき・けんたろう）
1979年奈良県生まれ。奈良大学文学研究科博士課程。奈良県御所市教育委員会嘱託職員。
おもな著作『古鏡探照』新風書房（共著）、『平尾遺跡』大阪府教育委員会（共著）など。

〈イラスト：カバー裏・本文〉
片岡寛子（かたおか・ひろこ）
1984年広島県生まれ。イラストレーター。歴史漫画、博物館の展示パネル作成を勉強中。おもに同人誌などで活躍。

〈企　画〉
NHK大阪文化センター（講座・特命担当部長 首藤和彦）
〒530－0001　大阪市北区梅田1－11－4　大阪駅前第4ビル24階
TEL 06－6343－2281
http://www.nhk-cul.co.jp/school/osaka

継体天皇　二つの陵墓、四つの王宮

2008年8月1日　第1版第1刷発行

著　者＝西川寿勝・森田克行・鹿野　塁
企　画＝ＮＨＫ大阪文化センター
発行者＝株式会社 新 泉 社
東京都文京区本郷2－5－12
振替・00170－4－160936番　TEL03（3815）1662／FAX03（3815）1422
印刷／萩原印刷　製本／榎本製本

ISBN978－4－7877－0816－8　C1021

石野博信・水野正好・西川寿勝・岡本健一・野崎清孝〔著〕

三角縁神獣鏡・邪馬台国・倭国

奈良歴史地理の会〔監修〕

A5判・210頁　定価2200円＋税

「倭国女王卑弥呼の王宮所在地は、大和神社周辺ではないか……」（水野正好）
しだいに見えてくる邪馬台国と倭国女王卑弥呼の姿。纒向遺跡や箸墓とのかかわりは？
女王卑弥呼の「銅鏡一〇〇枚」は、三角縁神獣鏡なのか？
すでに約五〇〇面がみつかっている三角縁神獣鏡を通して語る考古学から見た邪馬台国。

●目次

第1章　三角縁神獣鏡の副葬位置と年代　石野博信
第2章　倭国女王卑弥呼の王都と大和　水野正好
第3章　ここまで進んだ三角縁神獣鏡研究　西川寿勝
第4章　卑弥呼の冢と鏡　岡本健一
対　談　倭国女王卑弥呼の時代から前方後円墳の時代へ
対　談　前方後円墳の発生と「壺形」をめぐって